辽宁省教育厅高校学术专著出版基金资助

FANGDICHAN SHUISHOU DUI ZHUZHAI SHICHANG GONGQIU
YINGXIANG YANJIU

房地产税收对住宅市场供求影响研究

苑新丽◎著

北京师范大学出版集团
BEIJING NORMAL UNIVERSITY PUBLISHING GROUP
北京师范大学出版社

图书在版编目（CIP）数据

房地产税收对住宅市场供求影响研究／苑新丽著. —北京：北京师范大学出版社，2014.1
　ISBN 978-7-303-17131-6

　Ⅰ.①房… Ⅱ.①苑… Ⅲ.①房地产税—影响—住宅市场—市场需求分析—中国 Ⅳ.①F299.233.5

中国版本图书馆CIP数据核字（2013）第 238044 号

营 销 中 心 电 话	010-58802181　58805532
北师大出版社高等教育分社网	http://gaojiao.bnup.com
电 子 信 箱	gaojiao@bnupg.com

出版发行：北京师范大学出版社　www.bnup.com
　　　　　北京新街口外大街 19 号
　　　　　邮政编码：100875
印　　刷：三河市兴达印务有限公司
经　　销：全国新华书店
开　　本：170 mm×230 mm
印　　张：13
字　　数：270千字
版　　次：2014年 1 月第 1 版
印　　次：2014年 1 月第 1 次印刷
定　　价：48.00

策划编辑：马洪立	责任编辑：马洪立　李　念
美术编辑：王齐云	装帧设计：王齐云
责任校对：李　菡	责任印制：孙文凯

目 录

第 1 章
导　论

1.1　研究意义

　　住宅是人类生存和发展的基本前提条件，事关全社会每个人的切身利益，党的十七大报告提出要"努力使全体人民住有所居"。在现代社会中，居住状况的好坏已成为衡量居民生活质量的重要标准之一。世界各国政府都十分关注本国居民住房问题的解决。

　　我国的住宅市场是在政府决定进行住房制度改革，停止福利化分房，实施住房的商品化、货币化后起步的。随着住房制度改革不断取得突破性的进展，住宅市场化程度正在不断加深，住宅产业也以其产业关联度强、投资大、对国民经济拉动效应强等特点，成为我国新的经济增长点和消费点，其运行态势对国民经济运行有着重要的影响。目前，我国由于政治和经济等众多因素的影响，住宅市场发展的总体态势在经历快速增长后，也显现出一些问题：一是市场需求尤其是高收入群体住宅投机需求过热，总体供求关系紧张；二是供求结构失衡，高档商品房供大于求，保障性住房难以满足需求；三是住宅价格高涨，消费者收入的增加跟不上商品房价格上涨的速度，多数急需住房或住房条件差的人无力承受高房价而买不起房；四是区域间住宅市场发展不平衡，一、二、三线城市在住宅开发投资、住宅销售面积及住宅销售均价等方面差异较大，等等。这些问题的存在说明我国住宅市场存在严重的供求总量与结构失调，处于不均衡状态，资源配置效率较低，住宅市场的可持续发展受到不良影响。一般说来，住宅产业的运行状态集中体现在住宅市场供需结构变化上，因此，对住宅市场供需结构的调控，尤其是协调好住宅短期的供给调控和长期需求增长之间的关系对住宅市场的健康发展和国民经济的良性运行十分必要。近年来，中央政府采取了经济、行政等手段连续加大对住宅市场的宏观调控力度，希望借此缓解住宅市场的供求矛盾，保障国民的居住权利。在中央政府对住宅市场调控的各项政策中，最引人关注的莫过于房地产税收政策。市场经济条件下，税收政策对促进土地、房产资源的合理配置和有效利用以及社会财富的公平分配均具有明显的作用，因而是政府干预房地产经济活动、促进住宅市场均衡发展的一种重要的经济政策工具。税收政策的实施，主要通过对住宅市场供求双方成本和收益的调整影响双方决策的变化，从而影响住宅供求总量与结构变化，最终实现政府的调控目标。从我国住宅市场的实践来看，自这一市场形成以来，中央政府基于各时期的政策目标曾出台了一系列调控住宅市场的税收政策，特别是 2006 年以来，税收调控力度更是达到顶点。这些税收调控政策在改变住宅市场供求关系、抑制市场中的投机行为等方面，发挥了一定的作用，但全国住宅市场供求结构失衡的矛盾依然存在，部分城市的住宅销售价格仍在不断攀升。在这一背景下，进一步研究房地产税收对住宅市场供求的影响，探讨利用税收政策缓解住宅市场供需矛盾以及整顿和规范住宅市场秩序，实现广大市民"住有所居"的目的以及抑制投机性购房需求和改善住宅供应结构更具积极的现实意义。

1.2 研究现状

1.2.1 国外研究现状

在实践中，各国和各地区房地产税的具体称谓并不完全相同。美国、加拿大、新加坡等称为"财产税"。英国、新西兰、马来西亚、博茨瓦纳等称为"地方税"或"差饷"。巴基斯坦、塞浦路斯、波兰等称为"不动产税"。中国香港特别行政区等则称为"物业税"。有关房地产税的制度设计，美国、英国、新加坡、马来西亚等，将所有的房产与地产合并在一起统一立法，设立单一税种。泰国、日本等则依据不同的标准分别立法并设立两个或两个以上的税种，如泰国设立房屋建筑税和土地开发税，日本设立地价税、固定资产税和城市规划税等。然而，无论房地产税的具体名称如何，也不论其是否进行统一立法，有关对房地产税收的研究，还是体现出不同时期的特点。各时期对房地产税收的研究角度、形成的观点有着一定的差异。从历史上看，最早关注房地产税收问题的时期是英国的威廉·配第时期，威廉·配第关于房地产税收的思想主要体现在其代表作《赋税论》中，在这部著作中，威廉·配第对房屋税、土地税进行了早期研究，形成了一些重要思想，这些思想可以归纳为：政府课征土地税的主要理论依据是为政府筹措财政收入；土地税收的最终来源是人类剩余劳动；土地税的计税依据是地价；房屋既是支出的媒介又是一种收益的手段等。其后对房地产税收的研究进入以亚当·斯密的《国富论》为标志的古典经济学时期。古典房地产税收思想明显异于威廉·配第的房地产税收思想。这一时期，萨伊、大卫·李嘉图、西斯蒙第等经济学家在其各自的经济学著作中对房地产税收也做过大量有益的探讨。学者们的研究总体上说来，主要集中在诸如农地税、房屋税等一些古老的房地产税种上，对城市土地税等方面的探讨较少。之后，伴随着以马歇尔的《经济学原理》为标志的新古典经济学时期的到来，有关房地产税收问题的研究开始出现一些新变化。该时期对房地产税收的研究尽管仍以农地税为主，但城市经济的发展已经促使经济学家开始关注城市土地税收问题，研究重点也开始转到对房地产税收负担的转嫁和归宿问题方面。马歇尔采用局部均衡分析方法对房地产税收问题进行的研究，极大地促进了房地产税收理论的发展。在马歇尔之后，西方学者利用现代经济学分析工具，进一步推进了房地产税收相关问题的探索，进入了房地产税收研究的现代期。不过，在这一时期，房地产税收问题已经很少得到理论经济学界的关注，而主要在应用经济学领域内予以讨论。这一时期的突出代表是美国公共经济学家费尔德斯坦（Feldstein），其在一般均衡分析框架内利用两期经济增长模型对土地税的转嫁与归宿规律进行了理论和实证研究。

20 世纪五六十年代之后，有关房地产税的研究不断增多，研究角度也各不相同。总体上看，主要集中在以下几个方面：第一，有关房地产税的税负归宿分析。对房地产税负归宿问题的探讨，有几种不同的观点。以 Netzer（1966）为代表的传统观点认为，房地产税是一种课征于土地及其改良物的货物税，其采用局部均衡分析方法，只考察土地或改良物（建筑物）市场，而不考虑房地产税在其他市场引起的连锁反应，研究认为房地产税税负的归宿由相关的供求曲线的形状决定，土地税的税收负担完全由开征（或预期开征）该税时的地主承担①。Mieszkowski(1969、1972)运用一般均衡分析框架对房地产税的税负归宿进行了研究，提出了一些不同于传统观点的"新观点"。认为，如果仅实行地区差别税率，房地产税中对土地的课税部分将由地主承担。但是，如果实行用途差别课税，那么，房地产课税中对土地课税的部分将不完全由地主承担②。在这方面，Tiebout(1956)将财政支出纳入分析视野，提出了不同思想③。他认为，假设存在一个地方社区的体系，这些地方社区向社区居民提供不同水平的公共服务，收取不同水平的房地产税并且居民可以自由地对地方社区进行"采购"，以挑选最富有吸引力的"财政菜单"。在这种分析框架下，房地产税就成为购买公共服务的成本，每个人按照其所需要的数量购买公共服务。因此，房地产课税不再是一种具有无偿性和强制性的"税"，而是一种具有有偿性和自愿性的"使用费"，也就没有税负归宿问题。Hamilton(1976)指出，如果消费者把地方财产税看作公共服务的价格，那么，这种价格将不会对住房市场产生扭曲，就像鸡蛋价格不会对住房市场产生扭曲一样④。Oates(1969)的研究认为，各个地方社区在房地产课税和公共服务方面的差异，将同时体现在财产的价值中。如果两个社区提供公共服务相同但房地产税收不同，那么，在其他条件不变的情况下，课税水平高的社区的财产价值较低⑤。第二，房地产税对土地价值、对建筑物供给的影响。关于房地产税对土地价值的影响，Bruekner(1986)认为，当土地价格对产出的影响效应不存在时，税制改革对土地价值的影响具有不确定性。这种不确定性由两种相反的效应引起，一是土地税自身降低了土地的价值；二是较低的资本税提高了资本在土地上的投入，进而又引起土地增

---

① Netzer, D, *Economics of the Property Tax*, Washington, D. C.：The Booking Institution，1966.

② Mieszkowski, Peter, The property tax：an excise tax or a profit tax?, *Public Economic Literature*，1972，1(1)，pp. 73-96.

③ Tiebout C.，A Pure Theory of Local Expenditure, *Journal of Political Economy*，1956，Vol. 64 Oct.，pp. 416-424.

④ Hamilton B.，Capitalization of Intra-jurisdictional Differences in Local Tax Prices, *American Economic Review*，1976，Vol. 66 (5)，December，pp. 743-753.

⑤ Oates W. E.，The Effects of Property Taxes and Local Public Spending on Property Values：An Empirical Study of Tax Capitalization and the Tiebout Hypothesis, *Journal of Political Economy*，1969，Vol. 77(8)Nov.-Dec.，pp. 957-971.

值。Thomas J. Nechyba(1998)通过对一个定量化的一般均衡模型的分析，得出土地税比收益税更有效的结论。在引入土地税后，土地所有者能够从中获益。在单一类型的土地模型中，由于资本收益税的降低，允许土地以更有效的方式使用，从而引起土地价格的升高。关于房地产税对建筑物供给影响的研究，Dick Netzer(1997)认为，由于建筑物能够产生巨额的税后利润，对于作为建筑地基的土地的需求必将上升。随着时间的推移，这种需求上升导致新建建筑物的供给增加。Andrew Reschovsky(1998)认为，在美国，财产税的评估是根据土地及其附属物的共同价值进行的。因此，在某一宗土地上构筑建筑物会使资产税增加，进而导致土地所有者开发没有赋税的价值较低的建筑物。如果从财产税转向就土地征收土地价值税，将促使土地所有者开发数量更多或价值更高的建筑物[1]。Bruekner(1999)的研究认为，在现有财政体制下房地产开发的成本被人为降低，房地产开发商不需要支付所有的工程所需要的公共基础设施建设成本，造成城市过度开发和过度扩张。Case 和 Grant 等(1991)认为，房地产税可以看作以相等的税率对土地和含有资本价值的建筑物征税，而在单纯土地税下，相当于将建筑物的税率设定为零[2]。Roy W. Bahl(1992)认为，发展中国家普遍面临土地短缺、高地价、住宅缺乏问题，不能让房地产税制度使这些问题进一步恶化[3]。Bentick(1972、1979)和 Mills(1981)则指出，保有环节的房地产税会影响到房地产的利用和土地、房产资源的配置[4][5]。第三，房地产税与房价的关系。Benjamin (1993)研究了美国费城实施的房地产转让

5

---

① Andrew Reschovsky，Discussion of Daphne Kenyons of Intergovernmental Competition，*NewEngland Economic Review*，1998(3)，pp. 31-35.

② 吴晓燕、周京奎：《房地产税、土地利用效率与住宅供给机构》，载《财贸经济》，2010(12)。

③ Roy W. Bahl & Johannes F. Linn，*Urban Public Finance in Developing Countries*，*Oxford University Press*，1992，p. 165.

④ Bentick B.，Improving the allocation of land between speculation and users：taxation and paper land，*The Economic Record*，1972(48)，pp. 18-41.

⑤ Mills D E.，The non-neutrality of land value taxation，*National Tax Journal*，1981(11)，XXXIV，pp. 125-129.

所得税对房价的影响，结论是征收房地产转让所得税短期内会使房价有所下跌[①]。Lundorg 和 Skedinger(1999)的研究认为，征收房地产交易税短期内可带来房价下跌[②]。Wood(2006)运用微观模拟模型，考察了澳大利亚房地产税政策对住宅需求的影响，结果发现房地产税通过影响房屋的相对价格、家庭实际收入，最终对房价产生影响[③]。Henderson 和 Ioannides(1983)、Bosworth(1984)、Daniere(1992)、Nakagami 和 Pereira(1996)等学者研究了所得税与房地产价格之间的关系，发现所得税主要从以下两个方面影响房价：首先，征收个人所得税将降低居民可支配收入，改变家庭投资消费组合和住房服务支出，进而影响房价；其次，在美国等国家和地区由于房地产贷款利息可从购房者的所得中扣除，因此，所得税税率水平将影响住房消费支出进而影响房地产价格[④]。

1.2.2 国内研究现状

房地产课税在中国已有两千多年的历史了。直到清初，房地产税收仍然是国家岁入的主要来源。在几千年的历史长河中，中国房地产税经历了多次重大制度变迁。以田赋制度为例，曾经推行过的重大改革就有"初税亩"、"租庸调"、"两税法"、"一条鞭法"和"摊丁入亩"等。新中国成立后，中国房地产税收制度建设逐步建立和完善。特别是改革开放以来，随着经济的快速发展以及财税制度的不断完善，房地产税收也逐渐步入正轨。从历史上看，随着房地产税收实践的开始，人类就开始了对房地产课税的认识活动。应该说，历史上每次重大的房地产税制改革，不仅是重大的政治经济事件，而且是重大的学术活动。不过，中国古代先贤贡献给人类的主要是一些零散的房地产课税"思想"，而非系统的房地产课税"理论"。新中国成立后，国内学者们对房地产课税的理论和实践问题进行了多维度的研究。特别是在我国住宅市场形成之后，理论界

---

① Benjamin, J. D., Coulson, N. E. & Yang, S. X., Real Estate Transfer Taxes and Property Values: The Philadel Phia Story, *The Journal of Real Estate Finance and Economics*, 1993(7), pp. 151-152.

② Lundorg, P. & Skedinger, P., Transactions Taxes in a Search Model of the Housing Market. *Journal of Urban Economics*, 1999, 45(2), pp. 385-390.

③ Wood, G. A. & Flatau, P., Miercsimulation Modeling of Tenure Choice and Grants to Promote Home owner ship, *Australian Economic Review*, 2006(1), pp. 14-34.

④ 杜雪君：《房地产税对房价的影响机理与实证分析》，杭州，浙江大学博士论文，2009。

对房地产税收与住宅市场的相关研究与日俱增，2000 年之后的研究更为密集，并主要集中于以下四个方面。

1. 有关房地产税收体系问题

这方面的研究主要体现在房地产税种设置、税收负担以及房地产税制改革等问题上。安体富、王海勇（2004）认为目前我国针对土地、房产及房地产企业征收的房地产税达 12 种，数量过多[①]。陈文梅（2001）和王明坤（2003）等认为，虽然与房地产相关的税种涵盖了房地产取得、保有和流转三个环节，税种多而全，但房地产税在各环节的设置不尽合理，房地产投资和销售环节的税收负担较重，而房地产保有环节的税收负担较轻[②③]。路小平、张红（2002），张朝圣、李玉桂（2003）的研究表明，我国尚未建立起完善的与房地产税征收相配套的房地产评估制度，税基评估不尽合理，在一定程度上导致税源流失[④⑤]。赵桂芝（2001）认为，应遵循国际通行做法，合并、简化现行房地产税种，按使用、转让、收益三个环节进行税收体系设计[⑥]。孙玉栋、杜云涛（2008）提出根据我国房地产税收体系现状，应进行房地产税制改革，减轻房地产流转及建设环节的税负，取消房地产活动各环节的收费，开征物业税[⑦]。

2. 有关房地产税收与房价的关系

易宪容（2006）指出，税收调整是最为便利也是最好的工具[⑧]。如果政府在房地产流转税及房地产不动产税上下工夫，并切实施行，那么不仅会压缩国内的住房需求，也会让持有多套住房的人将手中的住房卖出。这样不仅住房需求减少，而且住房供给也会增加，住房的价格也就自然下行了。安体富、王海勇（2005）认为，目前我国商品房价格构成中，地价、税、费和利润所占比重均比国外高很多，要降低我国商品房的价格，地价、税、费和利润都有下调的空

7

①　安体富、王海勇：《重构我国房地产税制的基本思路》，载《税务研究》，2004(9)。

②　陈文梅：《我国房地产税收改革初探》，载《税务与经济》，2001(3)。

③　王明坤：《中国房地产税制的现状及改革探索》，载《中国房地产金融》，2003(10)。

④　路小平、张红：《我国房地产税收体系改革初探》，载《中国房地产金融》，2002(1)。

⑤　张朝圣、李玉桂：《对改革不动产税制的思考》，载《四川财政》，2003(1)。

⑥　赵桂芝：《论我国房地产税收制度的改革与完善》，载《辽宁大学学报（哲学社会科学版）》，2001(2)。

⑦　孙玉栋、杜云涛：《我国房地产保有环节现行税制的问题及其改革》，载《财贸经济》，2008(2)。

⑧　易宪容：《房地产税是调整高房价的最好工具》，载《每日经济新闻》，2006-01-20。

间，并指出从我国房地产市场的供求状况来看，在房地产的开发和销售环节征税，只能提高房地产的价格，并不能降低开发商的利润[①]。不过，在对房地产价格与房地产税收关系的探讨方面，实证分析的结论存在较大差异：一种观点认为，房地产税收将导致房价下降。例如：陈多长、踪家峰（2004）采用现代资产价格理论来分析房产税、住宅转让所得税和歧视性契税对房地产价格的影响，认为就长期而言，房地产税将导致住宅资产价格下降[②]；王海勇（2004）从现代资产定价理论出发，认为对房地产征税会导致现期房地产价格下降[③]；胡洪曙（2007）从财产税的受益税性质出发，认为财产税的资本化和房产价值负相关[④]。另一种观点认为，房地产税收将导致房价上升。例如杨绍媛、徐晓波（2007）从住房成本和资产收益角度分析，认为税收在短期内会提高房价[⑤]。从房地产税收对房价影响程度的估计来看，多数实证分析研究文献支持房地产税收将导致房价下降的结论。杜雪君（2009）对房地产价格、地方公共支出与房地产税负（房产税、城市房地产税、耕地占用税、城镇土地使用税、土地增值税和契税）之间的关系进行了实证检验，长期均衡方程的计算结果显示：房地产税负对房地产价格影响弹性系数为－0.05[⑥]。刘洁、李文（2010）将保有环节房地产税（房产税、城市房地产税、城镇土地使用税）作为物业税实际税负水平的代理变量，研究物业税税负与房地产价格关系的结论呈显著负相关，税收弹性系数约为－0.1539[⑦]。也有文献支持房地产税收将导致房价上升的观点。例如陈捷（2010）对 1998—2007 年国内房地产税收（土地增值税、城镇土地使用税、耕地占用税、房产税和契税）与房价之间关系进行实证分析结论显示：房地产税收与房价呈正相关关系，房地产税收系数为 0.29[⑧]。

[①] 安体富、王海勇：《房地产税收的一般经济分析》，载《税务研究》，2004(6)。

[②] 陈多长、踪家峰：《房地产税收与住宅资产价格：理论分析与政策评价》，载《财贸研究》，2004(1)。

[③] 王海勇：《房地产税收的一般经济分析》，载《税务研究》，2004(6)。

[④] 胡洪曙：《财产税、地方公共支出与房产价值的关联分析》，载《当代财经》，2007(6)。

[⑤] 杨绍媛、徐晓波：《我国房地产税对房价的影响及改革探索》，载《经济体制改革》，2007(2)。

[⑥] 杜雪君、黄忠华、吴次芳：《房地产价格、地方公共支出与房地产税负关系研究》，载《数量经济技术经济研究》，2009(1)。

[⑦] 刘洁、李文：《开征物业税对房地产市场的影响——基于省际面板数据的分析》，载《税务与经济》，2010(1)。

[⑧] 陈捷：《房地产税收对房价影响之分析》，载《价格月刊》，2010(4)。

3. 有关房地产税收与住宅供求的关系

安体富(2005)认为，房地产开发的高利润率是导致目前我国房地产投资增长过快的直接动因。针对房地产投资的过快增长，宏观调控的着力点应该是降低房地产投资的利润空间。房地产开发和销售环节的税收虽然从理论上讲可以提高开发商的成本，降低利润，但由于我国商品房的需求弹性和供给弹性的测算结果在 1998—2002 年是：两者都大于 1 且前者大于后者，这说明，在中国，房屋具有显著的财富效应，对商品房的需求和供给都会随着价格的提高而提高，且前者提高的幅度大于后者，这种情况下，开发和销售环节的税收很容易转嫁给消费者，从而不会降低开发商的利润，不能对房地产商品的供给产生影响，反而会使房地产的投机性需求上升①。韩凤芹(2005)指出，房地产税在设计中可以作为抑制投机行为的一个重要手段，即在房地产的交易过程中，对交易行为课以重税，甚至可达 100％ 的税率，让投机者无利可图，就可有效防止房地产的投机行为。这种观点在许多城市已经被不同程度地采纳，如在北京，五年内二手普通住宅要转让，契税、营业税、个人所得税加上佣金的比例已超过总房价的 10％，这个比例与北京年房价涨幅相若，足以让部分投机资金望而却步。在上海，政府制定了有关"个人出售普通住房营业税征收"的新规定：即个人购买上海市行政区域范围内的普通住房，居住不满一年出售的，销售时按销售价减去购入原价后差额的 5％ 税率征收营业税，并按规定征收城市维护建设税、教育费附加和河道整治费；购买后居住满一年的，出售时免征营业税及附加。应该说这一政策的出台在一定程度上加大了投机者的投机成本②。尹中立(2006)根据日本的经验，认为财政税收政策对控制房地产投机的作用远大于金融政策，重税可以有效抑制房地产投机行为③。倪红日(2007)指出，在 2005 年以前，尽管在营业税、个人所得税等税制设计上，税目的规定中都囊括了个人的不动产，但由于多种原因实际没有对个人财产转让征税。由于制度执行中的这种缺陷，使得个人的住宅房地产投资，相对于向其他实业的投资所支付的税收成本明显偏低，收益相对比较高，这样必然会引导和刺激更多的投

---

① 安体富、王海勇：《我国房地产市场发展和房地产税收制度改革研究》，载《经济研究参考》，2005(4)。

② 韩凤芹：《开征房地产税对房地产业的影响》，载《宏观经济管理》，2005(5)。

③ 尹中立：《日本"土地神话"幻灭留给我们的警示》，载《国土资源》，2006(8)。

资者为追求高赢利而涌入住宅房地产行业。因此，及时地对这部分投资者严格征收营业税和个人所得税是非常必要的，是一个正确的决策①。

4. 有关房地产税收对以住宅建设为主体的房地产业的影响

刘维新（2007）认为开征物业税会对房地产的开发和消费产生一定影响。物业税开征后，由于税种减少、税率降低，可能会减轻房地产开发企业的税负，但是否由于税负减轻带动住房价格下降却很难说；开征物业税将制约房地产"投资性购房"，住房销售数量将下降，导致空置面积大幅上升，房地产开发企业必须要承担由于商品房长期积压所产生的物业税负担，这将逼迫一部分企业破产倒闭②。韩凤芹（2005）认为房地产税的开征对房地产业的影响不会很大，并指出这是目前可得出的一般性结论。其原因在于由于房地产业的特殊性，当前房地产价格持续走高是多种因素共同影响形成的，房地产税不会对房价产生较大的影响。但如果在房地产税改革中，国家增加了税收力度，在当前房地产市场的不公平竞争背景下，国家对房地产业所增加的税收，都会被开发商列入成本，从而在房价上加以转嫁。也就是说，房地产业最终的税收负担者是房地产的最终消费者。加重的税负会被加入房地产的价格中③。倪红日（2007）指出，为了促进房地产业的健康发展，必须建立和完善房地产行业的税制体系，不动产税制改革是当前首要任务。

综上，国内外对房地产税问题进行了深度不一、角度各异的研究，这些观点为本书进一步开展相关研究奠定了较为坚实的基础。但现有研究尚有以下不足：第一，研究大都将税收作为房地产收益分配的一种手段，对税收的资源配置功能对发展中国家房地产市场发展的特殊意义重视不够；第二，研究多为定性研究，定量研究为数甚少，且实证研究中主要以分析宏观税收政策对价格影响为主，关于不同税种、税负对房地产市场总量与供求影响的研究较少，研究结果可信度有待加强；第三，对策措施主要是从短期抑制房地产投机、解决住宅市场价格角度提出的，从长效机制角度探讨房地产税对我国住宅市场供求影响及未来住宅供求税制选择问题的研究有待进一步深入和细化。

---

① 倪红日：《我国住宅房地产税收政策的效应分析》，载《中国税务报》，2007-03-07。

② 刘维新：《开征物业税提出的背景及对房地产开发和消费的影响》，载《中国房地产金融》，2004(5)。

③ 韩凤芹：《开征房地产税对房地产业的影响》，载《宏观经济管理》，2005(5)。

1.3　研究结构

本研究主要以房地产税收与住宅市场供求关系为研究中心，并侧重于完善住宅市场供求的税收对策研究。在研究中，从分析住宅市场供求与房地产税收的基本问题入手，通过分析我国住宅市场供求发展现状，剖析了其存在的问题，阐述了税收政策影响住宅市场供求的途径和机理，研究了我国既往调控住宅市场供求税收政策的正负效应，并提出了进一步完善住宅市场供求的一系列切实可行的税收对策和措施。研究的主要内容包括以下 7 部分。

第一部分，导论。主要介绍本书研究的意义、研究现状、研究结构、研究方法以及创新点与不足等，为后面的分析和探讨奠定基础，起到了提纲挈领的作用。

第二部分，住宅市场供求与房地产税收的基本问题分析。重点介绍住宅市场供给和需求的基本含义、特点及影响因素等；对与住宅市场相关的房地产税种的内容及其特点进行分析，并对我国房地产税收的发展历程、房地产税收存在的问题进行了梳理和阐述。

第三部分，我国住宅市场供求现状与发展趋势。目前我国的住宅市场发育尚未成熟，市场机制在住宅资源配置和资本运营中的效能尚未得到充分发挥。本部分主要揭示了我国住宅市场在供给、需求方面呈现的特征，依据大量统计数据分别从住宅市场供给和需求两个层面系统分析了住宅市场在供求总量与结构方面的矛盾现状及形成原因，并对住宅市场的发展趋势进行了预测。

第四部分，房地产税收对住宅市场供求影响的理论分析。主要阐释影响住宅市场供给的税收因素和相关因素，并从市场失灵理论、税收调控理论、税收中性与非中性理论等方面分析了房地产税收的理论基础。探讨房地产税收与住宅市场供求的相关性，研究房地产税收影响住宅市场供求的基本路径，同时对营业税、土地增值税、契税、城镇土地使用税等主要房地产税种对住宅供求的影响效应进行了理论分析。

第五部分，房地产税收对住宅市场供求总量与结构影响的实证分析。该部分主要就销售不动产营业税、财产转让个人所得税、房地产企业所得税以及土地增值税等不同税种对住宅供求总量的影响进行模型估计，从而确定各税种是否影响住宅市场供求以及影响程度如何；同时，该部分还对房地产税收对住宅供求结构的影响进行了实证分析。

第六部分，我国调控住宅市场供求的房地产税收政策实践及效果评析。该部分按照时间顺序，将我国 1992 年以来采用的调控住宅市场供求的税收政策划为不同阶段，对各阶段税收调控政策特点及正负效应进行了归纳和评价，剖析了我国住宅市场供求调控方面税收政策的主要缺陷，为设计有利于住宅市场供求的税收对策提供依据。

第七部分，调控住宅市场供求的房地产税收政策建议。基于前述问题的分析，本部分提出了住宅市场房地产调控应明确的几个认识问题，确立了住宅市场房地产税收调控政策的目标，从供给和需求两大方面有针对性地提出了优化住宅市场供求结构的税收政策建议，并对应采取的相关配套措施进行了分析。

1.4　研究方法

本书在有机结合房地产经济学、公共经济学与税收理论的基础上，在坚持文献研究的基础上，运用了定性分析与定量分析相结合、规范分析与实证分析相结合、历史考察与现实研究相结合的研究方法。

1.4.1　定量分析与定性分析相结合

定性分析以文字描述为主，辅之以一定的图表描述，重点分析了房地产税收对住宅市场供求的影响机理与效应；定量分析体现在收集大量的相关数据、资料，通过对数据资料的整理、分析，探索发现房地产税收对住宅市场供求影响的一般规律。

1.4.2　规范分析与实证分析相结合

规范分析为实证分析确立方向，实证分析为规范分析提供依据。基于本项目的研究目标，对住宅市场与房地产税收的基本问题、房地产税收对住宅市场的作用机理以及主要房地产税种对住宅供求的影响效应等问题采用规范分析为主的方法；而对我国住宅市场现状的把握以及房地产税收对住宅市场调控实践的研究则主要运用实证分析方法。

1.4.3　历史考察与现实研究相结合

房地产税收与住宅房地产经济活动的关系，受各个不同历史时期的经济发展水平、制度类型、政府的政策倾向等因素制约。本研究从历史角度，考察了新中国成立以来住宅市场发展历程与房地产税收实践以及相应的政策安排，进而又结合近年来我国房地产税收调控住宅市场的实践，探讨了房地产税收对住宅市场供求总量与供求结构的实际影响。

1.5　主要创新与不足

本书希望在以下方面有所创新和突破。

1.5.1　总体分析框架的突破

本研究在分析房地产税收对住宅市场影响的研究思路和分析框架上，较传统思路有所突破。传统的研究思路主要集中于两个方面：一是从房地产税收与房地产市场价格相关性角度来分析；二是从房地产开发经营各个阶段涉及的主要税种来进行分析。但前者主要局限于住宅市场总量，而难以适应我国现阶段住宅市场供需结构失衡的复杂背景；后者则仅限于研究房地产各不同经营阶段的税种设置问题，而难以触及现实环境下住宅市场发展不平衡问题。本研究通过房地产税收对住宅市场影响机理的理论阐述，将住宅市场价格问题与供给和需求问题紧密相连，并进一步将住宅的供给和需求的结构问题作为核心去开展研究，同时还针对与住宅供给和需求相关的房地产税种进行了探讨。从而使得本研究能够立足于我国市场化、城镇化等现实国情，对住宅市场的房地产税收政策做多视角、多层次的全面系统的研究。

1.5.2　研究角度的创新

传统研究大都基于对房地产税收与住宅价格关系的直接研究，甚至有观点认为，政府拟就居民住房征税的目的，主要是为压低房价。本研究认为，住宅市场总体状况的变动最终是由其供求关系的变动引起的，房屋价格的形成最终也主要取决于市场的供给和需求。作为宏观调控工具的房地产税收政策，主要是通过对住宅总量和住宅结构的影响，引导房地产市场主体的决策行为，进而影响住宅市场的供需状况。

1.5.3　研究方法上创新

在研究方法层面，当前国内相关研究多为定性研究，且大多数文献主要停

13

留在对房地产税种的简单介绍、房地产税制的历史沿革与横向比较等层面上，定量研究为数较少。本研究在定性研究的基础之上，与定量分析结合起来。在分析房地产税收对住宅市场的影响时，运用定性分析的方法揭示税收在调控住宅需求结构、供给结构方面的效应；运用计量经济模型，应用 2006—2008 年我国 31 个省份的数据定量考察了销售房地产营业税、土地增值税、企业所得税和个人所得税等税种与住宅交易量的相关关系，并提出营业税和土地增值税对住宅市场的活跃程度有显著影响的观点。

1.5.4　提出了有启发意义的结论

在研究结论层面，本研究得出了一些比较有启发意义的结论，即房地产税收能够对住宅市场供求平衡和健康发展起到规范作用，促使我国住宅市场在经过政策磨合期的调整后迈向健康的发展时期。具体到各元素，有如下的子结论。

一是房地产税收对住宅市场供求调控，具有有效性。基本的原因在于：房地产税收通过增加住宅持有成本而有利于减少投资型和投机型购房的需求；房地产税收有利于帮助居住型购房消费回归理性；房地产税收可以通过调整房地产企业投资的赢利差距从而改变投资结构；房地产税收能够起到节约有限的房地资源，增加有效供给，改变供需在总量和结构上的对比的作用。

二是研究提出为确保住宅市场的和谐发展，房地产税收政策的调控应该以调整住房开发结构，优化供求关系为着力点。对住宅房地产市场的税收调控政策主要应分为两个层面：对供给的调控与对需求的调控，即增加住房的有效供给和降低对住房的投机需求，并重点加强对需求的调控。因为如果单纯从供给方面调控，势必进一步加剧供求关系的扭曲，客观上增加需求方对价格上涨的预期，实际的结果便是房价不但没压下来，反而与日俱增。因此，在掌控供给的基础上，发挥税收政策对需求调控的作用就显得极为必要。

三是分别从供给和需求两个方面提出优化住宅供给结构和抑制住宅投机需求，引导住宅合理消费的税收政策建议。从供给方面提出的对开发商建设廉租房和经济适用房实施补贴或税收优惠，利用税收收入推行福利住房，对公租房实施财税支持，完善土地增值税，开征土地闲置税；从需求方面提出的个人购买住房环节强调差别性税收调控政策，对住宅转让收益课以重税，开征房地产税和住宅空置税等建议和措施，对相关部门有重要的实际应用价值。特别是针对房地产保有环节，提出的依据房地产税政策目标诉求，分阶段设计房地产税制度要素的建议，具有较强的实际意义。

房地产税收对住宅市场供求影响研究涉及许多领域，需要渊博的学识和丰富的研究经验。限于笔者在知识结构方面的欠缺，本书无论在理论分析深度或研究方法方面均有待于进一步的丰富和完善，对住宅二级市场和三级市场房地产税收问题尚需要进一步的深入探讨，对房地产税收与住宅市场供求结构关系的实证分析，还需要进一步的分析和完善，等等。

第 2 章
住宅市场供求与房地产税收基本问题分析

2.1 住宅市场与住宅市场供求

2.1.1 住宅市场的一般问题分析

1. 住宅的概念与特性

住宅是供人们居住生活之用的房屋建筑，是人类生存和发展的基本生活资料，也是人们从事各种社会经济文化活动最基本的物质前提之一。住宅的种类很多，主要包括：第一，按照建筑结构分类，主要分为砖木结构住宅、砖混结构住宅、钢混框架结构住宅、钢混剪刀墙结构住宅、钢混框架—剪刀墙结构住宅、钢结构住宅等；第二，按照建筑形式分类，主要分为低层住宅、多层住宅、中高层住宅、高层住宅、其他形式住宅等；第三，按照房屋类型分类，主要分为普通单元住宅、公寓式住宅、复式住宅、跃层式住宅、花园洋房式住宅、小户型住宅(超小户型)等；第四，按照房屋政策属性分类，主要分为廉租房、已购公房(房改房)、经济适用住房、住宅合作社集资建房等；第五，按照住宅建筑面积分类，主要分为小户型住宅、中等户型住宅、大户型住宅等。衣、食、住是人类生存和发展最基本的物质条件，随着经济发展、社会进步、居民收入水平的提高，住宅消费在居民消费支出结构中的比重日益上升，这是社会和经济发展的必然。住宅的发展水平标志着人类社会文明进步的程度，体现了一个国家经济发展水平和人民生活质量的高低。住宅问题历来不仅是一个经济问题，也是一个社会政治问题，不仅被普通民众关注，而且也是各国政府十分关注的问题。

住宅的特性主要包括以下几方面。

（1）位置固定性

土地具有不可移动性，住宅由于固着于土地上，因此，住宅的空间位置是固定的。住宅产品的固定性决定了住宅不可能像其他一般消费品一样不受限制地在各地市场自由流通，同时也决定了住宅的价格不仅取决于其本身的建造成本和质量，更取决于住宅所处位置的空间环境条件，因而住宅市场具有很强的区域局限性，即本质上是地方性市场而无法形成全国性市场。

（2）单件异质性

住宅作为一种异质性的商品，每一个单件本质上都具有异于其他住宅的特征。对于住宅而言，即使其结构、面积一致，也会由于其坐落于不同的土地位置和不同的周围环境，而显现出其差异性。两所住宅即使大小、建造年代、室内装修等因素如出一辙，但总有位置、楼层、朝向、维护水平等方面的具体区别。住宅单件异质性的特点决定了住宅价格受周围环境影响很大，同时，住宅价格不具有通用性，其交易价格往往由个别交易形成，不可能形成市场的统一价格。

（3）价值昂贵性

住宅是典型的耐用消费品，这就使得它的价值可以在相当长的时间内持续稳定地释放出来；同时，建造住宅从土地开发，房屋建设直至最终产品的形成，需要投入大量的人力、物力和财力成本，因此即便是一所普通住宅也表现出明显的"昂贵性"。住宅的这种特性决定了住宅的生产和消费都需要金融业相应的资金支持，仅靠开发企业自有资金和居民的工资收入是不能实现住宅经济正常运行的。

（4）使用长期性

现代住宅绝大部分是钢筋混凝土结构或砖木混合结构，这些由人工制造的建筑材料坚固可靠，赋予住宅很长的自然寿命。因此，只要维护及时、修缮得当，住宅具有很突出的"使用长期性"，一般都可以使用数十年，甚至上百年。但值得注意的是，在中国内地，住宅自然方面的使用长期性受到了有限期的土地使用权的制约。土地使用权期满，土地使用权及其地上建筑物、其他附着物所有权由国家无偿取得。

(5)消费、投资双重性

住宅是人们最基本的生活必需品之一,具有普遍的消费需求。同时,由于土地是稀缺的不可再生资源,经济供给总量弹性较小,尤其在经济繁荣地区、大城市和城市的中心地区更是如此。于是在供需关系的市场调节下,地价也就必然看涨,进而带来住宅价格的上升。由于住宅可以保值、增值,有良好的吸纳通货膨胀的能力,因而其作为消费品的同时也可以用作投资品。住宅的保值、增值的特性决定了住宅是居民投资的一条重要途径,也是增加市场需求的一个重要方面。

2. 住宅市场的基本问题分析

(1)住宅市场的内涵

住宅市场是房地产市场体系中按用途分类的一个相对独立的市场,是房地产市场的重要组成部分。住宅市场的功能是通过运用市场机制来调节其供求关系而表现出来的,运行机制与一般商品市场运行机制是相同的。住宅市场有其狭义概念和广义概念。狭义的住宅市场,是指住宅的买卖、租赁、抵押、典当等交易的活动场所;广义的住宅市场,是指整个社会的住宅交易关系的总和,它包括了住宅市场主体、客体、价格、资金、运行机制等因素,它是住宅经济运行的基础,是住宅经济纳入市场经济轨道的必然产物。广义的住宅市场可以从三个不同的角度来理解:从古典经济学"市场"概念的角度,住宅市场是所有买者和卖者住宅商品交换关系的总和;从市场的内在机制角度,住宅市场是住宅商品的供求关系;从市场营销学的角度,住宅市场是有住宅商品购买能力和购买欲望的人群。

(2)住宅市场的分类

住宅市场分类的标准很多,根据不同需要,可以按照进入市场的时间顺序、住宅类型、地域范围、交易形式、购买目的等将住宅市场分为不同的类别。这里按照交易性质,对住宅市场做最简单的分类,即住宅一级市场、住宅二级市场和住宅三级市场(租赁市场)。住宅一级市场,指增量住宅市场,包括新建的商品房、经济适用房的买卖。这是一种纵向市场,市场交易主体是开发商和使用者,市场交易客体是住宅所有权及住宅所附着土地的使用权;住宅二级市场,指存量住宅市场,即二手房市场。这是一种横向市场,市场交易主体是使用者和使用者,市场交易客体与住宅一级市场相同,是住宅所有权及住所附着土地的使用权；住宅三级市场，这也是一种横向市场，市场交易主体是使用者和使用者，市场交易客体是住宅使用权。

（3）住宅市场的特征

一是不完全竞争性。主要表现在：第一，我国城镇土地为国家所有，住宅市场的供应量必然受到政府土地政策的影响；第二，住宅价值高、交易过程复杂，导致供求双方交易成本高，自由出入市场相对困难；第三，市场信息的非安全性和竞争的外部性等的存在，使住宅市场机制难以有效调节市场供求，实现住宅资源的有效利用，因此，政府对住宅市场的适当介入和干预，就成为弥补市场失衡的必要手段；第四，住宅除商品性之外还具有福利性，政府对中低收入者的住房福利政策会对住宅市场产生重大影响；第五，住宅建设是城镇建设的重要部分，因此住宅市场的发展还要受到城镇发展规划和经济发展水平的制约。综上所述，住宅市场是不完全竞争的市场，在分析其供求关系时，不能以一般竞争市场的方式进行。住宅市场和完全竞争市场的差异见表 2-1。二是地域性。不同城市之间的区域差别通常体现在气候、地理、文化对市场需求特征、建筑风格、营销策略的影响。同一城市的不同区域，由于城市规划、功能分区、产业布局的不同，住宅市场的发展态势也存在明显差别。三是供求关系的特殊性。由于土地的不可再生性，其供给弹性几乎为零，住宅市场价格主要取决于需求的变化。同时，住宅供给相对于需求具有滞后性，这是因为房地产开发存在建设周期。于是，在一个很短的时间内，住宅供给对于需求变动不能马上做出反应。但如果把时间周期放长一些，需求变化对供给的影响就会表现出来。四是投机性。住宅建设资源的稀缺性以及住宅商品价值高和生产周期长的特点，决定了住宅市场投资的风险要大于一般商品市场，从而就有可能获得更高的回报。因此，在住宅市场运作过程中，更容易吸引投资者利用市场信息的不对称性进行炒作，赚取高额利润。五是金融机构和中介组织的参与性。由于住宅商品的交易额巨大，必须由银行等金融机构参与进行资金融通，才能完成交易。同时，由于住宅交易专业性较强，程序比较复杂，因此需要中介机构的参与，提供技术咨询、价格评估、业务代理、法律仲裁等服务。

表 2-1　住宅市场和完全竞争市场的比较

特征	完全竞争市场	典型的住宅市场
买者和卖者的数目	许多参与者；没有垄断、寡头独占或垄断的竞争	少数参与者；在"卖方市场"由卖者控制，在"买方市场"由买者控制
产品信息和市场交易成本	买者和卖者对产品具有完全信息，交易成本较小	买者和卖者对产品的信息具有极不对称性，交易成本很高
标准化产品	所有产品是相似的和可交换的，不同卖者的产品没有差别	每个产品都不一样，而且位置上是分散的
移动性	产品可移动	位置固定，产品不能在一个统一的集中点(如超市)或到别的地区售卖
大小和购买的次数	产品是小的和便宜的，购买是连续的	产品购买是不连续的，住宅是家庭除了人力资本外的最大投资
政府的作用	基本不受政府行为的影响	政府利用财政和货币政策、规章制度和法律、法规，支配住宅市场的发展
价格的调节	价格调节是连续的，价格能比较准确地反映当时的市场供求	住宅供给的短期无弹性决定价格调节是不连续的，价格不能很好地反映当时的市场供求

2.1.2　住宅市场供求的内涵及特征分析

1. 住宅市场供给的内涵及特征

（1）住宅市场供给的内涵

住宅市场供给是指在一定时期内市场能够为社会提供的住宅总量。从微观经济学角度来看，住宅市场供给是指生产者在某一特定时期内，在每一价格水平上愿意而且能够租售的住宅商品量。在生产者的供给中既包括新生产的住宅商品，也包括过去生产的存货。从住宅市场的供给结构看，分为高档住宅供给、普通住宅供给和保障性住宅供给等。我国的住宅供给结构与不同需求群体、恩格尔系数及可支付的住房消费比例等居民的购房需求关系可用表 2-2 来表示。

表 2-2　住宅市场供给结构

供给类型	需求群体	恩格尔系数	可支付的住房消费比例
高档公寓别墅	高收入者	＜40％	无需确定
商品住宅	中上收入者	40％～46％	25％～30％
经济适用房	中中收入者	46％～52％	20％～25％
	中下收入者	52％～58％	15％～20％
廉租房	低收入者	58％～64％	10％～15％
	最低收入者	＞64％	＜10％

资料来源：赵飞燕、陈银蓉：《住宅市场供需结构分析》，载《农业与技术》，2010(4)。

（2）住宅市场供给的特征

第一，受资源条件的约束。住宅建设过程中，离不开土地、资金和建筑材料等要素的参与。由于土地是自然赋予的不可再生物，对于某一地区尤其是城市地区来说，用于某种特定用途的土地数量是缺乏弹性的、排他的，增加这种用地就必须同时减少其他用地。因此，可用于建设住宅的土地面积是有限的；住宅作为一种特殊商品从生产到流通，每个环节都需要大量资金，尤其在生产环节的先期投入更为关键，而资金的供给受到信贷政策、资金总量、融资渠道和成本等多方面的约束；住宅建设需要钢材、水泥、木材、砖瓦、玻璃等大量建筑材料，相关建材资源的充沛或短缺对住宅的供应速度影响较大。

第二，供给成本与级差地租存在较大关系。虽说影响住宅价格的因素有许多，但建筑成本之类的因素与级差地租因素相比，其影响程度较小。一般而言，住宅价格与级差地租关系较大。所以，在一些一线城市、市中心地区、交通便利地区或具有独特资源环境条件的地区(如临海、公园等)，土地稀缺、地价昂贵、拆迁成本巨大，住宅供给的成本持续增大。

第三，有明显的周期性。住宅具有异质性，住宅单体形态、功能各异，不可能像工厂化生产一样批量生产，因此，住宅供给通常不是均衡的供给，受建设周期影响较大，与住宅需求相适应的供给总是处于滞后状态。所以，在一个时点上，总是表现出住宅的供不应求或供过于求。

2. 住宅市场需求的内涵及特征

（1）住宅市场需求的内涵

从微观经济学的角度来看，住宅市场需求是指消费者在某一特定时期内，在一定价格水平上愿意而且能够购买的住房商品量。由此可见，住宅市场需求有两个条件：第一，消费者愿意购买；第二，消费者有能力购买。也就是说，住宅需求是消费者对住宅的消费欲望与其财政资源共同作用的结果。

对于住宅需求，可以从不同的角度将其划分为若干类型。第一，依据需求时效划分，可以分为有效需求和潜在需求。前者是指在当前已经表现出来的、居民有一定购买力的现实需求；后者是指在当前时期尚未表现出来、缺乏现实购买力基础，但很有可能在今后的某一时期逐渐形成的未来需求。有效需求是决定住宅市场走向的基本力量，潜在需求只有转化为有效需求之后，方能对住宅市场发挥作用。第二，依据需求成因划分，可以分为新增需求和扩张需求。新增需求是指从无到有增加的那部分需求，包括新增人口和新增家庭进入社会所出现的住宅需求两种状况；扩张需求是指原有住户从少到多、从劣到优地增大住宅消费所追加的那部分需求。第三，依据需求层次划分，可以分为生存需求和享受需求。前者是指为满足基本的生存条件而必须具备最低的住宅数量和质量标准；后者是指在充分满足了生存需求之后，为了满足进一步享受而向更高消费层次提出的住宅需求。第四，依据需求的性质划分，可以分为消费需求和投资需求。消费需求是指以个人自我居住为目的而购买住宅或租赁住宅的行为；投资需求是指购买住宅的目的是为获得收益而非自身居住需要，出于保值增值或合理避税目的的需要而购置住宅的行为。投资需求又可以具体分为投资性需求和投机性需求，前者是指购房者将购买的住宅视为一种投资，通过出租住宅定期得到租金或长期持有等待未来出售增值；后者是指大批量低价买进住宅，待房价"炒"高后再高价抛出，通过短期内转让房产一次性获得差价收益，以投机获利为目的。在消费性需求和投资性需求之外，还有一类需求，即强制性需求。这种需求主要是伴随城市规划调整、市政基础设施等的建设完善、旧城和危房改造、土地征用和转让带来的拆迁安置问题所产生的。

（2）住宅市场需求的特征

第一，对住宅的需求是长期存在的。住宅是人类生存和发展的必需品，对住宅的基本需求具有刚性。同时，当人们拥有了能够满足基本生存条件的住宅后，会对住宅的装修、结构、布局、安全等质量因素以及休闲、购物、娱乐、运动等配套功能有着更高层次的追求，提出住宅改善的需求。为此，即使没有新增人口和新增家庭进入社会所带来的住宅需求，由于住宅改善是一个长期过程，对住宅的需求也是长期存在的。

第二，实现住宅需求的购买力由多种因素构成。住宅与一般消费品不同，其购买力大小并不完全取决于购买者即期收入水平，存量资产、储蓄、收入预期等因素均对住宅需求购买力产生影响，住宅需求购买力大小是一个综合财力的体现。在住宅抵押贷款制度的支持下，大约有 7 成购房款用的是未来的收入，有 3 成购房款用的是家庭历年积累的收入或资产①。

第三，住宅需求具有保值和增值的功能。住宅作为消费品的同时也可以作为投资品，不仅可以满足人们的居住需求，而且可以抵御通货膨胀，具有保值和增值的特性。当通货膨胀发生时，货币资产缩水，居住成本提高，实物资产增值，人们为了减少通胀带来的货币资产损失，转而进行建筑物等实物资产投资，导致住宅购买需求增加，由于住房供给存在时滞，短期住宅供给不会发生变化，因此带来住宅市场的供求失衡。

2.1.3　我国住宅市场的形成和发展

1. 住宅市场萎缩时期

这个阶段大致为 1949 年新中国成立后至 1978 年改革开放前。20 世纪 50 年代初，尽管当时公有住宅比较少，只占 15%（基本上是接收的敌伪房产和国外资本房产），其余都是私人房产，但在当时特定的政治经济状况下，私房交易量非常少，住宅只是出租方、承租方两者间固定的租赁关系。1956 年年初，中共中央转批中央书记处第二办公室《关于目前城市私有房产基本情况及进行社会主义改造的意见》（以下简称《意见》）。《意见》认为，当前城市房屋私人占有与社会主义建设之间的矛盾正变得日益尖锐。"对城市私人房屋通过采用国家经租、公私合营等方式，对城市房屋占有者用类似赎买的办法，即在一定时期内给以固定的租金，来逐步地改变他们的所有制。"1966 年以后，公开的房地产买卖、租赁基本上被取消。由于城市土地归国家所有，土地使用实行无偿无限期的行政划拨政策，住宅不能作为商品在市场上流通转让，导致住宅市场日益萎缩，住宅交换只存在"实物换房"的形式。在这期间，建房资金主要来源于国家财政和企业福利基金，是一种纯粹的福利性支出，职工个人基本不承担住房建设投入的责任，而且分配给职工的住房采用低租金制，但实际上所缴房租不能抵偿住房维修和管理成本，亏损部分由国家和企事业单位补贴。因此，

---

① 中国城乡建设经济研究所课题组：《关于住房需求与供给平衡关系的若干思考》，载《中国经济时报》，2007-09-07。

住宅建设只有投入，没有回收，无法形成资金的良性循环，住宅建设资金日益缺乏。以致随着城镇人口不断增加，政府住宅供给相对滞后，形成了城镇住宅严重短缺的局面。城镇人均居住面积由 1949 年的 4.5 平方米下降到 1978 年的 3.6 平方米。城市缺房户达 626 万户，约占城市总户数的 37％[①]。

2. 住宅市场形成时期

这一时期大致为 1978 年改革开放后至 1991 年。1978 年以后，随着我国经济体制改革和对外开放，城镇住房制度改革的理论和实践也开始进行。从实践方面看，国营企事业单位和集体企业逐渐成为中国住宅投资的主要力量，1980 年我国住宅投资占积累份额达到 20％，比 1979 年的 14.8％高了 5.2％。1981 年和 1982 年更分别提高到 25.1％和 25.4％[②]。尽管如此，仍然无法满足城市居民的住房需求。在这种情况下，住宅商品化进程开始启动。1980 年 4 月，邓小平同志在谈到住宅问题时指出："要考虑城市建筑住宅、分配房屋的一系列政策。城镇居民个人可以购买房屋，也可以自己盖。不但新房子可以出售，老房子也可以出售。可以一次付款，也可以分期付款，10 年、15 年付清。""房屋出售后，房租恐怕要调整。"这成为我国住宅制度改革的政治起点，也是后期住宅制度改革的基本思路。在邓小平谈话之后，理论界开展了一次关于住宅商品化的大讨论，确立了住宅商品的观念，为住宅市场复苏奠定了理论基础。在实践中，1979 年，当时的国家城建总局分别拨给陕西和广西两省区一部分资金，在西安、南宁、柳州、桂林、梧州等城市进行建新房后全价出售给私人的试点，按建筑面积的售价为 120～150 元/平方米。1980 年，我国首家房地产开发企业成立，即中国房屋综合开发公司。随后在沙市、郑州、常州、四平四城市推行住房补贴出售的房改试点，并成立专业公司，进行住宅小区综合开发，试行住宅的商品化。到 1984 年，四个城市共补贴出售住宅 2 140 套，建筑面积 11.45 万平方米。1984 年 5 月，第六届全国人大政府工作报告中指出：城市建设要进一步推行商品化试点，开展房地产经营业务，允许按照土地在城市中所处的位置与使用价值征收使用费或税。1987 年 8 月，当时的国家计委、建设部、国家统计局联合发出《关于加强商品住房建设计划管理的暂行规定》，决定自 1987 年起，各地区的商品住房建设纳入国家计划。

---

① 马洪、孙尚清：《中国经济结构问题研究》，6 页，北京，人民出版社，1981。

② 国家统计局固定资产投资统计司编：《中国固定资产投资统计年鉴：1950—1995》，北京，中国统计出版社，1997。

1987 年中共十三大报告明确指出：住宅市场是社会主义市场体系中的重要组成部分。在这一思想的指导下，我国住宅市场逐步发展起来。1988 年 1 月，第一次全国住房制度改革工作会议召开，改革目标是实现住房商品化。1989 年年底，住房改革进入了新的时期，改革主要从新增住房入手，在新房的建、售、租等方面实行新政策。在这个过程中，出现了一批通过有偿出让获得居住用地并开发商品住宅以市场价出售、出租获取一定利润的房地产开发商。1990 年上海市房改方案出台，开始建立住房公积金制度。1991 年 11 月国务院同意了住房制度改革领导小组提出的《关于全国推进城镇住房制度改革的意见》。该意见指出：城镇住房制度改革是经济体制改革的重要组成部分，其根本目的，是要缓解居民住房困难，不断改善住房条件，正确引导消费，逐步实现住房商品化，发展房地产业。按照社会主义有计划的商品经济的要求，从改革公房低租金制度着手，将现行公房的实物福利分配制度逐步转变为货币工资分配制度，由住户通过商品交换（买房或租房），取得住房的所有权或使用权，使住房这种特殊商品进入消费品市场。

3. 住宅市场发展时期

这一时期大致为 1992 年至今。在这一发展时期里，我国住宅市场又历经了几个阶段。

第一阶段：1992—1997 年，逐步建立住房公积金制度。邓小平"南巡"讲话之后，我国经济体制改革的市场化目标更加明确，有利于住宅市场成长的政治、经济环境得到优化，住宅市场迅速发展。1992 年我国房改全面启动，住房公积金制度全面推行。这一年，全国房地产开发投资的增速达到了 117.6%，同期商品房的销售面积增速也达到了 50% 以上。在这一阶段，全国商品房开发投资额同比增长 143.5%，新开工面积同比增长 136%。1993 年 12 月，第三次全国住房制度改革工作会议召开，决定将出售公房作为房改着力点，将住宅业作为带动整个国民经济持续增长的新的产业支柱。1994 年《国务院关于深化城镇住房制度改革的决定》（以下简称《决定》）发布实施，《决定》的基本内容是：把住房建设投资由国家、单位统包的体制改变为国家、单位、个人三者合理负担的体制；把各单位建设、分配、维修、管理住房的体制改变为社会化、专业化运行的体制；把住房实物福利分配的方式改变为以按劳分配为主的货币工资分配方式；建立以中低收入家庭为对象、具有社会保障性质的经济适用住房供应体系和以高收入家庭为对象的商品房供应体系；建立住房公积金制度；发展住房金融和住房保险，建立政策性和商业性并存的住房信贷体系；建立规范化的房地产交易市场和发展社会化的房屋维修、管理市场，逐步实现住房资金投入产出的良性循环，促进房地产业和相关产业的发展。从 1995 年开始实施安居工程，以成本价向中低收入家庭出售。1996 年中央经济工作会议之后，国家确定将住宅业作为国民经济发展中新的增长点，住宅消费也成为新的消费热点。

第二阶段：1998—2004 年，建立了住房分配新制度，住宅市场进入快速发展期。住宅产业的全面市场化是以 1998 年下半年住宅开始由实物分配转向货币分配为标志的。1998 年国务院颁布《国务院关于进一步深化住房制度改革加快住房建设的通知》，提出我国住房改革的总体思路为：稳步推进住房商品化、社会化、逐步建立适应社会主义市场经济体制和我国国情的城镇住房新制度；加快住房建设，促使住宅业成为新的经济增长点，不断满足城镇居民日益增长的住房需求。改革的目标是停止住房实物分配，逐步实行住房分配货币化；建立和完善以经济适用住房为主的多层次城镇住房供应体系；发展住房金融，培育和规范住房交易市场。这一规定的出台让长期的住房实物分配成为历史，掀开了我国住宅业发展的新篇章。1999 年 2 月，中国人民银行下发《关于开展个人消费信贷的指导意见》，在"积极开展个人消费信贷"的引导下，贷款买房、按揭等新概念开始登陆中国内地。2000 年 2 月，时任建设部部长的俞正声在国务院新闻办公室举行的新闻发布会上正式宣布：住房实物分配在全国已经停止。住房实物无偿分配向住房货币分配的转变，刺激了居民住房消费，自然也促进了城市住房建设的发展。根据国家统计局城市社会经济调查总队组织的一次大规模的入户抽样调查结果显示：在购买住房的家庭中，1990 年以前购房的家庭只占 4.2%，1991—1994 年购房的家庭占 19.0%，1995—1996 年购房的家庭占 32.5%，1997—1999 年购房的家庭占 44.3%[1]。可见，随着住房制度改革力度的加大，福利性住房观念已经向商品化的观念转变，住房投资和消费的积极性得到了充分调动。至 2002 年年底，全国 80% 以上的城市将可售公房出售给了居民，私人住房占城市住房的比例超过了 82%。2002 年我国个人购买商品住房占商品住房销售额的比重已经达到了 95.3%[2]。这一阶

---

① 李学芬：《城镇居民购房已过半数——中国城镇居民基本情况调查总报告之一》，载《中国国情国力》，2000(5)。

② 施杰峰：《我国房地产产业组织研究》，21 页，广州，暨南大学硕士论文，2008。

段，随着住房制度改革不断深化和居民收入水平的提高，以及土地招投标制度的实施，住房成为新的消费热点，房地产投资进入快速发展时期。2003 年《国务院关于促进房地产市场持续健康发展的通知》，第一次明确房地产是支柱产业。2004 年 7 月，根据国土资源部、监察部文件规定：2004 年 8 月 31 日起，所有六类土地全部实行公开的土地出让制度，采取公开招标、公开拍卖、公开挂牌的方式出让土地。此后，住宅土地用地价格和住房价格持续上扬，大部分城市住房销售价格上涨明显，2000 年全国平均商品房销售价格为每平方米 2 111 元，在 2004 年上升为 2 714 元，上涨 19.08%，住宅市场呈现出超常增长之势。

　　第三阶段：2005 年至今，住宅市场处于不断调整和规范的时期。住宅市场的快速发展带来居民居住条件的改善和相关产业的发展，但住宅价格上涨过快带来的负面效应也不容忽视。为此，2005 年 3 月，国务院办公厅下发《关于切实稳定住房价格的通知》(旧"国八条")。4 月，国务院出台《加强房地产市场引导和调控的八条措施》(新"国八条")。5 月，国务院转发了建设部等七部委的《关于做好稳定住房价格工作的意见》。2006 年 5 月，九部门①制定的《关于调整住房供应结构稳定住房价格的意见》再被国务院转发。文件明确要求各城市在 2006 年 9 月底前公布普通商品房、经济适用房和廉租房建设目标，"90/70"政策(套型在 90 平方米以下的住宅比率必须达到开发面积的 70%)被提了出来，税收和信贷等政策进一步紧缩。国家层面控制房价等调控行动就此启幕，提出在高度重视稳定住房价格工作，保持住房价格特别是普通商品住房和经济适用住房价格的相对稳定的同时，加快建立和完善适合我国国情的住房保障制度。在稳定房价方面，加大供应，控制需求，通过缓解供求矛盾来稳定房价；在建立住房保障制度方面：强化政府住房保障职能，加快城镇廉租住房制度建设，规范发展经济适用住房，积极发展住房二级市场和租赁市场，有步骤地解决低收入家庭的住房困难。2007 年 8 月 7 日国务院发布的《国务院关于解决城市低收入家庭住房困难的若干意见》把"保障性住房"提到前所未有的高度，是中国房改历程中的一个新的里程碑。标志着从"重市场、轻保障"向着 1998 年房改政策"市场、保障并重"的正确方向回归；从"重买房、轻租赁"向着"租、售并

---

　　①　九部门是指建设部、发展改革委、监察部、财政部、国土资源部、人民银行、税务总局、统计局、银监会。

举"的合理模式回归。同年 10 月 1 日起,《物权法》正式施行,动拆迁须进一步合法化。2008 年"两会"中温家宝作的政府工作报告中进一步提出:要健全廉租住房制度,加快廉租住房建设,加强经济适用住房建设和管理,积极解决城市低收入群众住房困难;同时,要积极改善农民工居住条件。要增加中低价位、中小套型普通商品住房供应,建立多渠道投融资机制,通过多种途径帮助中等收入家庭解决住房问题。要综合运用税收、信贷、土地等手段,完善住房公积金制度,增加住房有效供给,抑制不合理需求,防止房价过快上涨。要加强市场监管,严格房地产企业市场准入和退出条件。由于遭遇金融危机,为实现"保增长"的任务,房地产的"支柱产业"定位又再度受到重视,并承担起对经济增长的拉动作用。2009 年,中国房地产市场经历了一个急转向上的行情。为应对金融危机,进一步刺激楼市,国家有关部委相继出台了一系列鼓励政策。1 月,四大国有银行宣布,只要 2008 年 10 月 27 日前执行基准利率 0.85 倍优惠、无不良信用记录的优质客户,原则上都可以申请七折优惠利率。2 月,继农业银行出台房贷细则后,工商银行开始执行购房者可享受住房贷款七折的优惠利率细则,随后不久,其他银行的优惠政策细则相继出台,为楼市回暖蓄积了政策基础。5 月,国务院发布的《关于调整固定资产投资项目资本金比例的通知》中明确,保障性住房和普通商品住房项目的最低资本金比例为 20%,其他房地产开发项目的最低资本金比例为 30%。这是自 2004 年以来执行 35% 自有资本金贷款比例后的首次下调,已恢复到 1996 年开始实行资本金制度时的水平,从而预示着紧缩了数年的房地产信贷政策开始"松绑"。2009 年上半年采取的一些积极宽松的财政、税收、金融政策,使各地房地产市场上演"地王频出"、"量价齐升"、"一房难求"的火爆场面。为保持房地产市场的平稳健康发展,国务院常务会议研究要综合运用土地、金融、税收等手段,加强和改善对房地产市场的调控。12 月 9 日,国务院常务会议研究完善促进消费的若干政策措施,将个人住房转让营业税征免时限由 2 年恢复到 5 年,遏制炒房现象。12 月 14 日,国务院常务会议研究完善促进房地产市场健康发展的政策措施,明确提出:"加强市场监管,稳定市场预期,遏制部分城市房价过快上涨的势头",同时强调"地方政府要切实负起责任"。为保持房地产市场的平稳健康发展,会议要求,增加有效供给、加强市场监管、完善相关制度,继续综合运用土地、金融、税收等手段,加强和改善对房地产市场的调控。重点是在保持政策连续性和稳定性的同时,加快保障性住房建设,加强市场监管,稳定市场预期，遏制部分城市房价过快上涨的势头。2010 年，针对 2009 年年底房地产市场"恐慌性抢购"局面，国家实施了有史以来最为严厉的政策调控。2010 年 1 月 10 日，国务院办公厅下发《关于促进房地产市场平稳健康发展的通知》，要求进一步加强和改善房地产市场调控，稳定市场预期，促进房地产市场平稳健康发展，并针对性地提出了"国十一条"。4 月，国务院又发出《关于坚决遏制部分城市房价过快上涨的通知》，被称作"新国十条"。2010 年 9 月，为进一步贯彻落实国务院《关于坚决遏制部分城市房价过快上涨的通知》精神，国家有关部委分别出台措施（"9·29 新政"），各商业银行暂停发放居民家庭购买第三套及以上住房贷款，房价过高、上涨过快、供应紧张的城市，要在一定时间内限定居民家庭购房套数。2010 年，从 1 月的"国十一条"，至 4 月的"新国十条"，再到"9·29 新政"，全年三波调控，一波紧于一波，可见调控力度之大。一轮又一轮调控政策出台之后，抑制了部分需求的释放，绝大多数城市成交面积同比下降明显，但一、二线城市房价过快上涨的问题依然没有从根本上得以解决。2011 年 1 月 26 日，国务院办公厅正式印发了《关于进一步做好房地产市场调控有关工作有关问题的通知》（有史以来最严厉的"国八条"），要求各地制定合理的调控目标，并且要从严制定和执行住房限购措施。1 月 27 日，国务院常务会议同意在上海、重庆进行对个人住房征收房产税的试点。次日，两市正式开始了房产税试点。8 月 7 日住建部提出二、三线城市限购的五项建议标准，进一步强化了对于地方限购的约束。"限购令"效果明显，对于 2011 年的房地产市场产生了有效的抑制效应，房地产价格下降趋势显著，正在逐步实现理性回归。

综上所述，新中国成立以来，我国住宅市场经历了萎缩——超常发展——规范发展的螺旋式上升过程，政府的职能和作用也由过度控制，到放任自由，再到规范管理。伴随着不同发展时期经济发展战略的演变，中国住宅市场每一阶段呈现出了不同的特征。

2.1.4 住宅市场对我国经济发展的影响

1. 推动了国民经济发展

住宅市场的发展对我国国民经济发展具有重要的推动作用。主要表现在以下两方面。一是以住宅为主的房地产业和建筑业增加值对 GDP 的贡献率不断提高。2009 年房地产业和建筑业增加值对 GDP 的贡献率为 12.1%，比 2005

年提高了 1.9 个百分点。近十年来，我国房地产业快速发展。房改之前的 1997 年，房地产业占 GDP 的比重为 3.7%，2009 年已达 5.5%。二是房地产税费贡献也不断提高。2011 年全国税收总收入为 8.9 万亿，直接和房地产相关的税收之和占税收总收入的比重为 9.2%，比 2007 年提高了 3.2 个百分点。2010 年全国国有土地有偿出让收入为 2.9 万亿，占全国财政收入的 35.4%，比 2009 年提高了 14.6 个百分点。

2. 住宅产业拉动相关产业效应明显

住宅产业对国民经济发展具有强大的带动作用，在产业关系上表现为与其他产业的关联度很高，并具有较长的消费链。住宅房地产的开发生产、交换、分配、消费各环节涉及的元素广泛，直接和间接关联的产业部门特别多，直接对几百大类、多个品种的产品提出需求，它与建材、冶金、化工、纺织、机械、仪表、公用事业、金融保险、家用电器、商业服务等近百个部门的经济活动密切联系。住宅产业通过"后向联系"（拉动），即住宅产业作为需求市场，带动钢铁、建材、机械、化工、陶瓷、纺织等产业的发展；通过"前向联系"（推动），即通过住宅的开发和建设，直接推动建筑、装饰、通信、电力等产业的发展；还通过"旁侧联系"（扩散）影响到家用电器、厨房用具、家具、商贸、服务业的发展，如当住房变得宽敞和舒适时，户均彩电可由一台变成两台，空调可由户均一台变成室均一台，这显然会对家用电器的生产产生明显的带动作用。以 2010 年为例，全国住房投资为 3.4 万亿元，按照住房建设带动系数 1.7 估算，可带动相关产业为 5.8 万亿元。近几年在中国国内生产总值 9%～10% 的增长率中，房地产业及其所带动的贡献率约占 2 个百分点①。

3. 促进了就业增长和城市发展

住宅产业发展为城市建设和管理提供了大量就业岗位。2010 年我国房地产企业平均从业人数为 209 万人，比 2005 年增加了 58 万人。同时，由于住宅产业发展带动相关劳动密集型行业发展，也间接提高了这些行业吸纳劳动力就业。房地产业的快速发展也为城市发展提供了载体，扩展了城市空间，提升了城市档次，带动了城市基础设施建设，改善了城市功能、城市面貌和投资环境。

4. 提高了居民居住水平和居住条件

住宅市场的快速发展，在促进国民经济增长的同时，也提升了居民的居住

---

① 杨红旭：《房地产业对国民经济有贡献》，载《东方早报》，2011-11-24。

水平，改善了居住条件和环境。中国各个城市的居住水平与过去相比已经发生了量和质的巨大变化。在 20 世纪八九十年代，曾多户合用的厨房、卫生间已成为家家户户独套专用；曾是小低层的简易楼已变成一切科技智能化的高层建筑；曾无任何安保措施的生活区已改变成高绿化、高管理水平的文明公寓。"十一五"期间，我国房地产开发竣工房屋面积为 33.2 亿平方米，其中住房竣工面积为 27 亿平方米，分别比"十五"期间增加了 13 亿平方米和 10.5 亿平方米，"十一五"期间城镇居民居住条件有了很大的改善，到 2009 年年底，城镇居民人均住房面积约 30 平方米，比 2005 年增加 4 平方米。老百姓对住房的需求由当初的住得下、分得开，转变为如今的住得方便，住得舒适。

2.2　房地产税收基本问题分析

2.2.1　房地产税收的内涵、特点及其功能

1. 房地产税收的内涵

房地产税收是指公共主体对非公共主体所拥有的房地产产权或者凭借房地产产权从事经营活动而得到的土地财富进行的无偿性、强制性的征收活动[①]。房地产税收首先体现的是一种财政范畴，即国家根据法律规定，向房地产产权人、经营者、投资建设者、使用者或受让者无偿地、强制地、固定地取得一定货币的财政活动，同时，它又是一个重要的分配范畴，参与房地产经济运行的各个环节的分配，体现国家与房地产主体之间的分配关系。按照房地产的课税环节，房地产税收既包括房地产开发转让、保有环节的税，也包括房地产产权交易和取得等环节的税。按照房地产的供需主体，房地产税收既涉及供给环节的税，也涉及需求环节的税。

2. 房地产税收的特点

房地产税收除具有一般税收所共有的特征外，还有一些有别于其他税收的特征或特点。

（1）征税对象的特定性

房地产税收是以特定的房地产投资行为、房地产价值或数量为征税对象，

---

① 陈多长：《房地产税收论》，北京，中国市场出版社，2005。

不同于以其他事项为征税对象的税收。从自然属性上讲，它的征税对象是房屋和土地；从法律上讲，它的征税对象是附着在房地产上的各种权益。

（2）税收体系的复杂性

房地产税收不是由单一税种组成的，而是一个多环节征收的税收体系，这一体系较为复杂。首先，涉及的税种多。我国与房地产相关的现行税种既包括城镇土地使用税、房产税、耕地占用税、契税、土地增值税，也包括城市维护建设税、营业税、企业所得税、个人所得税、印花税等。其次，涉及的税类多，与房地产相关的税收既包括商品税、所得税类，也包括财产税、特定目的行为税类等。

（3）调控范围的广泛性

房地产税收的调控范围涉及房地产开发交易过程的每一环节，也就是说，在房地产开发投资环节、销售转让环节、所得环节等房地产运动过程的每一个环节都有相应的税种予以调节。从供需主体上看也是如此，房地产税收既作用于住宅的供给环节，也对住宅的需求环节产生影响。

（4）税源分布的零散性

与房地产相关的税种在我国尽管达十几种，但大多都是一些小税种，如直接将房地产作为征税对象的房产税、城镇土地使用税、契税、耕地占用税等，这些税种的征收对象既涉及乡村，也涉及城镇，纳税人既包括企业、事业单位，也包括个人。而且，这些税种的税基一般都较小，税率比较低，所征税款较少，但征管难度较大。这也是房地产税收不同于其他税收体系的一个显著特点。

3. 房地产税收的主要功能

从筹集地方财政收入和引导房地产资源合理配置以及调节收入和财富的角度分析，房地产税的征收具有以下功能。

（1）筹集稳定的财政收入

房地产由于具有透明、不可移动的特点，因而税源稳定，是地方政府理想的收入来源。从 OECD 成员国的情况看，多年来，其以房地产税收为主体的财产税收入，均保持了相当稳定的水平，成为筹集地方政府财政收入的重要渠道（见表2-3）。自1994年实行分税制改革以来，我国房地产税收收入有了较快的增长，一定程度上促进了税收总收入和地方财政收入增长。1995年，直接将房地产作为征税对象的城镇土地使用税、土地增值税、耕地占用税、房产税

（城市房地产税）和契税的税收收入合计为 168.4 亿元，2011 年的收入为
8 222.71 亿元，是 1995 年的 49 倍。据财政部税政司统计，2009—2011 年上
述 5 个税种的房地产税收总额占全国税收总额的比重分别为 8.1%、8.9% 和
9.2%。房地产税收收入的稳定增加，对促进地方税收总收入增长，推动地方
财政建设发挥了重要作用。

表 2-3　OECD 国家财产税占税收总收入的比重　　　　　单位：%

年份\国家	1965	1970	1975	1980	1985	1990	1995	2000	2002
加拿大	14.3	12.8	9.5	9.1	9.3	10.0	10.7	9.5	9.8
墨西哥				1.9	0.5	1.5	1.8	1.4	1.7
美国	15.9	14.2	13.9	10.7	10.7	11.5	11.1	10.1	11.9
澳大利亚	11.4	11.0	8.8	7.8	7.8	9.0	8.8	8.8	9.0
日本	8.1	7.6	9.1	8.2	9.7	9.1	11.7	10.3	10.8
韩国			9.7	8.0	9.1	12.8	14.8	12.6	12.7
新西兰	11.5	10.4	9.2	7.9	7.4	6.8	5.3	5.4	5.0
奥地利	4.0	3.7	3.1	2.9	2.4	2.7	1.5	1.3	1.3
比利时	3.7	3.1	2.3	2.4	1.8	2.7	2.5	3.4	3.1
捷克							1.4	1.4	1.5
丹麦	8.0	6.0	5.9	5.5	4.2	4.2	3.5	3.3	3.5
芬兰	4.0	2.2	1.9	1.9	2.7	2.4	2.2	2.4	2.4
法国	4.3	4.8	5.1	4.8	5.8	6.3	7.8	7.3	7.5
德国	5.8	4.9	3.9	3.3	3.0	3.4	2.8	2.3	2.3
希腊	9.7	9.3	9.7	4.6	2.7	4.6	4.1	6.2	4.7
匈牙利							1.2	1.7	1.9
冰岛	4.0	4.5	5.1	6.3	7.3	8.5	9.0	7.1	7.4
爱尔兰	15.1	12.2	9.7	5.3	4.0	4.7	4.5	5.5	5.3
意大利	7.2	6.0	3.3	3.7	2.5	2.3	5.6	4.6	5.1
卢森堡	6.2	6.7	5.2	5.7	5.6	4.2	7.0	10.7	8.0
荷兰	4.4	3.3	2.4	3.6	3.5	3.7	4.1	5.3	5.3
挪威	3.1	2.4	2.3	1.7	1.9	2.9	2.8	2.2	2.3

年份 国家	1965	1970	1975	1980	1985	1990	1995	2000	2002
波兰							2.8	3.2	4.3
葡萄牙	5.1	4.2	2.5	1.4	1.9	2.7	3.8	3.5	3.4
斯洛伐克								1.6	1.6
西班牙	6.4	6.5	6.3	4.6	3.5	5.5	5.5	6.4	6.6
瑞典	1.8	1.5	1.1	0.9	2.3	3.5	2.7	3.4	3.2
瑞士	8.8	8.9	7.2	7.4	9.3	8.9	8.2	9.3	8.6
土耳其	10.5	10.8	6.9	5.4	4.6	2.3	3.0	3.2	2.9
英国	14.5	12.5	12.7	12.0	12.0	8.8	10.5	11.5	12.0
单纯算术平均数	7.8	7.1	6.3	5.3	5.2	5.7	5.5	5.5	5.5

数据来源：Revenue Statistics 1965—2003，OECD，2004。

（2）优化房地产资源配置效率

课征房地产税有利于优化房地产资源的配置效率，因为房地产持有人在房地产税收负担的压力下，为降低房地产持有成本，提高房地产投资净效益，不得不对闲置的资产加以合理且充分的利用。同时对房地产课税也可以优化房地产投资和其他资本产品投资之间的组合关系，减少房地产投机，适当增加一般商品的消费量，促进有效需求的扩张，从而刺激经济增长，促进社会资源的合理配置。例如对开发商开发高档商品房、普通住宅、保障性住房等不同标准的房产进行差别征税，可以调节房屋的供给结构；对二套房、空置房屋征税，可以调节房屋需求结构，减少投机、投资购房；对空地或闲置土地征税等，可以促进土地有效利用等，进而有利于促进房地产资源的合理配置。

（3）调节收入和财富分配

房地产是个人财富的一种体现，相对而言，也是透明度较高的一项财产。对房地产课税可以客观衡量个人负税能力，并达到均衡社会财富、降低社会贫富分化的功能。近年来，房产投资或投机成为一部分人积累财富的重要方式，对居民收入差距的扩大产生了越来越大的影响。通过征收保有环节的房地产税，使拥有房产面积大、价值高、套数多的个人承担相应的税收负担，一定程度上可以调节收入和财产的分配，缩小贫富差距。同时，通过对提供保障性住房的供给主体实施税收鼓励政策，也有利于提高对保障性住房的投入，解决低收入者的住房问题。

（4）具有较强的政策功能

房地产税收具有较强的政策调控功能，是政府对市场进行宏观调控的重要手段。房地产业是国民经济的支柱型产业，尤其是其中的住宅更涉及民生问题，事关社会安定甚至政治稳定，因此是各国政府宏观调控的重点之一。宏观调控中的经济手段有税收、财政、信贷、价格等，其中税收手段指通过税收制度的设置、税收政策的调整对房地产市场总量、结构等进行调控，引导房地产业平稳发展。例如可以通过营业税、契税、企业所得税以及个人所得税等对房地产交易、房地产转让等进行税收调节，以体现国家的宏观调控政策目标。

房地产税收所具有的上述四项功能，其作用途径及经济效应可归纳为表 2-4。

表 2-4　房地产税收功能的作用手段分析

房地产税收功能	作用途径	经济效应
筹集稳定的财政收入	保持与房地产相关的各税种税收收入的稳定； 保持土地出让收入的稳定	国家或地方政府财政收入增加
优化资源配置效率	对开发、供给不同标准的房产差别课税； 对空地或闲置土地课税； 对二套以上住房、空置房课税	调节住宅供给结构； 促进土地有效利用； 调节住宅需求结构
调节收入和财富分配	开征保有环节的房地产税； 运用税收激励政策，鼓励保障性住房投入	运用税收政策，缩小收入差距，平衡社会财富分配保障中低收入者住房需求
政策调控	在房地产交易环节、转让环节等，通过营业税、企业所得税、个人所得税、契税等实施调节	缓解房地产市场过度波动，实现政府政策目标

2.2.2　我国房地产税收发展变迁

1. 房地产税收体系建设历程

我国房地产税开征于 20 世纪 50 年代初期，较多学者研究了我国房地产税收的发展历程,然而由于划分标准不同,其划分阶段也不尽相同。本书将新中国成立以来我国房地产税收体系建设历程大致分为四个阶段,主要阐述直接与房地产相关的税种的发展历程。

(1)房地产税制的初创阶段(1950—1972年)

新中国成立之初,为了适应全国政治上的统一,经济上迅速恢复和发展的要求,1950年1月中央人民政府政务院发布《全国税政实施要则》,提出开征地产税、房产税、印花税和遗产税等房地产税收。此外,为照顾经济恢复中工商业遇到的困难,国家本着降低负担,简化税制,巩固财政收入,照顾生产恢复的原则对税收进行了调整,中央政府决定遗产税暂不开征。同年4月,政务院发布《契税暂行条例》,条例规定:土地、房屋的买卖、典当、赠与和交换应当凭土地、房屋所有证,并由当事人双方订立契约,由承受人缴纳契税。1951年8月,政务院公布《城市房地产税暂行条例》,将房产税和地产税合并为城市房地产税,只在核准的城市范围内征收。总体说来,新中国成立初期,我国的房地产税制比较简单,主要由房地产税、印花税和契税等税种构成。其后,1953年和1958年我国进行了两次税制改革,虽然将印花税并入工商统一税,但本质上没有触及当时的房地产税制。因此,这一时期的房地产税制仅处于初创时期,税种较少,税制较为简单。

(2)房地产税制的弱化阶段(1973—1983年)

1973年,我国实施税制简并时,将对国营企业和集体企业征收的工商统一税及其附加、城市房地产税、车船使用牌照税、盐税和屠宰税合并为工商税。工商企业缴纳的房地产税并入工商统一税中征收,但保留了对个人、外侨和房产管理部门征税。其后,随着20世纪80年代初期我国城镇土地完全国有化和国有企事业单位职工的住房所有权国有化,房地产税和契税的税基逐渐趋于萎缩,房地产税制度相对弱化,这一时期,房地产税的征税范围缩小到仅仅针对居民个人(私房所有者)、外侨和外企征收。

(3)房地产税制恢复阶段(1984—1993年)

1984年,在国家经济体制改革的宏观背景下,我国城镇土地有偿使用制度改革和住房分配市场化的制度改革稳步推进,房地产资源配置的市场化程度逐步提高,这为房地产税制的恢复和建设提供了必要的制度条件。同年10月,我国实施国营企业第二步"利改税"和改革工商税制时决定对土地、房产分别征税。1986年9月,国务院颁布了《中华人民共和国房产税暂行条例》,条例规定：房产税在城市、县城和建制镇征收，由产权所有人或者承典人、代管人、使用人缴纳。不过，该条例仅适用于国内单位和个人，对外商投资企业、外国企业和外国人仍然实行房地产税。1987 年 4 月，国务院发布了《中华人民共和国耕地占用税暂行条例》，以占用耕地建房或者从事其他非农业建设的国内单位和个人为纳税人，以被占用的种植农作物的土地为征税对象。1988 年，国务院颁布《中华人民共和国城镇土地使用税暂行条例》，该税种的纳税人为在城市、县城、建制镇和工矿区范围内使用土地的国内单位和个人，以纳税人实际占用的应税土地面积为计税依据，实行有差别的幅度税额。之后，1991 年国务院颁布了《中华人民共和国固定资产投资方向调节税》(该税在 2000 年暂停征收)。为了控制土地投机，调节土地增值收益的分配，1993 年 12 月，国务院颁布《中华人民共和国土地增值税暂行条例》，增加了土地增值税这一新的与房地产相关的税种，有关土地增值税纳税人、征税对象、税率以及税收优惠等内容也得到了明确。这一时期，有关房地产的税种频繁出台，标志着我国房地产税制开始步入恢复与重建阶段。

(4) 房地产税制完善阶段(1994 年至今)

这一阶段社会主义市场经济体制在我国已初步建立，1994 年的税制改革对房地产税的税基和课税范围进行了修改。1997 年 7 月，国务院发布《中华人民共和国契税暂行条例》(政务院发布的《契税暂行条例》同时废止)，同年 10 月，财政部发布《中华人民共和国契税暂行条例施行细则》。契税以在中国境内转移土地、房屋权属的承受者为纳税人，采用幅度比例税率。2006 年 12 月，国务院发布第 438 号国务院令，即《国务院关于修改〈中华人民共和国城镇土地使用税〉的决定》，将征收范围扩大到外商投资企业和外国企业，提高了税额标准。为加大对耕地的保护，提高土地资源利用效率，2007 年 12 月，国务院发布了第 511 号国务院令，制定《中华人民共和国耕地占用税暂行条例》，提高了税额标准，将外商投资企业和外国企业明确为纳税人。2009 年 1 月 1 日起，取消了对外商投资企业、外国企业和组织以及外籍个人(包括港澳台资企业和组织以及华侨、港澳台同胞)征收的城市房地产税，改按《房产税暂行条例》缴纳房产税。上述有关改革，预示着房地产税制进入全面改革与完善时期。至此，我国房地产税收体系也基本形成。

2. 房地产税制结构变化基本情况

总体上说来，从新中国成立至今，我国房地产税收体系基本上建立起来，房地产税制结构也不断得以优化，日渐完善。直接将房地产作为征税对象的 5 个税种如土地增值税、城镇土地使用税、耕地占用税、房产税（城市房地产税）和契税的税收收入有了较大幅度的增长，20 世纪 50 年代初期收入合计为 0.95 亿元，20 世纪 90 年代初期收入合计达 78.83 亿元，2001 年的这一收入达 500.46 亿元，2004 年房地产税的税收收入突破千亿元，合计为 1 207.82 亿元，到 2011 年，房地产的税收收入已达到 8 222.71 亿元（见表 2-5），占当年全国税收总额的 9.2%。

表 2-5　中国房地产税制结构变化表　　　　单位：亿元

年份	房产税和城市房地产税	城镇土地使用税	耕地占用税	契税	土地增值税	收入合计
1950	0.95	—	—	—	—	0.95
1955	1.68	—	—	0.18	—	1.86
1960	3.17	—	—	—	—	3.17
1965	4.28	—	—	—	—	4.28
1970	3.17	—	—	—	—	3.17
1975	0.86	—	—	—	—	0.86
1978	0.82	—	—	—	—	0.82
1980	0.69	—	—	—	—	0.69
1985	0.93	—	—	—	—	0.93
1990	31.71	31.37	14.57	1.18	—	78.83
1991	37.22	31.68	17.86	1.89	—	88.65
1992	41.48	30.52	29.22	3.61	—	104.83
1993	49.15	30.32	29.35	6.21	—	115.03
1994	60.26	32.53	36.47	11.82	—	141.08
1995	81.70	33.60	34.54	18.26	0.30	168.40
1996	102.20	39.40	31.20	25.20	1.10	199.10
1997	123.90	44.00	32.49	32.34	2.50	235.23
1998	159.80	54.09	33.35	58.99	4.30	310.53
1999	183.50	59.06	33.03	95.96	6.80	378.35
2000	209.60	64.76	35.32	131.08	8.40	449.16

续表

年份	房产税和城市房地产税	城镇土地使用税	耕地占用税	契税	土地增值税	收入合计
2001	228.60	66.15	38.33	157.08	10.30	500.46
2002	282.60	76.83	57.34	239.07	20.50	676.34
2003	323.90	91.57	39.90	358.05	37.30	850.72
2004	366.30	106.23	120.09	540.10	75.10	1 207.82
2005	435.90	137.34	141.85	735.14	140.02	1 590.25
2006	514.81	176.81	171.12	867.67	231.47	1 961.88
2007	575.05	385.45	184.95	1 208.65	403.14	2 756.24
2008	680.40	816.95	313.97	1 307.18	537.10	3 655.60
2009	803.64	920.97	632.99	1 734.99	719.43	4 812.02
2010	894.06	1 004.01	888.34	2 464.80	1 276.67	6 527.88
2011	1 102.36	1 222.26	1 071.97	2 763.61	2 062.51	8 222.71

资料来源：《中国财政年鉴 2007》，北京，中国财政杂志社，2007；《中国税务年鉴 2007》，北京，中国税务出版社，2007；国家税务总局网站——税收统计；《中国税务统计 1950—1994》，北京，中国税务出版社，1997；财政部：《2007 年全国预算收入执行情况表》；财政部：《2008—2011 年全国税收收入增长的结构性分析》。

2.2.3　我国住宅市场供求环节的房地产税收种类

1. 与住宅市场相关的现行房地产税基本框架

我国目前住宅市场所执行的房地产税共有 11 个税种（教育费附加具有税的性质，这里将其划归为税的范围）。直接将房地产作为征税对象的包括 5 个税种：土地增值税、城镇土地使用税、耕地占用税、房产税和契税。如果从住宅房地产行业经营或个人转让（出租）所缴纳的全部税种考虑，还包括营业税、企业所得税、个人所得税、印花税、城市维护建设税和教育费附加等。

从供求角度看，上述税种可以分别划归为住宅市场上供给环节的税和需求环节的税；从房地产开发经营流程角度看，上述税种可以分别划归为住宅房地产开发环节的税、住宅房地产转让和出租环节的税、住宅房地产购置和保有环节的税。各税种与各环节之间的关系，见表 2-6。

表 2-6   与住宅市场相关的房地产税收种类

环节	与住宅市场供给相关			与住宅市场需求相关	
	住宅开发	住宅转让	住宅出租	住宅购置	住宅保有
税种	营业税、城市维护建设税、教育费附加、土地增值税、印花税、企业所得税、耕地占用税、房产税、城镇土地使用税	营业税、城市维护建设税、教育费附加、个人所得税、企业所得税、印花税（销售方部分）、土地增值税	营业税、城市维护建设税、教育费附加、房产税、城镇土地使用税、个人所得税、企业所得税	印花税（购买方部分）、契税	房产税、城镇土地使用税

2. 住宅市场房地产税基本内容

（1）营业税

营业税是对在中华人民共和国境内提供应税劳务、转让无形资产或销售不动产的行为征收的一种税。与住宅市场相关的营业税主要体现在两个阶段。①房地产开发阶段：房地产开发企业转让土地使用权时缴纳的营业税，税率为5%。建筑业从事建筑劳务时缴纳的营业税，税率为3%。②房地产销售转让阶段：房地产开发企业和个人销售、转让不动产时缴纳的营业税，税率为5%。③房地产租赁阶段：对单位取得的房地产租赁所得，按其获得的租金依5%的从价税缴纳营业税；个人出租房屋取得租金时应缴纳的营业税，法定税率为5%，现行优惠税率为1.5%。

（2）城市维护建设税

城市维护建设税是国家对从事工商经营，缴纳增值税、消费税、营业税的单位和个人征收的一种税。由于住宅房地产各环节涉及营业税的缴纳，因此，按照现行税法规定，住宅市场营业税纳税人在缴纳营业税的同时还应缴纳城市维护建设税，税基为营业税税额。城市维护建设税的税率分别为市区7%，县城、镇5%，其他地区为1%。

（3）教育费附加

教育费附加具有特定用途税的性质，是为筹集地方基础教育经费而设置的一种附加费。教育费附加的缴纳人为缴纳增值税、营业税、消费税的单位和个人，由于住宅房地产各环节涉及营业税的缴纳，因此，按照现行税法规定，住宅市场营业税纳税人在缴纳营业税的同时还必须缴纳教育费附加，征收依据为营业税税额。教育费附加的征收率为 3%。

（4）耕地占用税

耕地占用税是国家对一切单位和个人建房或者从事非农业建设占用耕地而征收的一种税。住宅房地产方面的耕地占用税主要是房地产开发企业为从事房地产开发而占用耕地时缴纳的税。该税种的税基为实际占用的耕地面积，根据不同地区的人均耕地面积和经济发展情况施行有差别的幅度税额标准，税额为 5～50 元/平方米。

（5）契税

契税是对土地、房屋权属的转移行为征收的一种税。契税的纳税人是在我国境内承受土地、房屋权属转移的单位和个人。土地、房屋权属包括：国有土地使用权出让；土地使用权转让，包括出售、赠与和交换；房屋买卖；房屋赠与；房屋交换等。在住宅市场上，供给环节的契税，主要在房地产开发企业取得土地使用权时缴纳；需求环节的契税，主要在个人购买住宅时缴纳。契税的税基为房地产成交金额或税务机关评估或认定的价格，税率为 3%～5%。自 2007 年 8 月 1 日起，对个人购买经济适用房，减半征收契税；2008 年 11 月 1 日起，对个人首次购买 90 平方米以下普通住房的，契税税率下调到 1%。

（6）城镇土地使用税

城镇土地使用税是对在城市、县城、建制镇和工矿区内使用的土地征收的一种税。与住宅房地产相关的城镇土地使用税主要在取得土地使用权时缴纳，以及在保有住宅时缴纳。税基是纳税人实际使用的土地面积，依据不同地区和各地经济发展状况实行幅度税额标准，税额为 0.6～30 元/平方米。

（7）企业所得税

企业所得税是对企业取得的应税所得征收的一种收益税。企业所得税中涉及房地产税的主要体现在两个方面：一是财产转让所得，其中包括企业转让土地使用权、销售转让不动产等所产生的所得；二是固定资产租赁所得，包括企业房地产租赁所得。企业取得的上述与房地产有关的所得，按规定应缴纳企业所得税。税基为转让收入减除准予扣除项目后的余额，法定税率为 25%。

（8）个人所得税

个人所得税是对个人取得的各种应税所得项目征收的一种税。与住宅房地产相关的个人所得税，主要包括对个体工商户从事房地产开发和经营取得的所得、对个人转让住房取得的财产转让所得以及个人出租住房取得的财产租赁所得征收。其中，对个体工商户征收的个人所得税，以其从事房地产开发经营取得的所得为税基。财产转让所得的税基视不同情形处理：对纳税人能够完整、准确地提供转让房屋收入、成本和费用凭证的，经征收机关审核后，以其转让收入减除房屋原值、转让房屋过程中缴纳的税金以及有关合理费用为税基，按20%的比例税率征收个人所得税；纳税人不能提供完整、准确的住房原值凭证，不能正确计算住房原值和应纳税额，按其住房转让全部收入的1%核定征收个人所得税。财产租赁所得的税基为租金收入，税率减按10%征收。

(9) 土地增值税

土地增值税是对有偿转让国有土地使用权、地上建筑物及其附属物产权的行为征收的一种税。该税是与住宅市场供给环节最为直接的税种。房地产开发企业转让土地使用权或销售不动产，产生的增值额均应缴纳土地增值税。增值额为纳税人转让房地产所取得的收入减除规定扣除项目金额以后的余额。税率为30%～60%的四级超率累进税率。具体为：增值额未超过扣除项目金额50%的部分，税率为30%；增值额超过扣除项目金额50%、未超过扣除项目金额100%的部分，税率为40%；增值额超过扣除项目金额100%、未超过扣除项目金额200%的部分，税率为50%；增值额超过扣除项目金额200%的部分，税率为60%。

(10) 房产税

房产税是对位于城市、县城、建制镇和工矿区内的房产征收的一种税。住宅市场上，房产税主要发生在住宅保有环节。纳税人包括房屋产权的所有人和房产的经营管理单位、承典人、代管人、使用人。征税对象为单位或个人在中国境内所拥有的经营性用房，包括各种所有制形式企业和个人的经营用房。非经营用房，包括城乡居民自住房不在房产税课税之列。房产税税基有两种确定方式：一是以房产价值计税，即以房产原值一次性扣除10%～30%后的余值为税基，税率为1.2%；二是以房产租金计税，即以房产租金收入为税基，税率为12%（个人出租住房，税率为4%）。

(11) 印花税

印花税是对在我国境内书立、领受各种应税凭证征收的一种税。与住宅市场相关的印花税，主要是在供给环节书立的建筑安装工程承包合同、购销合同、产权转移书据等应缴纳的印花税；在需求环节，主要是签署商品房购销合同、财产租赁合同、领受房屋产权证等应承担的印花税。印花税建筑安装工程承包合同的税基为承包金额，购销合同的税基为购销金额，产权转移书据的税基为所载金额，财产租赁合同的税基为租赁金额，房屋产权证的税基为凭证件数。税率为：建筑安装工程承包合同和购销合同为 0.03%，财产租赁合同为 0.1%，产权转移书据为 0.05%，房屋产权证每件 5 元。

2.2.4　与住宅市场相关的房地产税收存在的主要问题

从与住宅市场相关的房地产税收来看，尽管涉及的税种较多，在税收实践中也发挥出相应的功能和作用，但房地产税收的缺陷也不容忽视。这些不足主要表现在以下几方面。

1. 课征环节不够合理

从目前我国与住宅市场相关的现行房地产税种设置来看，住宅房地产的税费绝大多数都集中在房地产的开发和转让环节，而在房地产保有环节课征的税费很少。房地产开发转让过程中涉及的税种主要有城镇土地使用税、契税、印花税、土地增值税、营业税、城市维护建设税、企业所得税（或个人所得税）等，而且该环节的收费项目也非常多，如市政配套设施费、建设工程许可费等。而房地产保有环节涉及的税种相对于前者则较少，主要有房产税、城镇土地使用税。与开发转让环节相比，保有环节的名义税负水平偏低，且免税范围极大（如对于个人所有非营业用的房产免征房产税、对于个人所有的居住房屋及院落用地免征城镇土地使用税等）。房地产开发流通和保有环节的税费负担有着较大的差别（见表 2-7）。

我国住宅房地产税的这种设计，与国外的住宅房地产税主要集中在保有环节相比差异也较大。这种房地产税制结构的弊端在于：一方面不利于住宅房地产的流动，妨碍了土地的供给，而且，住宅房地产开发环节的税费过于集中将提高新建商品房的价格，从而带动整个市场价格的上扬，制约市场正常的生产进程；另一方面，保有环节税费种类过少，阻碍了土地有偿使用市场的建立与健全，大多数由使用者无偿取得的土地仍然近似无偿地被持有着，抑制了土地的正常交易，阻碍了划拨存量土地步入市场的进程，使得土地作为资产的要素作用无法得到发挥，土地闲置与浪费现象日趋严重。而且，在保有阶段发生的价值自然增值部分，由于没有有效的税收调控机制，政府不能充分参与增值的分配，只能任由其流向房地产的实际保有者。

表 2-7　房地产开发流通环节和保有环节税费比较

房地产开发流通环节的税费	前期税费	土地出让金、城镇土地使用税、土地开发费、市政配套设施费、契税等
	报建阶段税费	建设工程许可费、建设工程备案费、施工许可报建费(包括安检费、质检费、试桩费、造价审核费、墙体基金、水泥基金等)
	建设阶段税费	营业税、城市维护建设税和教育费附加、印花税、质检费和工程管理费等
	销售阶段税费	营业税、城市建设维护税和教育费附加、转移登记费、印花税、土地增值税、企业所得税(个人所得税)、契税等
房地产保有环节的税费		城镇土地使用税、房产税

2. 税种设置重叠

现行涉及住宅的房地产税制,存在着重复征税的问题。例如对土地课税,既有城镇土地使用税,又有耕地占用税;对房地产产权转让签订的产权转移书据,承受方既要缴纳印花税,又要缴纳契税;对房地产转让行为既按取得的收入征收企业所得税、营业税,又按取得的土地增值额计征土地增值税,等等。这种税种重叠,税基交叉的问题,一方面增加了住宅房地产的成本;另一方面也导致隐性交易的大量存在。

3. 税基确定不合理

现行住宅房地产税涉及的一些税种的税基确定方法既不科学,也不合理。例如房产税以房产原值扣除一定比例的余值为税基,土地使用税以土地面积为税基。从房产税看,这样的确定方法既未能考虑到房屋的自然损耗因素,也未虑及房屋后期的升值因素,与房屋的市场价值相差很大。从土地使用税看,以占地面积为计税依据的方法比较陈旧,因为面积不会随着地产的价格上涨而扩大,使得税额不能随课税对象价值的上升而上升,造成税源过窄且缺乏弹性,不能调节土地的级差收入,也无法起到控制土地闲置和土地投机的作用。

4. 征收范围过窄

我国现行的城镇土地使用税和房产税都只是在城市、县城、建制镇和工矿区范围内征收,不包括广大农村的非农业建设用地。随着农村经济的发展,农村地区也有大量非农业房产,并且大量存在着耕地转为非农业用地的现象,按照现行税制，征过一道耕地占用税后就再没有税收调节，既不利于保护耕地，给农村乡镇企业与非农业建设滥用地埋下诱因，也缩小了征税范围，丧失了财政收入。同时，在具体的征管过程中，尤其是城乡接合部、新兴城区、城乡界限日益模糊，不易区分，给征管工作带来了诸多不便。另外，城镇土地使用税和房产税将个人所有非经营用的房地产等列为免税对象，从实践看，中国的住房制度改革使得居民住房的商品化程度有了很大提高。高收入阶层通常选择面积大、地段好、各种服务设施齐全的住房，因而享受了更多的社会公共服务。对居民自用住房完全免税，不仅使国家放弃了调节居民收入分配的重要手段，还违背了多受益者多纳税的公平原则。

5. 税率设计不科学

住宅房地产税在税率设计上也不尽合理。总体上看，在房地产保有环节税率较低，同时对房地产转让、收益环节税率过高。就税种来看，税率设置也存在一些问题。例如，我国土地增值税实行四级超率累进税率，第一级税率就达到了 30%，最高边际税率更是达到了 60%。土地增值税税率过高，诱发了纳税人的逃税动机，也不利于促进土地的合理流转。再如，房产税规定了两种税率，以房产余值为计税依据的，税率为 1.2%；以房产租金收入为计税依据的，税率为 12%。就我国的情况而言，房改之初，很多房产是以很低的价格转让到个人手中的，当时的原值甚至有可能低于目前的租金收入。因此，相对于自用房产，房产出租采用 12%的税率不免有些偏高。

6. 税收征管制度不完善

与工业、商业等一些行业相比，住宅房地产行业有着其自身的特殊性，一是其周期较长，一般为 3～6 年；二是不管是其房屋销售资金方面还是财务上的往来资金，所需资金均较大；三是成本先于销售，前面几年均为负利润期，利润的体现只在房屋开盘销售的一两个月。但目前税务机关对房地产的税收等同于一般的工业、商业企业来管理，没有依据房地产行业的特殊性来进行税收管理，没有深入跟踪管理，没有做到税收管理上的精细化和科学化，管理尚不到位。同时，由于管理员的轮换，造成一个房地产项目由多人转手管理，情况了解不清，出现管理上的一些漏洞，造成税收流失，税收政策效果不显著。

7. 房地产税收发展环境薄弱

目前我国财政分权体制的不规范影响了房地产税制基础环境建设，主要体现在地方政府没有相应的财权或者说财权与事权严重不对称。我国名义上将现行房产税、城镇土地使用税、契税等税种列为地方税范畴，但是相应的立法权均集中在中央，而且各个税种的征税对象、纳税人、税基、减免税等税制基本要素的调整权大部分也集中在中央，地方政府对属于自己的与房地产有关的地方税没有改革的权利，不能依据各地住宅市场发展的差异性和特点，对政策加以灵活运用。这种税权划分的不合理，既不利于调动地方积极性，也不适应分税制财税体制的客观要求。

第 3 章
我国住宅市场供求现状与发展趋势

3.1　我国住宅市场供求现状及原因分析

3.1.1　我国住宅市场供给现状及原因

1. 住宅市场供给现状及存在的主要问题

（1）住宅投资成为房地产开发投资的最主要部分

20 世纪 90 年代以来，我国房地产开发投资保持着高速增长状态，在 2003 年及之前，国家主要的房地产政策均体现出"把住宅产业培育成新的经济增长点与消费热点"这一主导思想，许多省、市更是提出把土地资源转变为土地资本的政策主张。在这样的制度安排驱动下，包括政府在内的房地产市场各参与主体使房地产市场不断扩大。全国房地产开发投资由 1998 年的 3 614 亿元，增长到 2010 年的 48 259 亿元。其中住宅投资由 1998 年的 2 082 亿元上升至 2010 年的 34 026 亿元。住宅投资一直都是房地产开发投资的最主要部分，1998 年到 2010 年，房地产开发投资中平均有 67.6% 为住宅投资。2011 年上半年，全国房地产开发投资 26 250 亿元，其中，住宅投资 18 641 亿元，占开发投资比重的 71%。不过，近年来，全国住宅投资从总量上看虽呈上升趋势，但是从相对值上看，则有降有升，变化较大。全国 1998—2010 年固定资产投资、房地产开发投资及住宅投资情况如表 3-1 所示。

表 3-1　1998—2010 年全国固定资产投资与房地产开发及住宅投资情况

年份	固定资产投资情况		房地产开发投资情况			住宅投资情况			
	投资额（亿元）	增长率（%）	投资额（亿元）	增长率（%）	占固定资产比重（%）	投资额（亿元）	增长率（%）	占固定资产比重（%）	占房地产开发投资比重（%）
1998	28 406	13.9	3 614	13.7	12.7	2 082	35.2	7.3	57.6
1999	29 855	5.1	4 103	13.5	13.7	2 638	26.8	8.8.	64.3
2000	32 918	10.3	4 984	21.5	15.1	3 312	25.5	10.1	66.5
2001	37 213	13.1	6 344	27.3	17.1	4 217	27.3	11.3	66.5
2002	43 500	16.1	7 791	22.0	17.9	5 228	30.0	12.0	67.1
2003	55 567	27.7	10 154	30.3	18.3	6 777	29.6	12.2	66.7
2004	70 477	26.8	13 158	29.6	18.7	8 837	30.4	12.5	67.2
2005	88 774	26.0	15 909	20.9	17.7	10 861	22.9	12.4	68.3
2006	109 998	23.9	19 423	22.1	17.7	13 638	25.6	12.4	70.2
2007	137 324	24.8	25 289	30.2	18.4	18 005	32.0	13.1	71.2
2008	172 828	25.9	31 203	23.4	18.1	22 441	24.6	13.0	71.9
2009	224 599	30.0	36 242	16.1	16.1	25 614	14.1	11.4	70.7
2010	278 121	23.8	48 259	33.2	17.35	34 026	32.8	12.2	70.5

资料来源：中经网统计数据库。

　　住宅投资的不断增长直接带来商品房供应的不断增加。从全国住宅供给状况看，房屋新开工面积和房屋竣工面积均逐年增加，其中住宅新开工面积由 1999 年的 18 798 万平方米增加到 2010 年的 129 359 万平方米；住宅竣工面积由 1999 年的 17 641 万平方米增加到 2010 年的 61 216 万平方米。我国房屋、住宅新开工、竣工情况见图 3-1。

　　从商品住宅成交量来看，自 1998 年我国住房市场化以来，新建商品住宅成交量开始大幅增长，2005 年同比增幅高达 46.6%，2009 年达 45.4%，2010 年以来，受限贷、限购、限价等多重限制性调控政策叠加效应的影响，同比增幅开始下将，当年为 8%，2011 年上半年为 12.1%。2001 年以来全国商品住宅成交面积及增长率见图 3-2。

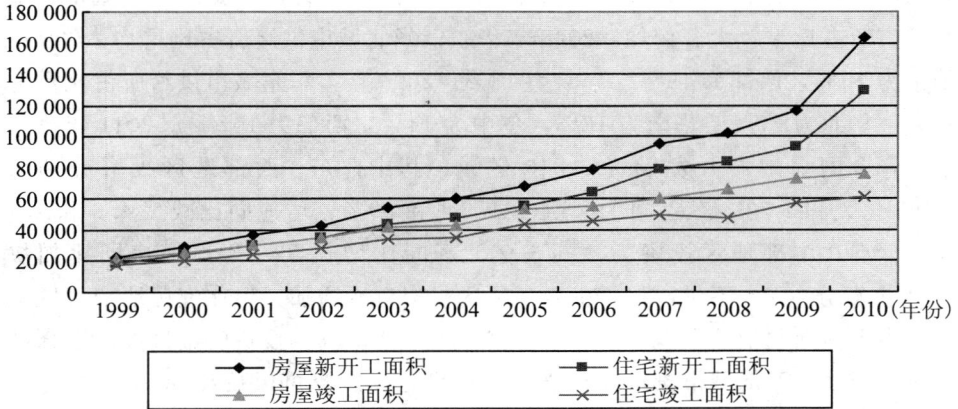

图 3-1　中国房屋、住宅新开工、竣工状况　单位：万平方米

资料来源：国家统计局统计年鉴、统计公报。

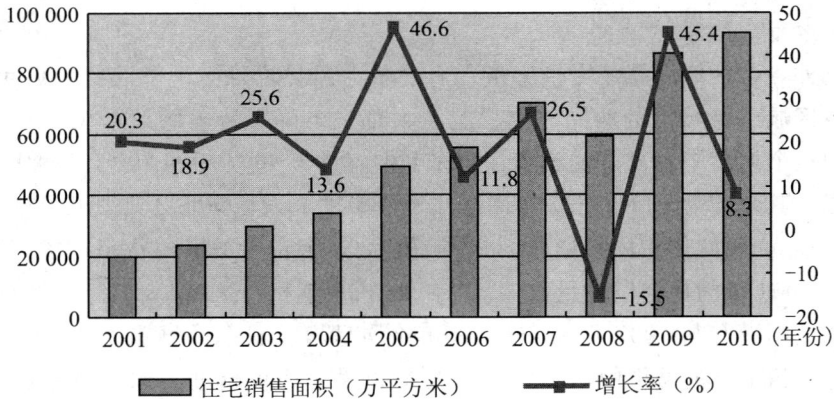

图 3-2　2001 年以来全国商品住宅成交面积及增长率

数据来源：中经网统计数据库。

（2）住宅供给区域间发展不平衡，供给量呈减少趋势

从全国住宅供给状况看，存在着住宅供给区域间的不平衡分配问题。2007年东部地区房地产投资额为 15 693.7 亿元，占全国总量的 62%；中部地区为4 775 亿元，占比 19%，西部和中部地区相当。同样，房地产施工面积、新开工面积、竣工面积和房地产销售面积等区域分布特点同样是东部地区占比达

50%以上，中西部地区各占 20%左右。从 2008 年来看，主要以华东城市、华北城市所占比重较大。例如，2008 年华东、华北城市供给所占比重均为 28%，华中为 16%，西部为 15%，华南为 13%。2009 年，华东城市供给所占比重为 31%，华北为 27%，华南为 12%，华中为 14%，西部为 16%①。2011 年第一季度，全国房地产开发投资 8 846 亿元。其中，东、西部地区投资分别为 6 465 亿元和 1 735 亿元，同比增长 31.2%和 39%，增速同比减缓 4.6 和 1.1 个百分点；中部地区投资为 1 646 亿元，同比增长 39.3%，增速同比加快 11.1 个百分点②。不过，尽管中西部地区投资有所增加，但住宅房地产区域发展的不平衡问题依然存在，同时也带来下列一些影响：投资资金过多向东部区域城市流动，西部城市投融资环境恶化；房地产投资可以拉动 50 多个行业的发展，东部地区在房地产的带动下经济发展速度要远快于中西部，从而造成更大的区域经济落差，并进一步形成人才、资金、物流等方面的发展差异，对我国整体经济的平衡不利；经济发达的大中城市房地产市场出现投资规模增长过快、投机盛行的现象，造成房价上涨过快、中低收入者购房困难，住房民生问题日益严重。

此外，各区域商品住宅供应量也有着较大差异，且呈下降趋势。近年来，全国各区域主要城市的商品住宅供应量大都呈下降态势。例如，2009 年，华东区的 9 个城市中，只有杭州和合肥住宅供应量与 2007 年和 2008 年相比呈增长状态，其余均为下降状态，其中扬州下降幅度最大；华北区典型城市中，只有青岛 2009 年的住宅供应量与 2007 年和 2008 年相比呈增长状态；华南区只有广州 2009 年的住宅供应量与 2007 年和 2008 年相比呈增长状态；华中区和西部地区则没有与 2007 年和 2008 年相比均呈增长状态的城市。从各城市来看，在供给下滑的城市中，超过 60%的城市供给降幅超过 20%，其中大连供给降幅最为明显，达到 43%。各区域典型城市商品住宅供给量变化分别见表 3-2、表 3-3、表 3-4、表 3-5 和表 3-6。

---

① 华东包括上海、江苏、浙江、安徽等范围；华南包括广东、深圳、福建、广西等范围；华北包括北京、河北、山东、黑龙江、吉林、辽宁、宁夏、山西等范围；华中包括湖南、湖北、河南、江西等范围；西部包括四川、重庆、陕西、云南等范围。
② 《2011 年各地房地产开发投资情况》，载中国经济信息网，2011-04-29。

表 3-2 华东区典型城市 2007—2009 年商品住宅供应量变化表

城市	2007 年供应量（万平方米）	2008 年供应量（万平方米）	2009 年供应量（万平方米）	同比 2007 年增幅（%）	同比 2008 年增幅（%）
上海	1 340.65	1 259.58	1 350.41	0.71	7.21
杭州	315.35	389.79	421.67	33.72	8.18
南京	886.98	705.83	616.26	−30.52	−12.69
合肥	720.28	794.58	857.00	18.98	7.86
宁波	275.24	277.88	223.75	−18.71	−19.48
扬州	223.17	138.90	182.02	−18.44	31.04
苏州	676.11	643.01	583.76	−13.66	−9.21
常州	493.70	527.42	398.12	−19.36	−24.52
无锡	440.78	506.04	352.58	−20.01	−30.33
合计	5 372.46	5 243.03	4 985.57	−7.20	−4.91

数据来源：CRIC 中国房地产决策咨询系统（表 3-3 至表 3-6，数据来源同此）

表 3-3 华北区典型城市 2007—2009 年商品住宅供应量变化表

城市	2007 年供应量（万平方米）	2008 年供应量（万平方米）	2009 年供应量（万平方米）	同比 2007 年增幅（%）	同比 2008 年增幅（%）
北京	/	1 323.60	1 130.40	/	−14.6
长春	/	490.30	300.73	/	−38.7
大连	596	690.04	389.80	−34.6	−43.5
天津	1 004.81	1 023.00	984.30	−2.0	−3.8
沈阳	1 178.95	1 468.39	1 055.77	−10.4	−28.1
济南	270.26	263.30	304.74	−12.8	15.7
青岛	95.27	117.82	143.44	50.1	21.7

表 3-4 华南区典型城市 2007—2009 年商品住宅供应量变化表

城市	2007 年供应量（万平方米）	2008 年供应量（万平方米）	2009 年供应量（万平方米）	同比 2007 年增幅（%）	同比 2008 年增幅（%）
广州	669.78	770.93	893.73	34.18	16.58
深圳	581.67	663.92	446.03	−23.32	−32.82

续表

城市	2007 年供应量 （万平方米）	2008 年供应量 （万平方米）	2009 年供应量 （万平方米）	同比 2007 年 增幅（%）	同比 2008 年 增幅（%）
厦门	470.64	226.32	151.06	−67.90	−33.25
海口	223.59	191.36	210.74	−5.74	10.13
南宁	513.90	532.52	474.17	−7.73	−10.96
合计	2 459.58	2 385.04	2 180.74	−11.34	−8.57

表 3-5　华中区典型城市 2007—2009 年商品住宅供应量变化表

城市	2007 年供应量 （万平方米）	2008 年供应量 （万平方米）	2009 年供应量 （万平方米）	同比 2007 年 增幅（%）	同比 2008 年 增幅（%）
南昌	358.33	285.15	217.93	−39.18	−23.57
武汉	1 020.93	1 059.27	615.13	−39.75	−41.93
郑州	920.15	808.29	597.94	−35.02	−26.02
长沙	634.88	885.83	743.13	17.05	−16.11

表 3-6　西部区域典型城市 2007—2009 年商品住宅供应量变化表

城市	2007 年供应量 （万平方米）	2008 年供应量 （万平方米）	2009 年供应量 （万平方米）	同比 2007 年 增幅（%）	同比 2008 年 增幅（%）
成都	1 348.26	902.26	848.40	−38.7	−6.0
重庆	2 060.08	1 914.09	1 751.33	−15.0	−8.5
西安	/	/	1 012.61	/	/

与 2009 年相比，2010 年各地商品住宅供不应求状况有所缓解，但市场存量较低，还有不少城市的商品住宅市场仍呈现出供不应求的态势。

（3）住宅房地产投资存在结构性的失衡

住宅房地产投资存在的结构性失衡问题，主要表现为高档住房与低价位住房，特别是经济适用房比例不协调，与高档次住宅相比，后者的供需矛盾更为突出，已经严重地制约了广大中低收入居民居住条件的改善。

一是中低位、中小户型普通商品住房的供应比例偏低。依照现阶段我国城镇居民的收入水平，大约 80% 的家庭只能购买中小户型、中低价位的住宅。

但据统计，目前在部分城市商品住宅供应中，100 平方米/套以下的住房仅占供应总量的 30%～40%，有的城市仅占 13%。国土资源部的数据显示，2009 年前三季度，全国住宅用地供应同比增长 8.7%，但其中中低价位、中小户型普通商品房用地供应同比却减少 45%，占住宅用地供应量的 14.9%，同比下降 14.6 个百分点①。上海易居房地产研究院对上海消费者的需求分析发现，上海购房者对 90～144 平方米户型需求水平在 56% 左右，其中 90～110 平方米需求在 23.3% 左右；而市场上 90～144 平方米供应比例约 48.7%（从 2007 年 1 月至 2008 年 11 月商品住宅供应），90～110 平方米供应比例只有约 22.7%，整体供需存在一定缺口，从而形成了供应和有效需求之间的矛盾。

二是经济适用房供应出现减少趋势。目前，我国住宅市场的产品供给与需求结构并不吻合，且差距甚远。从"经济人"角度分析，经济适用住房的供给，对房地产商来说，由于利润被规定在 3% 以内，他们更愿意开发价高利大的中高档商品房；对政府来讲，土地批租收入是政府重要的财政来源，经济适用房的土地性质决定了政府不可能从中获利，因而其供给既不符合房地产商的利益，也不符合当地政府利益，供给十分有限。一些企业对高档写字楼、高档别墅情有独钟，结果造成在有限的区域内高档物业过剩。即使在同类物业中，结构性过剩的问题同样存在。现实的市场供给结构也真实反映了这一现状：在我国，经济适用房投资占住宅投资比重从 1999 年最高的 16.56% 降至 2010 年的 3.13%，特别是 2003 年以后，这一比重下降得更快（见图 3-3）。

与之相反，别墅、高档公寓的投资比重却不断增加，1998 年以来，中国别墅、高档公寓投资占商品住宅总投资比重基本上都超过 8%，2004 年这一比重高达 12.15%（见图 3-4）。

从新开工面积看，2006 年全国经济适用房新开工面积为 4 379 万平方米，同比增长 24.63%，之后增速也呈下降趋势，2009 年和 2010 年经济适用房新开工面积出现负增长，同比下降 4.75% 和 8.31%。可以看出，保障性住房进展缓慢，新开工建设的速度不及投资增速，供应矛盾突出。

从销售情况看，1999 年以来，我国房地产市场发展迅速，商品住宅销售面积逐年提高，但是经济适用住房的销售面积增长缓慢，占住宅销售面积的比

53

① 鄢来雄：《供需结构失衡仍是房地产市场的主要矛盾》，载《中国信息报》，2010-01-13。

重逐年下降，由 2000 年的 22.69％下降到 2010 年的 2.94％。1999—2010 年我国住宅及经济适用房销售面积状况见图 3-5。

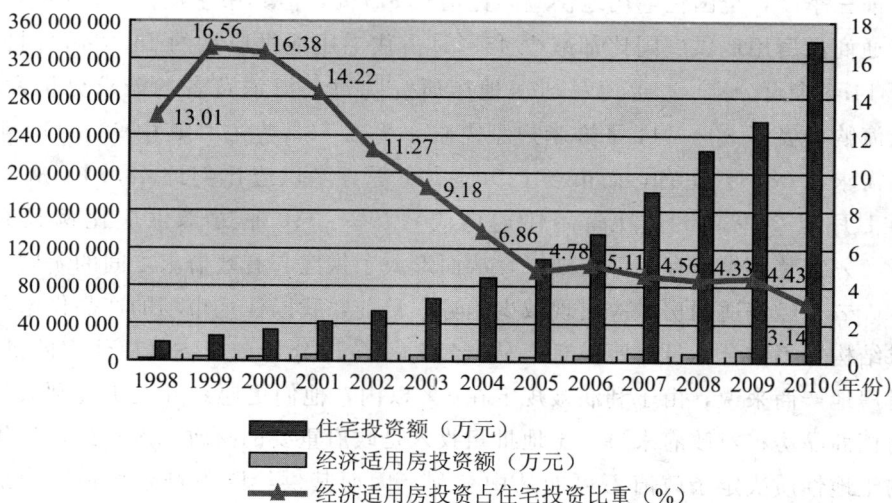

图 3-3　1998—2010 年我国住宅及经济适用房投资额

数据来源：依据各年《中国统计年鉴》相关数据计算。

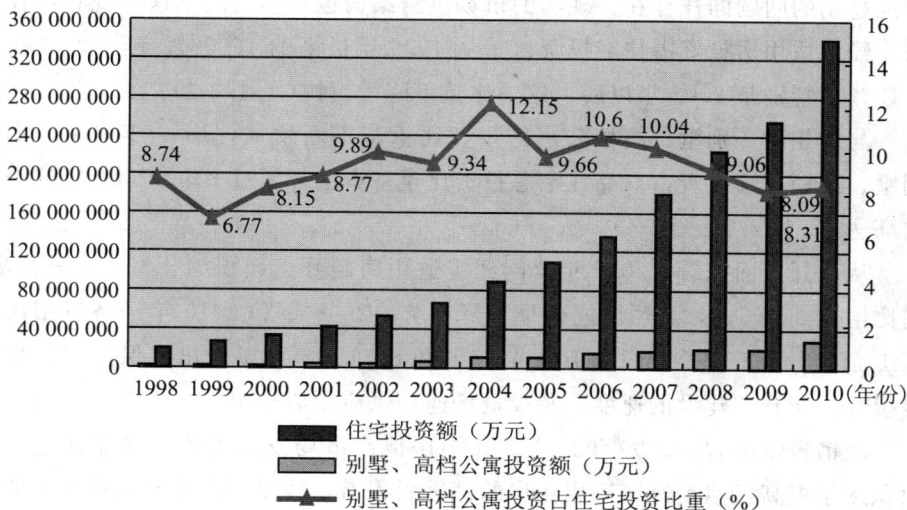

图 3-4　1998－2010 年我国住宅及别墅、高档公寓投资额

数据来源：各年《中国统计年鉴》相关数据计算。

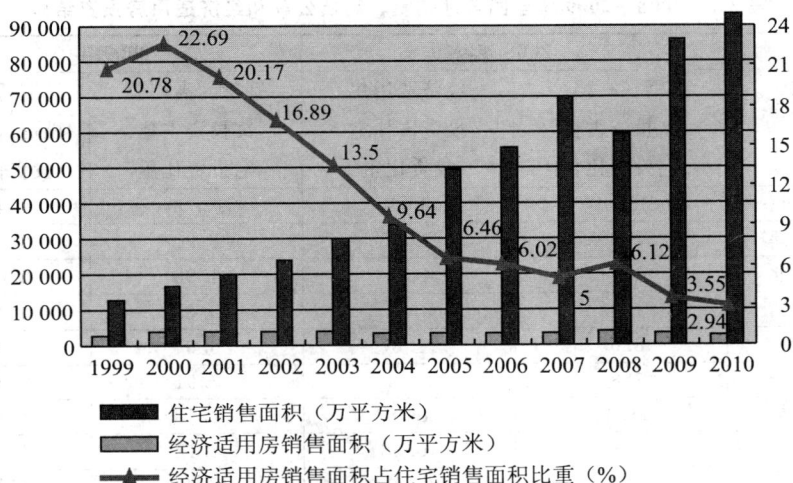

图 3-5 1999－2010 年我国住宅及经济适用房销售面积

数据来源：中经网统计数据库。

从全国各省、市状况看，部分地方经济适用房供应量也明显减少，表明这种失衡在全国各地不同程度地都有发生。从 2008 年和 2009 年全国状况看，海南、上海、北京、云南、广东、重庆和江苏等地区别墅、高档公寓投资占住宅投资比重均超过 10％，尤以海南最高，分别为 45.76％和 43.25％。而且，2008 年和 2009 年分别有 10 个省（直辖市）和 9 个省（直辖市）的该比例高于当年全国平均比例①。从经济适用房投资状况看，2008 年，西藏、天津、甘肃、内蒙古、贵州、黑龙江、湖北经济适用房投资占住宅投资比重超过 10％，2009 年超过 10％的只有天津和甘肃，海南 2009 年的经济适用房占住宅投资比重仅为 0.18％。2008 年和 2009 年全国各地住宅投资结构情况见表 3-7。

---

① 依据表 3-7 可知，2008 年和 2009 年全国别墅、高档公寓投资占住宅投资比重分别为 9.06％和 8.09％。

表 3-7 2008—2009 年全国各地别墅、高档公寓和经济适用房投资结构 单位：%

地区	2008 年		2009 年	
	别墅、高档公寓投资占住宅投资比重	经济适用房投资占住宅投资比重	别墅、高档公寓投资占住宅投资比重	经济适用房投资占住宅投资比重
北　京	18.97	3.82	18.00	7.47
天　津	7.65	22.65	8.90	22.61
河　北	4.11	4.43	1.96	2.00
山　西	1.68	5.64	0.62	3.48
内蒙古	8.60	11.87	6.64	9.38
辽　宁	7.81	3.14	7.91	3.30
吉　林	11.44	4.16	8.98	7.18
黑龙江	6.15	10.58	2.12	6.83
上　海	28.34	0.00	26.83	4.26
江　苏	10.49	3.93	11.19	4.59
浙　江	10.13	3.45	8.69	3.52
安　徽	3.04	2.33	4.05	2.05
福　建	6.27	4.06	5.87	2.50
江　西	2.30	4.47	3.04	3.04
山　东	2.78	3.72	2.83	3.09
河　南	2.90	3.85	1.94	4.85
湖　北	6.76	10.43	4.74	9.25
湖　南	7.86	3.22	5.03	4.51
广　东	13.52	0.38	12.82	0.76
广　西	5.11	1.85	3.91	2.01
海　南	45.76	1.26	43.25	0.18
重　庆	11.41	8.35	11.34	8.31
四　川	5.47	1.08	5.62	0.82
贵　州	2.75	11.47	1.75	8.10
云　南	14.33	4.96	11.38	3.55
西　藏	9.22	25.52	3.73	4.60
陕　西	3.24	4.49	2.87	5.29
甘　肃	0.17	13.98	0.39	15.07
青　海	7.77	6.03	0.21	1.13
宁　夏	1.53	8.01	2.13	7.83
新　疆	4.86	8.49	7.91	8.54

资料来源：根据《中国统计年鉴》2009 年和 2010 年有关数据计算而得。

(4)市场惜售和投机性交易增多，严重影响住宅市场的持续、稳定发展

住宅具有二重性，既是消费品，又是投资品。当住宅产品处于供不应求，房价处于上升通道，市场普遍预期房价还会涨时，就会产生惜售心理，产生许多潜在的投机性需求，这部分需求是一种虚拟性需求，它增加市场交易的环节，增加实现真实需求的成本，加剧市场波动性。市场惜售和投机性交易带来的另一直接后果是导致稀缺资源低利用率。投机者与投资者、自用者的根本性区别是前者购房是为了卖房。投机者为了确保住宅能随时变卖，往往以空关房这种低利用率来保有住宅。根据杭州市电力局提供的数据，市区有 4.5 万套住宅 3 个月累计电力消耗费在 10 元以下，其中的绝大多数为空关房。一方面是买不到房，导致社会稀缺资源的极大浪费；另一方面又减少了市场上住宅的有效供给，进一步加剧房价上涨。杭州一些新建小区入住率低的原因之一，就是一部分炒房者持房待沽。

2. 住宅市场供给问题的形成原因

我国住宅市场供给存在的上述问题，虽说是由多种因素造成的，但就其主要影响因素分析，表现为以下几个方面。

(1)新增土地供应减少

土地是房地产开发的基础，按照目前我国每年数亿平方米的住宅需求量，每年必须保持相当大规模的住宅用地供应量，才能形成持续的有效市场供应。从 2000—2010 年我国土地购置面积情况看，年均土地购置面积在 3.24 亿平方米左右，开发面积在 2.17 亿平方米左右[①]。由于近年来国家加大了对土地供应调控力度，2008 年以来，连续两年土地开发面积出现了下降，2010 年土地开发面积比上年减少了 7.7%[②]。

(2)开发商圈地，未能进行有效开发

土地出让之后，如果开发商不按时进行开发，就无法及时形成有效供给。2007 年以来各地捂盘惜售情况凸显，2007 年 6 月，国家税务总局解读《中华人民共和国城镇土地使用税暂行条例》时认为，目前全国已出让的土地有 2/3 仍处于闲置状态，尤以房地产开发领域土地闲置问题最为突出。另外，2006 年"90/70"政策的出台，在一定程度上造成一批项目因调整规划而推迟工期。

---

① 　根据《中国统计年鉴 2009》相关数据计算。

② 　中华人民共和国国家统计局：《中华人民共和国 2010 年国民经济和社会发展统计公报》，载《中国统计》，2011(3)。

57

（3）开发商和政府追逐高额利益

中国社科院财贸所在北京发布的《中国房地产发展报告（2010—2011）》绿皮书指出，2005—2009 年，我国房地产行业的平均毛利率在 30% 左右，2009 年更上升到 55.72%，吸引直接涉足房地产的上市公司已达 802 家，占 1 300 家上市公司的 60.52%。对于房地产行业来说，较高的毛利润主要是来自于一些大户型、别墅等高档住房方面。由于大户型、高档房的利润率高于中小户型、中低档房，以营利为目的的开发商自然选择能提供更大利益的大户型。开发商的这种需求信息传递到地方政府那里，同样倾向于谋利的地方政府也偏爱出让用于造大户型、高价房的地块，因而造成住宅供给结构的不合理。

（4）信贷政策影响了开发供应

作为资金密集型产业，房地产业受信贷政策的影响很大，近几年持续紧缩开发贷款，使许多开发企业的项目开发速度受到制约。提高自有资金比例、加息和提高存款准备金率等都影响到企业的开发行为和发展战略，进而影响市场供应。

（5）税收政策对住宅市场供给调节作用乏力

首先，现阶段我国房地产税制一定程度上导致住宅市场有效开发和供给不足。其原因是：房地产开发环节较繁重的税费负担，增加了住宅供给的成本，一定程度上影响着住宅市场的有效开发和供给。目前，我国房地产开发成本主要包括土地价款、开发成本、开发费用和相关税费。房地产开发阶段承担的主要税收包括城镇土地使用税、耕地占用税、印花税、契税、营业税及教育费附加、土地增值税等。近几年来，国家为控制房价过快增长和投资过热，进一步加强了土地增值税管理，房地产开发企业的税负成本进一步提高。而且，除法定的税费负担外，房地产企业还面临着大量的费用支出。其收费总额占到房价的 15%～20%，加上土地出让金，仅这两项费用就占到房价的 38%～50%①。过多的收费，一定程度上导致房地产的高成本，影响开发商住宅供给的积极性。其次，现行对住宅供给的税收调控手段在现实中显得很乏力。表现在：目前我国对住宅供给的税收调控政策，主要是直接对卖房人征收营业税和个人所得税，当政府对卖方增加税收时，直接提高了供给者的成本。供给者为了取得

---

① 内蒙古自治区地方税务局税科所课题组：《房价上涨的税收原因及对策》，载《税收研究资料》，2011(2)。

与征税前相同的利润，会将税收成本加在出售的价格上，向需求方——购买者索要更高的价格。因此最可能的结果是引起住宅价格的进一步提高，而对抑制供给者利润和影响供给结构作用不明显。

3.1.2 我国住宅市场需求现状及原因

1. 我国住宅市场需求现状及存在的主要问题

改革开放以来，我国居民生活水平逐年提高，城镇居民人均可支配收入由1980年的439元增加到2010年年底的19 109元。随着人们收入水平的提高，人们经历了千元级(洗衣机、冰箱、电视机)、万元级(计算机)，逐渐步入十万元级，这主要包括汽车和购房消费。从基本住宅需求来看，购房需求目前已经开始释放并仍有巨大潜力，我国城镇居民人均居住面积由1980年的3.9平方米增加到2009年年底的30平方米，2009年的城镇居民人均居住面积比1996年的17平方米，增加了76.5%。随着经济的增长和居民生活水平的提高，在改革了原有的福利分房制度，实现了住房商品化后，居民对于居住条件改善的需求也越来越大。

(1)住宅市场需求旺盛，许多地方供给满足不了需求

在分析全国商品住宅的供需力量时，这里用当年竣工面积代表供应力量，用当年销售面积代表需求力量。从供需力量对比来看，2000—2004年，我国住宅竣工面积在绝对量上均超过住宅销售面积，但是从2005年之后，住宅竣工面积在绝对量上均低于住宅销售面积，而且差距逐渐拉大(见图3-6)。

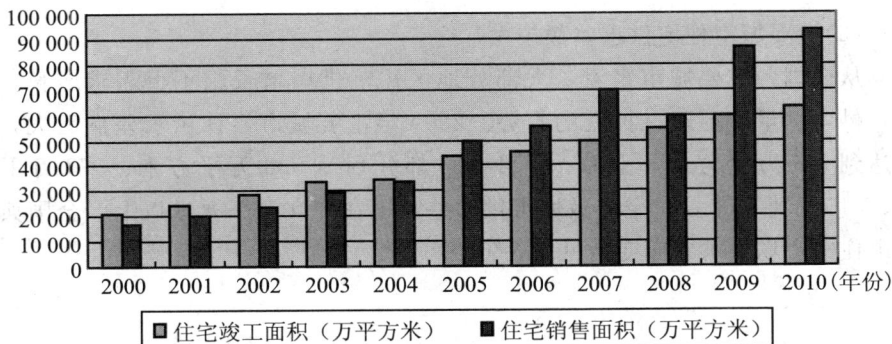

图3-6 2000—2010年全国商品住宅竣工面积和销售面积情况

数据来源：中经网统计数据库。

总体上说，2000—2010年的全国商品住宅供需关系经历了一个从供大于求到供不应求的发展过程。

从住宅竣工和住宅销售的增长率方面看，2000—2010年的11年中，除2008年以外，全国商品住宅销售面积增幅均大于竣工面积增幅。其中2009年这一增幅为35.64％。2000—2010年全国商品住宅竣工、销售情况见表3-8。

表3-8　2000—2010年全国商品住宅竣工、销售增长情况　　　单位:%

年份	住宅竣工同比增长	住宅销售同比增长	销售增幅超过竣工增幅
2000	17.99	27.48	9.49
2001	19.52	20.33	0.81
2002	15.83	18.87	3.04
2003	18.40	25.64	7.24
2004	2.67	13.57	10.9
2005	25.97	46.62	20.65
2006	4.09	11.77	7.68
2007	9.59	40.75	31.16
2008	9.04	−15.48	−6.44
2009	9.75	45.39	35.64
2010	6.40	8.34	1.94

资料来源：根据中经网统计数据库有关数据计算。

（2）主要城市住宅供求差额拉大

从全国各主要城市来看，大部分地区住宅供应增长跟不上需求增长，而且，供求总量差距还有扩大的趋势。2009年主要城市累计供求差额巨大，北京达到901万平方米，上海、长沙、成都分别为536万平方米、572万平方米、510万平方米，其余多数城市供求差额也在300万平方米以上。全国典型城市住宅市场供求差额变动见表3-9。

表 3-9　全国典型城市住宅市场供求差额变动表　　　单位：万平方米

时间 城市	2007 年				2008 年				2009 年				
城市	1 季度	2 季度	3 季度	4 季度	1 季度	2 季度	3 季度	4 季度	1 季度	2 季度	3 季度	4 季度	累计 差额
上海	166	287	245	51	−56	−63	−122	−127	100	268	88	80	536
南京	51	34	14	−10	−69	−29	−120	−36	78	164	113	110	465
杭州	15	36	50	−30	−43	−17	−70	−57	38	110	42	63	253
北京	86	92	−50	59	−2	−154	−330	−47	175	274	243	209	901
天津	74	−178	10	101	−7	−34	−118	−91	19	179	81	66	345
武汉	20	60	113	−12	7	−151	−252	−164	53	116	150	157	476
长沙	35	14	126	319	106	−64	−89	−131	192	139	113	128	572
成都	6	−36	−15	−63	−237	−23	−107	−38	109	145	41	215	510
广州	71	78	21	−38	−38	−62	−75	−64	55	36	−21	89	159
深圳	106	−13	−28	−154	−39	−73	−124	−29	91	99	−33	33	190

资料来源：中国房产信息集团：《中国房地产年鉴 2009》市场篇，载《中国房地产市场研究》，2010。

　　从全国各主要城市来看，近年来商品住宅供求关系变化也很大。2007 年，有数据的 25 个典型城市中有 14 个城市商品住宅供过于求，占 56％，有 11 个城市供不应求，占 44％；2008 年，27 个典型城市的商品住宅全部呈供过于求态势，其中，武汉的供求比最低，为 1：0.37。这在一定程度上也反映出 2008 年受全球金融危机影响，我国住宅市场的低迷状态；2009 年，27 个典型城市中，除济南以外，其余 26 个城市商品住宅全部呈供不应求局面，其中，厦门的供求比最高，为 1：2.71。全国各主要城市商品住宅供求变化见表 3-10。

表 3-10　全国典型城市 2007—2009 年商品住宅供求变化表

城市	2007 年供求比	2008 年供求比	2009 年供求比
上海	1：1.56	1：0.71	1：1.40
杭州	1：1.37	1：0.56	1：1.60
南京	1：1.09	1：0.64	1：1.75
合肥	1：1.36	1：0.89	1：1.29

城市	2007 年供求比	2008 年供求比	2009 年供求比
宁波	1：1.46	1：0.73	1：2.02
扬州	1：0.88	1：0.77	1：1.39
苏州	1：1.06	1：0.61	1：1.61
常州	1：0.81	1：0.63	1：1.67
无锡	1：0.91	1：0.52	1：1.83
北京	/	1：0.66	1：1.80
长春	/	1：0.68	1：2.08
大连	1：1.01	1：0.62	1：2.15
天津	1：0.98	1：0.48	1：1.35
沈阳	1：0.92	1：0.44	1：1.42
济南	1：0.62	1：0.72	1：0.96
青岛	1：1.29	1：0.64	1：1.33
广州	1：1.20	1：0.72	1：1.25
深圳	1：0.77	1：0.61	1：1.43
厦门	1：0.67	1：0.45	1：2.71
海口	1：0.89	1：0.89	1：1.10
南宁	1：1.15	1：0.70	1：1.49
南昌	1：0.99	1：0.63	1：1.98
武汉	1：0.89	1：0.37	1：1.77
郑州	1：0.90	1：0.70	1：1.66
长沙	1：1.14	1：0.55	1：1.77
成都	1：0.82	1：0.56	1：1.60
重庆	1：0.83	1：0.63	1：1.36

资料来源：中国房产信息集团：《中国房地产年鉴 2009》市场篇，载《中国房地产市场研究》，2010。

从表 3-10 可以看出，2009 年在救市政策的推动下，商品住宅市场供求关系出现逆转，由 2008 年的严重供过于求转为 2009 年的供不应求，全国市场供求比达到 1：1.64。可见，我国住宅市场供不应求的矛盾比较突出，住宅需求量增速明显高于住宅供应量增速。

（3）住宅的中长期投资偏大

目前住宅市场的需求中投资需求所占的比例较大，人们进入住宅市场更多是为了家庭资产的保值、增值，即主要是一种长期投资需求和消费需求，这种消费包括自用消费需求和留给子女的消费需求。如表 3-11 所示，在当前我国住宅资产市场中购买新增住宅的投资者（城市居民家庭）除了自住和出租获得收益以外，有 26.7％的家庭购房后决定空置，12.3％的居民在购房后表示会根据家庭和市场的变化再作决定。而决定通过出租方式将新建增量住宅转化为存量住宅的总计为 42.7％。可见，除了自用消费的住宅需求，空置住房中长期投资持有占 69.4％。

表 3-11　城市居民家庭对空置住宅的处置情况统计

空置住宅处置方式	短期出租，有机会则出售	长期拥有并出租	空置，在适当时候出售	留着将来自己或子女住	根据家庭和市场变化再做决定
所占比例（％）	15.5	27.2	26.7	18.3	12.3

资料来源：陈淑云：《我国住宅市场发展过程中的需求主体行为研究》，武汉，华中科技大学博士学位论文，2007。

（4）投资（投机）性需求过大[①]

从住宅市场的状况看，开始入市的基本都是自住性和改善性住房需求，随着需求的反弹和市场的回升，供不应求的矛盾逐步凸显，带来房价出现较快上涨。一般说来，当房价涨幅达到 10％～15％的时候，投资性和投机性购房会因有利可图而跟随入市，致使市场供求矛盾放大和激化，引发房价出现非正常上涨。可以说，我国几轮房价的非正常上涨的根源还在于供求矛盾。我国城市化水平 2010 年已提高到 49.68％，但城市的住房供应与住房保障远落后于城市的高速发展，尤其是近些年部分城市出现住宅投资（投机）过热情况。北京、

---

① 依据经济学理论，投资与投机的确定主要看动机和持有资产时间长短，较难于准确区分。通常认为持有资产的时间较长、注重长期稳定回报为投资；持有时间较短、追求短期利益或暴利为投机。对于住宅商品，投资和投机尚未有严格定义。根据我国住宅市场现状，本研究认为：无论出于何种动机，无论资产持有时间长短，购买非自住用房用于出租可定性为投资；购买住宅虽持有数年却一直空置等待升值转手，造成稀缺资源浪费，应该视为投机。

上海、深圳、杭州等城市，投资（投机）性购房及房价快速上涨现象最为突出。据北京市统计局、国家统计局、北京调查总队等统计，2009 年北京商品房均价全年涨幅达 73.5%；四环内期房均价超过 3 万/平方米，五环内新盘均价超过 2 万/平方米，六环外住宅价格突破 1 万/平方米。楼市租售比为 1：546，部分区域达 1：700；投资（投机）购房比例超过 60%。有资料显示，2009 年在上海购买一套外环 95 平方米的普通住宅，房价收入比为 18，租售比为 1：500，投资（投机）购房比例为 51%；深圳租售比在 1：480～1：400 之间，房价收入比为 16，投资（投机）购房比例超过 50%；杭州 2009 年在短短数月内，房价涨幅达 80%～100%，二手房购买者中约有 90% 为投资（投机）购房①。另外，当前我国住宅投资（投机）性需求过大，还突出表现在很多新开发小区建成后入住率过低，如内蒙古鄂尔多斯市一期建设 32 平方公里的康巴什新区，目前只有人口 2.8 万，被某媒体戏称为"鬼城"②。CCTV－2 经济半小时播发的《银滩海景房，美丽的谎言》，报道乳山银滩那里有近 200 个小区，一幢楼里晚上只有一两户亮灯③。央行在北京的一个调查也发现，北京市居民完全产权自有住房率为 72.4%，多套住房拥有率达到 18.3%。一方面说明北京住宅可为超过 90% 的家庭解决居住问题；另一方面投资人持有了不少房产④。

（5）商品住宅空置问题依然严重

整体上看，1994—2008 年，我国商品房空置面积由 6 719 万平方米升至 1.64 亿平方米，商品住宅空置面积则由 5 131.7 万平方米升至 9 069 万平方米。从空置率来看，1994—2008 年我国商品房空置率由 21.44% 降至 9.50%，下降 11.94 个百分点，商品住宅空置率由 16.89% 降至 6.33%，下降 10.56 个百分点，商品房空置率和商品住宅空置率 15 年平均空置率分别为 13.68% 和 11.28%。不过，2008 年我国商品住宅空置量出现明显上升，出现过十几年最大拐点，在 1994—2007 年 14 年的连续下滑中，出现拐点，由降至升，由

---

① 季雪：《投机购房过热的危害与对策研究》，载《中央财经大学学报》，2010(8)。

② 陆振华：《鄂尔多斯官方回应鬼城说法 新区房价已达 6 000 元》，载《21 世纪经济报道》，2010-04-13。

③ 资料来源：《银滩海景房，美丽的谎言》，央视二套 2009 年 11 月 18 日经济半小时节目。

④ 安邦咨询：《房产税对房地产市场的长期影响不容小视》，载中国经营网，2011-01-12。

2007 年的 5％升值到 6.34％。从厦门、武汉、重庆、深圳、上海、北京六个典型城市的情况看，2008 年六大典型城市商品住宅空置率除重庆外，均有较大幅度上涨，其中北京商品住宅空置率仍居全国首位，为 9.6％，上海为 6.92％。六大城市商品住宅空置率涨幅普遍高于商品房空置率，涨幅接近并超过 100％的有厦门、武汉、深圳、上海，涨幅分别为 96.40％、161.35％、126.21％、106.98％[①]。从户型来看，大户型空置率居高。2006 年年末，对全国 5 000 家重点房地产开发企业的空置面积调查显示，户型面积超过 100 平方米的商品住宅空置面积所占比重最大，达到了 71％。其中，户型面积在 100～120 平方米的商品住宅空置面积所占比重为 23％；户型面积在 120 平方米以上的商品住宅空置面积所占比重为 48％[②]。

(6)住宅价格持续高涨

近几年来，在各方面因素的带动下，住宅价格呈现快速上涨、逐年攀升的态势。1999 年，全国城镇(不含我国的台湾、香港、澳门地区，下同)平均房价仅为每平方米 1 857 元，到了 2009 年，平均房价就超过了 4 000 元，10 年间上涨了 2.4 倍之多。而德国自 1996 年至 2005 年的 10 年时间，房价年均仅上涨 0.7％左右[③]。从房价上涨的具体年度看，2004 年涨幅最大，同前一年相比住宅销售价格上涨了 9.4％。此后房价涨幅有所放缓，在 2008 年年末还一度出现了近 10 年来房价的首次回落。但是，到 2009 年，房价又迅速回升。无论是绝对价格，还是相对价格，近期的住房价格均处于高位运行阶段。表 3-12 显示了 1999 年以来住房价格的变动趋势。而根据对北京、上海、深圳、广州、天津、沈阳、成都、武汉、厦门及长沙 10 个城市的房价的统计，相比 2008 年，除武汉、厦门同比下降外，其余城市均呈现出上升趋势，全年升幅最大的为天津，同比上涨 18.4％[④]。2005 年上海商品住房平均价格为每平方米 8 000 元左右，而到了 2010 年每平方米已经突破了 2 万元，涨了 1 倍多。据中国社科院发布的《中国住房报告》显示，绝大多数城市支付能力下降，住房价格平均

---

① 上海易居房地产研究院综合研究部：《全国商品房空置率基本合理，北京形势严峻》，载新浪网，2009-04-28。

② 资料来源：21 世纪经济报道，http://www.nanfangdaily.com.cn/jj/20070409/dc/200704060060.asp。

③ 上海易居研究院：《限制性住宅市场研究》，载《易居论坛》，2011(24)。

④ 中国房产信息集团：《中国房地产年鉴 2009》，载《中国房地产市场研究》，2010。

泡沫程度过高。全国 35 个大中城市二类地区普通商品住房平均房价泡沫程度为 29.5%，其中泡沫程度最高（在 50%～70% 之间）的有福州、天津等 7 个城市；泡沫程度较高，泡沫成分占实际价格 30%～50% 之间的有北京、上海、深圳等 11 个城市。

表 3-12   1999—2009 年中国住宅价格变动趋势

年份	住宅销售价格 （元/平方米）	新建住宅销售价格指数 （上年＝100）
1999	1 857	100.4
2000	1 948	101.4
2001	2 017	101.9
2002	2 092	104.0
2003	2 197	105.7
2004	2 608	109.4
2005	2 937	108.4
2006	3 119	106.4
2007	3 645	108.2
2008	3 576	107.1
2009	4 459	109.1

资料来源：数据来源于中经网统计数据库，《中国统计年鉴》。其中 2009 年价格指数以国家统计局公布的当年 12 月房屋销售价格指数代替。

世界上中等发达国家居民收入水平远远高于我国，但住房价格却相对较低。以德国为例，2009 年德国人的平均月收入为 2 400～3 000 欧元，普通住宅的每平方米均价为 1 000～2 000 欧元，一套 90 平方米的普通住宅的房价收入比（以两口之家进行计算，2006 年数据显示，德国家庭平均人数为 2.16 人/户）仅为 3.1 左右①。在我国，从 1996—2010 年的情况来看，我国的房价收入比在 5.5～7.9 的区间波动，其中最低的 1996 年为 5.64，最高的 2009 年为

---

① 上海易居研究院：《限制性住宅市场研究》，载《易居论坛》，2011(24)。

7.87，2010 年虽又回落至 7.76，但总体水平高出发达国家的几倍①。而在经济较为发达的东部，尤其是一线城市，如北京、上海、广州和深圳等，房价收入比最高均超过 10，存在一定程度的房价泡沫。房价的快速上涨制约了普通居民居住权益的实现，既影响国民经济的健康发展，也波及社会的稳定，成为社会各界关注的焦点问题。

　　进入 2011 年以来，在货币政策趋紧和房地产调控政策的作用下，房地产价格上升趋势放缓迹象初现。新建住宅价格同比、环比增速持续回落。11 月，70 个大中城市新建住宅价格下降的城市有 49 个，持平的城市有 16 个。与 10 月相比，11 月环比价格下降的城市增加了 15 个。环比价格上涨的城市中，涨幅均未超过 0.2%；与去年同月相比，70 个大中城市中，价格下降的城市有 4 个，比 10 月增加了 2 个。涨幅回落的城市有 61 个，比 10 月增加了 2 个。11 月，同比涨幅在 5.0% 以内的城市有 61 个，比 10 月增加了 4 个。二手房市场也是如此。70 个大中城市中，价格下降的城市有 51 个，持平的城市有 12 个。与 10 月相比，11 月环比价格下降的城市增加了 13 个。

　　目前来看，一线城市房价已经出现松动，部分楼盘房价降幅较大。然而，一些二、三线城市房价依然比较坚挺。尽管从城镇化加速推进、大量农村人口入城的角度看，二、三线城市房价上涨是一个长期趋势，但是房价过快上涨，势必会重蹈一线城市的覆辙。

2. 住宅市场需求问题的产生原因

　　(1)城镇化进程加快，带来需求增加

　　城镇化进程对于住宅需求的推动是刚性的，也是基础性的。1990 年全国城镇化率为 26.23%，到 2010 年已提高到 49.68%，增加了 20 多个百分点，这 20 年中平均每年上升 1 个百分点，也就是说每年约有 1 300 万新增城镇人口(包括自然增长、机械增长和城市扩张)需要解决住房问题。而每年市场化竣工的住房大约只有 500 多万套，仅能满足不到一半新增家庭的需求。目前进城务工的农民工已达 2.5 亿人，其中一小部分人会在城市首次置业，部分人会租赁住房，从而也形成一定的住宅需求，城镇化造成的房地产需求非常大。

67

---

① 　上海易居房地产研究院综合研究部：《我国房价收入比研究》，载新浪网，2009 年 4 月；易居研究院：《2010 年全国房价收入比 7.76 上海为 15.4》，http://news.dichan.si-na.com.cn，2011-04-01。

(2)人均收入及人口结构变化，推动了需求的增加

一方面，人均收入的快速增长，带来改善型需求增加。随着经济的快速发展，我国城镇居民的人均可支配收入也保持了较快增长，从 1996 年的 4 839 元增加到 2010 年的 19 109 元。随着人均可支配收入的增长，人们对住宅的需求是持续的。发达国家发展经验表明，人均 GDP 迈过 1 000 美元的门槛后，居民消费结构将进行升级，不仅汽车消费进入中层收入者的视野，而且住宅也成为消费热点。另一方面，我国人口结构的变化，带来对住宅需求的增加。就人口结构而言，我国在 20 世纪五六十年代有一个高的婴儿潮，成长到 80 年代正好处于婚嫁年龄，虽然这一阶段实行了计划生育政策，由于人口基数大，80 年代出生的人口很多，现今也需要婚嫁，对于这大批的"80 后"来说，有房是结婚的必需条件，这也大大刺激了住房需求的增加。

(3)大规模的拆迁改造，带来大量的住宅强制性需求

有数据显示，2003 年，我国城镇的房屋拆迁总量高达 1.3 亿~1.4 亿平方米；住在这些旧房中的既有居民必须进行就地或异地安置，而且在安置中还必须适当改善原有的恶劣的居住条件，因此通常的房屋安置量与拆迁量之比为 1.4：1。也就是说，每拆掉 1 平方米旧房，就会派生出 1.4 平方米的强制性需求；这意味着 2003 年当年的住宅强制性需求量为 1.82 亿~1.96 亿平方米；也就是说，在当年城镇的新建住宅中，有相当比例的增量是用于原有住户的拆迁安置而非满足正常的市场需求的[①]。在当前我国快速城市化的浪潮中，城市建设的规模越来越大，力度越来越强。然而有些城市单纯为了追求表面上的"旧貌换新颜"的政绩效应而不惜工本、近乎奢侈地大量拆除还能继续使用的旧建筑。按照国家标准，普通住宅建筑的使用寿命应为 50 年；但是据统计，我国住宅建筑的平均寿命不到 30 年，欧洲国家则超过 80 年[②]。这种显而易见的建设浪费是与我们现阶段的国情国力极不相称的，更人为地增加了因不合理的拆迁所带来的住宅强制性需求。

(4)政策调控摇摆不定，时紧时松，客观上造成需求波动较大

自 2005 年开始国家加强对房地产市场宏观调控以来，由于政府有关部门对投资投机性购房缺乏一个科学的认识，在政策上常常左右摇摆。当房地产市

---

① 邓卫、宋扬：《住宅经济学》，87 页，北京，清华大学出版社，2008。

② 卜云彤：《住房建筑使用消耗多 中国成世界建筑浪费大国》，http：//xinhuahet.con，2005-12-21。

场过热、房价上涨过快时，信贷政策和税收政策过严，调控力度过大，致使投资性、投机性购房立即退出，房市陷入低迷。此时，政府又怕影响经济增长目标的实现，随即又放松信贷和税收政策，刺激投资性、投机性购房需求，由此又进入新一轮的房市过热和房价飞涨。例如，2009 年为应对国际金融危机，国家采取了扩张政策。宽松的货币政策助推了货币流动性，2009 年 1—10 月，房地产开发企业获得国内贷款 9 119 亿元，同比增长 53％[①]；同时，将商业性个人住房贷款下限扩大为贷款利率的 0.7 倍，最低首付比例调整为 20％等政策，使个人贷款成为银行的重要资产。这一政策虽然促进了住宅市场的繁荣，但带来的副作用则是房价又一次大幅上涨。2010 年再次采取紧缩调控政策，房地产市场也再次萎缩，幅度之大前所未有。2010 年全国商品住房成交面积大幅降低，北京、上海、深圳、广州四个一线城市同比下降 －36.95％，天津、南京、杭州等 27 个二、三线城市平均降幅为 －21.61％。在 31 个重点城市中，商品住房成交面积下降 40％以上的有 9 个城市，2011 年第一季度仍继续上年的跌势[②]。短短的五六年内，房地产市场发生如此大的波动，极不正常。

（5）人民币升值导致的外资投资需求

人民币汇率的变化，会导致外资投资内地房地产的态度同步变化，自 2005 年人民币汇率改革以来，人民币升值已是大势所趋，尤其对美元的升值速度不断加快。人民币升值的预期，会刺激外资，尤其是以美元计价的外资不断进入内地住宅房地产市场，而这些境外资本（部分属于热钱）倾向于整栋收购，往往加大高端市场的需求，从而推高房价。从理论逻辑上看，一些国际游资投资于境内房地产的依据在于：美元贬值—人民币升值预期强化—境外资金进入中国市场并持有境内不动产—境内通胀压力上升—房地产价格上涨。换言之，境外资金期望通过"境内房价攀升"以及"人民币升值"的双保险来获得高额的投资回报。与金融市场相比，房地产市场本来是流动性较差的市场，不适合短线投资。但由于地方政府追求 GDP，通过政策刺激，人为提高了住宅房地产市场的流动性，将住宅市场变成了投资市场，进而演变为投机市场。

---

①　许光建、魏义方、戴李元、赵宁：《中国城市住房价格变动影响因素分析》，载《经济理论与经济管理》，2010(8)。

②　陈伯庚：《进一步完善我国房地产宏观调控的方向和建议》，载《易居研究》，2011(27)。

(6)住宅持有环节税负畸轻,助长了投资(投机)需求扩张

我国现行住宅房地产税制中持有环节征收的税种主要是城镇土地使用税和房产税。这两个税种不仅税率较低,而且免税范围较大,税收优惠政策较多。目前我国房产税只对经营性房产征收,城镇土地使用税以纳税人实际占用的土地面积为计税依据,现行规定最高税率为30元/平方米,而2010年上半年全国103个受监测城市的住宅用地平均楼面地价已达到1 863元/平方米①,相比土地价格,土地使用税税率极低,税额不能随课税对象价值的上升而上升。另外,按照现行税收制度,我国居民在住宅房地产的保有环节,即在个人购买住宅后,拥有住宅房地产,没有转让交易前的这段时间(5年内),是不承担税收的。也就是说,中国目前的房产税和城镇土地使用税对个人住宅房地产事实上没有征税,因此在个人占有这部分房地产时,只要不转让交易,仍然是零税收成本地占有其房地产。所以,多占有住宅房地产以保存财富的成本还是非常低的。这样,目前的税收政策和制度便无法对抑制需求尤其是抑制投资(投机)需求产生作用。

3.2　我国住宅市场供求发展趋势

改革开放以来,我国居民的住房条件已经有了极大的改善。城镇实有住房总面积已经从1990年的20亿平方米增长到了2008年的124亿平方米。在住房建设规模和速度上,以及人均住房面积水平上,我国都已经创造了一个世界性、历史性的奇迹。客观判断,我国已经走过了严重的"房荒"阶段,已经解决了"使大多数人有房子住"的问题,从总体上已经基本实现了住房"脱困"的目标。但由于起点的住房水平过低、发展历史短、城镇化速度不断加快、发展不平衡等原因,低收入群体住房困难状况仍然普遍存在,城镇化过程中向城镇聚集人口的住房需求远未满足,普通工薪阶层住房改善的迫切要求面临收入和房价的尖锐矛盾。从"十二五"到2020年,我国城镇住房发展仍处于"脱困优先、适度改善"的阶段。在"大多数人有房住"的基础上,要努力实现的下一战略目标应是"人人有房住"、"大多数人适度改善"和"中低收入群体优先改善"。根据这一发展目标,未来十年我国住房供需将呈现以下趋势。

---

①　厦门市地方税务局课题组:《中国大陆与台湾地区房地产税制比较研究》,载《税收研究资料》,2011(2)。

3.2.1 未来十年住宅市场供给趋势

从供给量来看，住宅市场供给总量依然很大。上海易居房地产研究院的一项研究表明[1]，未来十年，一线城市是人口导入的集中区域，其次是省会城市、计划单列市，再次是地级市、县级市，最后是存在行政中心的建制镇。以大城市为中心形成的城市群，依然是未来城镇化的基本模式和主要载体，是我国人口的集中区域。从住宅供给量来看，要满足人口增长对住房的需求，预计未来十年，城镇房屋开工面积总量为 85 亿平方米左右，房屋施工面积总量为 206 亿平方米左右，房屋竣工面积总量为 68 亿平方米左右，住宅开工面积总量为 69 亿平方米左右，住宅竣工面积总量为 55 亿平方米左右。预计 2020 年当年，我国全社会固定资产投资额将达到 584 114 亿元左右，房地产开发投资将达到 99 299 亿元左右，住宅建设投资将达到 82 418 亿元左右。

有关未来市场可以提供的住宅数量，步德迎（2011）进行了相关的定量分析[2]，研究结果显示，未来 10 年我国新增供应住房将达 12 223 万套，其测算方法如下。

①新建住房：2010 年竣工商品住宅面积 61 216 万平方米，按平均 90 平方米/套，新增商品住宅 680 万套，按照统计年鉴商品住宅建设占全部城镇住宅建设的 85％左右，2010 年新增城镇住宅 800 万套。假设每年递增 10％（1998 年以来实际平均增长率为 13％），2011—2020 年各年新增住宅套数为 880 万套、968 万套、1 065 万套、1 171 万套、1 288 万套、1 417 万套、1 559 万套、1 715 万套、1 886 万套、2 075 万套。2011—2020 年累计新增 14 025 万套。新增住房中用于拆迁安置部分按 20％估算，2011—2020 年能够用来满足无房居民的新增住房为：704 万套、774 万套、852 万套、937 万套、1 031 万套、1 134 万套、1 247 万套、1 372 万套、1 509 万套、1 660 万套，累计 11 220 万套。

②商品房中的非住宅房占比在 20％以上，其中有一部分商住两用房和公寓实际是用做住房的，这部分按保守的 5％估算，2011—2020 年各年新增套数

---

① 上海易居房地产研究院：《我国房地产业中长期发展目标研究》，载《易居研究》2010(3)。

② 步德迎：《对我国住房市场供求的定量分析》，http://www.xykanfang.com/news/newsdetail-1191.html，2011-09-14。

为 10 万套、11 万套、12 万套、13 万套、14 万套、16 万套、17 万套、19 万套、21 万套和 23 万套，累计 163 万套。

③老年人去世空出住房：根据 2000 年人口普查数据推算，未来每年 70 岁以上城镇老人去世约 126 万人，可空出 84 万套住房，相当于增加 84 万套住房供应，10 年累计增加 840 万套。

从住宅市场供给结构看，中小户型会继续作为供给的主渠道，大户型供给会有所增加。根据我国"十二五"住房发展的基本目标，到 2020 年时，城镇基本住房保障目标是，城镇中住房支付能力不足的住房困难家庭，通过一定时期的轮候，在政府的援助政策下，可以购买或租赁到建筑面积为 60～80 平方米的住房。在当地居住满 5 年以上、家庭两个月收入不足当地平均商品住房销售价 1 平方米，且家庭住房建筑面积低于当时当地平均水平 60％的家庭，保证每年满足其中的 15％购买到政策性保障房（经济适用房、限价房），或满足租赁到政府提供（包括政府支持社会提供）的公共租赁住房。另一方面，从国民收入水平的角度来说，根据全面建设小康社会的发展目标，我国人均国民收入水平将达到 5 000 美元以上，根据联合国人居中心《全球住宅状况评价》调查，在这样收入水平的国家中，人均住房的建筑面积（联合国调查中以使用面积为标准进行评价）约为 30 平方米。因此，对比国际经验，我国在 2020 年城镇人均住房建筑面积的目标设置在 32.1 平方米，即户均 90 平方米的水平。但是，截至 2008 年年底，我国城镇实有住房建筑面积总量为 124 亿平方米左右，当年城镇常住人口 6.07 亿人（户籍人口加居住半年以上的常住人口，2008 年国民经济统计公报），2008 年我国真实的城镇人均住房建筑面积仅为 20.5 平方米；户均约 60 平方米①。因此，从供给结构看，中小户型的住宅依然应该是今后供给的主要方向。与此同时，随着经济收入进一步增长，当前居住条件较差家庭的改善性住房需求将被有效释放，很显然，改善性住房需求意味着住宅供给相应由小户型向中大户型转换。此外，计划生育后成长起来的人口逐渐成为社会主要劳动人口，城市人口的养老负担大幅加重，这也意味着较大户型住房需求将相应增长。这些都会带来大户型住宅供给的增加。

---

① 陈淮：《十二五：住房发展基本目标是要人人有房住》，载《经济参考报》，2009-11-24。

3.2.2　未来十年住宅市场的需求趋势

由中国社会科学院城市发展与环境研究所和社会科学文献出版社组织出版的《2010 年城市蓝皮书》指出，"十二五"期间，中国将进入城镇化与城市发展双重转型的新阶段，预计城镇化率年均提高 0.8～1.0 个百分点，到 2015 年达到 52％左右，到 2030 年达到 65％左右。城镇化率的逐渐提高，必然对住宅需求有着一定的影响。

从需求角度看，我国房地产市场需求依然旺盛。如果将住宅需求分为刚性需求和改善性需求，其中刚性需求由每年的新增城镇人口产生，改善性需求由存量城镇人口产生，依据上海易居房地产研究院的研究结果，未来十年我国城镇住宅刚性需求理论值为 55.81 亿平方米，改善型需求理论值为 22.65 亿平方米，即住宅总需求理论值为 78.5 亿平方米左右，平均每年须竣工 7.85 亿平方米左右[①]。

有关未来对住宅需求户数的测算，步德迎也同样进行了相关的定量分析[②]，研究结果表明，未来 10 年我国新增住房需求量，按最大需求估计，共需 11 733 万套，按最小需求估计共需 7 982 万套。其分析依据为以下几点。

①目前城镇无房户需求量。

$$2010 \text{ 年城镇无房户} = \frac{\text{城镇总人口}}{\text{户均人口}} \times \text{无房户比例}$$

$$= \frac{66\,557}{2.53} \times 0.2 = 5\,261 \text{（万套）}$$

上述测算中，按 2010 年人口普查城镇人口，其中户均人口按北京市 2009 年统计估算，与全国比偏低，按此得到的无房户数会比实际偏多；城市无房户比例按 20％估算，为温家宝总理公开宣布的。如果按央视等多家媒体报道，由联合国人居署、住房和城乡建设部、上海市人民政府共同主办的"2010 年世界人居日"庆典活动在上海发布的《中国城市状况报告 2010/2011》中称中国城镇居民的自有住房拥有率至 2008 年已达 87.8％计算，2010 年城镇无房户不超过 2 630 万户。两个数据中按需求量高的测算，为 5 261 万套。

---

①　上海易居房地产研究院：《我国房地产业中长期发展目标研究》，载《易居研究》2010(3)。

②　步德迎：《对我国住房市场供求的定量分析》，http://www.xykanfang.com/news/newsdetail-1191.html，2011-09-14。

②新增城镇人口需房数。近几年我国城市化率基本上每年提高 1 个百分点，未来 10 年均按此推算，假设未来全国人口均按 2009 年 0.505% 的速度增长，平均每年增加城镇人口约 1 753 万人，按 2.53 人需要一套住宅计算，平均每年新增需求为 693 万套，10 年共新增需求 6 930 万套。如果按"十二五"规划，未来五年城市化率年均提高 0.8 个百分点，平均每年约增加城镇人口 1 471 万人，相应需要新增住宅需求 581 万套，未来 10 年共新增需求 5 810 万套。这里按城市化率提速快的方案测算。

③在新增城镇人口中，有相当比例城中村和近郊的农村人口随区划进入城市，并不需要新增住房。按每个地级市有 3 000 人，共计约 100 万人，每个县及县级市有 2 000 人，共计 571.6 万人，合计约 672 万人，按每户 3.5 人计算，约有 192 万户已有住房，可从 2011 年新增城市人口住房需求中减去。

④在无房户中年轻未婚人口包括大学生、中专生、士兵、外地打工者实际住集体宿舍，这部分现象是长期存在的，若按 10% 的比例估算，应有 526 万户约 1 331 万人动态地暂时不需要独立住房，按平均 5 人合住一套房，这部分可减少需求 266 万套。

第 4 章
房地产税收对住宅市场供求影响的理论分析

4.1　税收是影响住宅市场供求的重要因素

4.1.1　影响住宅市场供给的税收因素和相关因素分析

从长期供给趋势来看，影响住宅总供给的主要因素是住宅产业政策，与产业政策相关的财税、金融政策和投资体制等。具体说来，税收因素和其他因素对住宅供给的影响主要是通过以下途径实现的。

——税收政策。税收是调节收益的杠杆，对住宅投资的回报率和经营的安全性有重要影响。税收一方面具有规范市场交易秩序、创造平等竞争的市场环境的功能；另一方面某些税率的调整以及各种税收优惠政策的出台，都会直接影响投资者的收益，从而影响投资者对住宅的投入，限制或者扩大市场供给。国家如果对住宅业实行优惠的税收政策，就会直接降低住宅开发成本，而住宅开发成本的降低能够提高开发商的赢利水平，从而吸引更多的社会资本进入住宅业，增加住宅供给量。相反，则导致住宅供应量的减少。

——住宅价格。在一个理性的经济体系中，投资者如果发现有机会购买土地、建材和雇用劳动力去建造住宅，并可以高出成本的价格出售或出租这些住宅，便会持续地将这个能够获利的投资活动进行下去。价格越高，则吸引的投资者的数量越多、投资活动的规模越大。一般而言，当价格低于某一特定水平时，则不会有住宅供给，高于这一水平，才有住宅供给，而且其价格与供给量之间存在着同方向变动的关系。即在其他条件不变的情况下，供给量随着价格的上升而增加，随着价格的下降而减少。从短期看，住宅供给缺乏价格弹性，价格变动对住宅供给的影响较小；从长期看，住宅供给价格弹性较大，价格变动将导致供给量的较大变动。

——土地使用政策。任何建筑产品都必须依附并固定在土地上，离开了土地的供应，就没有建设和开发行为。不仅如此，土地对于住宅生产绝不只是提供一个承载体而已，它还从根本上决定了住宅的价格，并将自身的经济价值转移到住宅产品中，成为住宅得以保值增值的源泉。然而，由于土地资源的稀缺性，政府通常限制土地的使用，尤其是城市土地的使用。因此，城市住宅的供给能力，在很大程度上决定于政府的土地政策。政府对土地使用控制较紧不仅使土地供给量减少，还会使地产价格上升，对住宅开发商来说意味着成本上升，在住宅价格既定的条件下，住宅开发商一般会减少住宅供给。

——利率政策。住宅的耐久性和昂贵性决定了它一次性投入很大、对于资本的依赖度极高，没有巨额的资本作为后盾，住宅开发和供给活动将难以为继，因此，住宅供给离不开银行等金融机构的资金支持，而利率高低直接影响到住宅市场的供应量。一般说来，如果国家采取宽松的货币政策，银行扩大放款，市场利率下降，住宅开发成本降低，就会刺激住宅开发商增加住宅供给。同时，利率一降低，人们的储蓄愿望随之下降，促使人们进行住宅投资。而住房抵押贷款利率较低，又会刺激人们使用消费信贷方式购房，增加住宅需求，推动价格上涨，进而引起住宅供给的增加。相反，会引起住宅供给的减少。

——住宅开发商的投资预期。作为市场主体的住宅开发商对未来预期的好坏一定程度上影响着住宅供给。住宅开发商对未来的预期是多方面的，主要包括：经济发展形势、利率水平、通货膨胀状况、住宅价格水平、住宅需求状况、国家有关税收政策等。如果预期投资回报率高，开发商一般会增加住宅投资，从而增加住宅市场供给；相反，对投资回报率差，就会减少住宅市场供给。

4.1.2 影响住宅市场需求的税收因素和相关因素分析

住宅市场需求状况受税收等众多因素影响，各因素之间相互作用，共同对住宅需求量和需求结构产生影响，其作用途径包括以下几方面。

　　——税收政策。需求体现出商品对消费者的效用,需求量由各类型购买者的预期效用和支付能力决定。通过对购买者直接或间接地课税、提高税率等手段,会增加购房者或持有住宅者的成本,会使住宅自用需求者倾向于购置较小面积的住宅,并会抑制住宅投资和投机需求,减少对住房的不合理需求。同时,如果税收政策对购买小户型住宅实施税收减免或降低税率等优惠,也会影响需求者的决策。

　　——住宅价格。住宅价格是影响住宅需求数量和结构的主要因素,住宅的价格和需求量之间存在着反方向变动的关系:在其他条件不变的情况下,需求随着价格的上升而递减,随着价格的下降而增加。

　　——消费者的收入。消费者的收入水平是决定有效需求的重要因素。消费者收入水平对商品需求的影响有两种情况:一是从整个商品市场来看,收入水平的变动,一般直接导致消费者货币支出额的同方向变动,进而影响整个市场需求的同方向变动;二是从不同种类的商品来看,收入水平对需求的影响,有时会引起更高层次的要求。

　　——城市人口数量和结构的变化。在一定的社会生产条件下,一定数量的人口必然要求相应的住宅以满足他们多层次的需要,两者之间应该保持一定的比例。随着城市人口的增长,对住宅的需求也会相应地增长。城市人口结构的变化主要表现为城市人口的年龄结构和受教育程度的变化。有研究表明,随着城市中老年人比例的增加,对住宅的需求会出现下降,住宅市场会萎缩;随着城市中高素质人才的增加,对城市住宅的需求会大大增加。在人口数量增加和人口结构变化的同时,城市家庭人口结构也在发生变化,如家庭呈小型化、分散化。家庭平均人口减少,相对家庭户数增加,对居住、生活空间的需求必然增多,也就导致对住宅需求增多。

　　——利率。一方面,当利率降低时,会迫使人们降低储蓄而转向消费或进行其他投资,居民可能会考虑扩大住宅的消费或投资;另一方面,在利率降低时,住宅抵押贷款的利率同时降低,这实际上降低了居民进行住宅消费或投资的成本,也会扩大居民的住宅需求。相反,利率提高时,住宅需求会减少。

　　——对市场的预期。消费者或投资者购置住宅的行为,同时也是一种投资行为,由于期待住宅的未来升值而考虑现在购买。作为投资行为的住宅购买,主要取决于投资者对未来经济发展的预测。一般而言,预期价格上涨,当期的住宅需求就会上升;预期价格下跌,当期的住宅需求就会下降。

——信贷能力。无论是基于何种目的，住宅生产、消费或投资，对大多数人来说都是一大笔支出，很少有人全部依靠家庭存款或自有资金一次性支付，往往需要信贷支持。获得信贷的难易程度及成本高低对住宅需求会产生不同程度的影响。

——其他商品的价格。住宅不论是作为投资品还是消费品，和别的物品都会有一定的替代性：作为一种消费品，当其他商品的价格大幅度上涨时，会引起替代品住宅的需求量增加，因为现在住宅商品的价格变得相对便宜。作为一种投资品，当其他物品的价格上升时，人们会减少对住宅市场的投资性消费，导致住宅市场需求量的下降。

通过上述分析，可以看出，税收政策无论是对住宅供给还是对住宅需求都会产生一定的作用，是影响住宅市场供求的重要因素之一。因此，在住宅市场上，利用税收这一调控政策对供求实施影响，进而规范住宅市场具有重要意义。

4.2 税收调控住宅市场供求的理论基础

4.2.1 市场失灵理论

市场失灵是由于市场内在功能性缺陷和外部条件性缺陷引起的市场机制在资源配置的某些领域运作不灵，因此不能达到帕累托最优。住宅市场也存在着"市场失灵"问题，即完全依靠住宅房地产市场配置资源不可避免地具有一定的局限性和缺陷。造成住宅市场失灵的原因是多方面的，不过主要是由住宅商品和住宅市场所具有的性质决定的。

1. 住宅的外部性

所谓外部性是指企业或个人等经济主体的行为影响了其他企业或个人的福利，没有相应的激励机制或约束机制使产生影响者在决策时充分考虑这种对其他主体的影响。福利经济学认为，外部效应的存在导致完全竞争条件下的资源配置机制失灵，进而导致资源配置效率偏离帕累托最优状态，损害社会福利。对住宅来说，土地过度开发的外部性表现在导致建筑垃圾增多，绿地减少，噪声污染等城市环境问题以及城市景观的美学和生态学价值降低等负面效应，同时，土地开发利用中存在的外部效应也使得私人的成本收益与社会的成本收益发生偏离，导致土地资源配置处于低效甚至无效状态；住宅建造过程的外部性则主要表现为施工阶段产生的环境污染对周边居民的影响以及打桩对周围地基承载力的危害；住宅消费领域的外部性体现在示范效应上和带动效应上。如部分高收入者购买高档别墅、高级公寓，可能会成为收入较低阶层的效仿对象，其带来的效应是：一方面，开发商追逐超额利润大量开发高档住宅或别墅，造成畸形的住宅供给结构，有限的资源不能得到充分配置；另一方面，高档住宅价格高涨又造成虚幻的房地产市场繁荣，导致中低档住宅尾随高档住宅价格走高。高收入者的购房行为对低收入者产生了很大的外部性。

2. 住宅商品的公共性

在市场经济条件下，由于住宅房地产主要的构成部分土地是国有的，同时住宅总是和城市道路、公共交通、水电煤供应、通信、社区服务等公共设施联系在一起，而这些公共设施都是由政府提供的公共物品，住宅依附于这些公共物品上，使得住宅也具有了公共物品的某些属性。因此，住宅不是纯正的商品，它反映着一定的公共物品属性。住宅的的公共性，意味着市场机制大打折扣，甚至失灵，这就要求政府在一定程度上的介入。首先，住宅是房地产业的基本产品种类，而保证居民最低层次的居住要求是保障人权的体现。联合国《住宅人权宣言》(1981，伦敦)宣称："有环境良好适合于人的住处，是所有居民的基本人权。"显然，住房问题具有明显的政治色彩，不能完全交给市场去解决。其次，住宅价值巨大，工薪阶层没有政府的帮助是很难解决好居住问题的，这就要求社会保障的参与，对市场竞争中的弱者和最低收入者提供帮助与救济。最后，住宅公共性的一面不定期地表现在房屋的公共部位和公用设施上。虽然在买房时通过公摊系数已经将墙体、楼道、通道、花园、锅炉房、会馆及其公共用房摊入房价，理论上归业主私有了，但是由于在使用特征中挂有"公共"二字，它们绝非真正的私有品，而是不折不扣的由私人掏钱埋单的公共品。对小区这些公共品的占有、使用、维护及重建，不适用纯私人品的决策模式，而需要机构性机制的介入，如物业管理部门的参与。

3. 住宅市场的不完全竞争性

与其他产品显著不同的是，由于土地本身的稀缺性、位置的固定性以及土地住宅利用的规划控制共同造成了一定区域内住宅区位的独特性、稀缺性以及住宅产品的差异性。正是住宅的这种区位特征和产品差异性的存在，决定了即便是不存在资本性、技术性和政策性进入壁垒，住宅市场也难以成为充分竞争的市场，进而使得住宅市场不可能和其他普通商品市场一样可以按照统一的规则进行竞争。

4. 住宅市场的信息不对称性

在现实的住宅房地产市场中，政府和房地产开发商之间、开发商和开发商之间、开发商和消费者之间以及房地产中介机构和消费者之间掌握的信息具有不对称性。这种现象导致双方交易的结果偏离市场均衡，从而使市场机制不能对资源进行优化配置，就会产生市场失灵。例如，在住房一级市场，市场的主体是房地产开发企业和消费者，由于住宅商品本身具有显著的差别性、复杂性，消费者很难在短期内对住宅商品的性能、质量、建筑材料等做出准确判断，这就加大了消费者与房地产开发商之间的信息不对称性，开发商则会凭借对住宅区位的垄断和产品差异化的天然优势，利用交易双方对住宅市场信息占有的不对称性，享有住宅供给和定价的主导性优势。

在我国建立社会主义市场经济体制的过程中，在强调市场机制在配置社会资源中发挥基础性作用的同时，也不能忽视国家宏观调控。特别是我国还处于市场发育阶段，市场体系还不完善，市场机制还不健全，市场调节还不能有效地发挥作用，市场经济利益主体地位尚未真正确立，需进一步完善和塑造，因而利益主体还不能完全依靠市场信号制定市场导向战略。即使将来市场机制趋于成熟，"市场失灵"也会时有发生，这都需要包括税收在内的各种宏观调控手段来弥补市场机制的缺陷。

4.2.2 税收调控理论

税收调控是国家运用税收分配手段，直接调节纳税人的收入，间接影响纳税人社会经济行为，进而引起社会经济活动的变化，以实现国家调控目标的活动。具体而言，税收调控活动包括国家制定和实施税收法律法规、国家税收收入变化和纳税人收入变化、纳税人行为变化、社会经济活动变化等环节。其中，国家制定和实施税收法律法规是税收调控的起点，它引起税收调控的后续过程，决定着税收调控的方向和结果；国家税收收入变化和与之同时发生的纳税人收入变化既是税收调控的中间环节，引起后续过程的活动，又是国家税收调控目标的一个重要方面；纳税人行为变化和社会经济活动变化是税收调控的目的所在。从我国住宅市场的具体发展状况看，需要运用科学、合理的税收政策进行调控。原因是：我国住房制度改革经过了计划配给、实物分配、货币化分配等阶段，在 1998 年住房由实物分配向货币化改革之前，曾采用将原有实物分配的住房低价向居住者出售的做法，该政策的受益人，主要是拥有公有住房分配权利的人和政府明文发放货币住房补贴的就业人员，不符合条件的则无法享受，这必然造成社会分配的不均衡，近年来随着住房价格的不断攀升，这种不公平愈加显著。这就需要运用房地产税收政策对住宅市场进行必要的调节。而且，我国居民财富构成方式的根本性变化也需要税收政策的介入。因为快速发展的城市化和现代化正在改变社会财富的分配和分布，北京、上海、深圳等城市住宅市场日益活跃，个人财富大量向房地产转移，集中在住宅上的个人财富越来越多，居民财富的这种变化，要求相关的税收政策也需进行调整和完善。此外，基于公平和效率角度，也有必要运用税收政策对住宅市场加以调节。在市场经济条件下，住宅作为一种特殊的商品，既具有消费品的属性，又具有投资品的属性。由于投资住宅的群体具有更多的财富，能够出更高的价钱购买住宅，投资需求对消费需求有一定的挤出作用。因此，基于效率和公平的视角，住宅市场过度市场化发展容易导致只注重效率，而有失公平，最终影响到社会的和谐发展。通过房地产税收政策对住宅市场实施调节，有利于住宅市场的健康规范发展，既可以注重效率，同时又能兼顾公平。

4.2.3　税收中性与非中性理论

税收中性的提出是以自由竞争的市场经济为背景的。税收中性是指政府课税不干扰市场经济运行，即不改变人们对商品的选择，不改变人们在支出与储蓄之间的抉择，不改变人们在努力工作还是休闲自在之间的抉择，不能因课税而扭曲市场经济条件下资源的有效配置。通常，房地产税收中性理论主要是针对土地课税而言的。因此，所谓的税收中性理论就是土地税收中性理论[①]。持此观点的学者认为，从公平与效率角度考量，土地最适宜作为独立的课税对象。其中，对土地租金的课税被视作对土地服务所获得的经济租金的课税，这种课税不会引起超额税负，也不会影响经济主体的经济行为，因而对于资源配置效率来说，土地税是一种中性的税收。一般而言，任何一种税收要想达到完全中性是不可能的，因此，税收中性具有相对意义。而土地税收是否属于中性税种，是一个非常复杂的问题，这既需要理清税收中性的确切含义，又需要在

81

---

① 陈多长：《房地产税收论》，53 页，北京，中国市场出版社，2005。

科学区分不同的土地税种并深入分析其经济效应的基础上，方能作出合理的判断。提倡税收中性的目的是要避免税收对市场机制的干扰和扭曲，而让市场在不扭曲或不受干扰的条件下调节整个经济活动的运行，因而税收中性有其合理的一面，但税收中性思想片面夸大市场配置资源的有效性，忽视了市场机制的缺陷。因此，对税收中性要有全面、科学的认识。

税收非中性是指政府课税影响了经济运行机制，改变了个人对消费品、劳动、储蓄和投资等的抉择，进而影响到资源配置、收入分配和公共抉择等。在现代社会，完全意义上的中性税收是不存在的，几乎所有的税收都会产生非中性效应，房地产税收也不例外。基于此，房地产税收可以作为一种经济政策手段来使用，恰当运用某些房地产税收政策，比如地价税或土地固定资产税、地租税和土地改良物租金税、荒地税和空地税等，可以达到政府所期望的经济政策目标和宏观调控目标，包括改变土地和资本的配置效率、促进农地有效利用和生态性利用、促进城市各产业对土地的集约利用、影响个人和企业等经济主体对房地产产品需求和供给的抉择，等等。

总之，房地产税收中性理论和房地产税收非中性理论是两种截然不同的理论主张。房地产税收中性理论否认了房地产税收对人们经济行为的影响，因而也就排除了房地产税作为经济政策手段的可能性，而只能作为执行社会政策的工具；房地产税收非中性理论则承认房地产税收会影响经济主体的决策进而影响土地和资本的配置效率，具有一定的资源配置功能。

4.3　房地产税收对住宅市场供求的影响机理

4.3.1　房地产税收对住宅市场供求影响的局部均衡分析

1. 需求不变时，房地产税收对住宅市场供给的影响

从理论上讲，税收对供给方征税的效应是：当政府对卖方增加税收时，直接提高了住宅市场供给者的开发和销售成本，在其他条件不变时，供给者为了取得与征税前相同的利润，会将税收成本加在出售的价格上向需求方，即购买者索要更高的价格，导致供给曲线左移，新的市场均衡价格 E_2 比原来的均衡价格 E_1 提高，同时 $Q_2 < Q_1$，市场出售的数量减少，如图 4-1 所示。在我国的住宅交易中，购房者的需求往往缺乏弹性。国内一研究结果显示，我国房地产

商品的需求弹性仅为 0.34。也就是说，相对于价格上涨或下降 1 个百分点，需求系数下降或上涨仅为 0.34[①]，明显低于日常消费物品的变动，所以即使政府向住宅的卖家——房地产商征收土地增值税或对卖房个人征收营业税或个人所得税，税负也必然会转嫁给购房者承担。由此可见，基于供给角度的税收政策对住宅市场的影响，最可能的结果是住宅的供给数量减少，而由于住宅供给的减少又引起住宅价格的进一步提高。另外，通过不同用途和结构的住宅房地产开发的税负差异，还可以对住宅供给的结构施加影响。

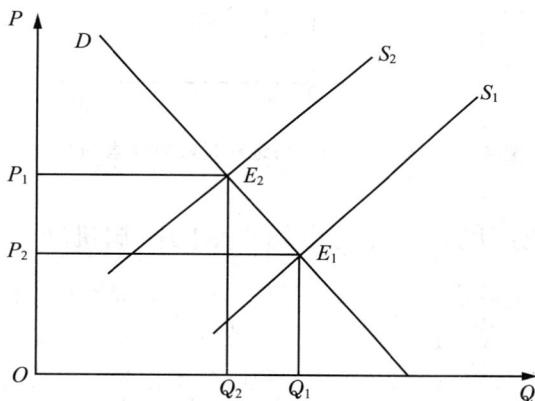

图 4-1　需求不变时，房地产税收对供给的影响

2. 供给不变时，房地产税收对住宅市场需求的影响

相对于对供给方征税，对需求方征收房地产税通常效果更为理想。这是因为：当需求弹性小于供给弹性时，对供给方的征税容易转嫁给消费者，而对需求方征收的房地产税，所征税费并不直接包含在房屋价格中，不会由于税负的转嫁直接造成房价上涨。同时，由于对住宅需求方征收的税收属于从价税，因而征税后需求曲线斜率发生变化，左移至 D_2；在新均衡点 E_2 下，价格由 P_1 下降到 P_2，数量由 Q_1 下降到 Q_2，见图 4-2。可见，税收政策从需求方对住宅市场实施调控，会增加需求方税负，而需求方税负的增加可能会引起需求下降，从而减少需求。此外，通过对不同住宅类别实施差别税率等歧视性税收政策，还可以调控住宅需求的结构性矛盾。

---

① 董鸿波、李倩：《房地产税收转嫁及其对房地产价格的影响》，载《哈尔滨市委党校学报》，2007(1)。

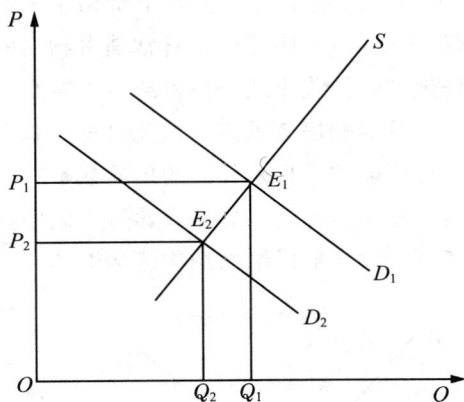

图 4-2　供给不变时，房地产税收对需求的影响

4.3.2　房地产税收对住宅市场供求的影响机理

　　房地产税收作为政府的一种政策工具，对住宅市场发展有着一定的调控作用，但税收政策并非是直接决定住宅市场的价格，而主要是从供求总量和供求结构方面对住宅市场产生影响。房地产税收政策作为实现公共政策和资源配置目标的手段，其对住宅市场供求的影响途径为：国家制定和实施房地产税收政策、住宅开发商（销售方）和购房者成本和收益变化、供求双方供给和需求决策行为变化、住宅供求总量和结构变化。图 4-3 反映了房地产税收政策对住宅市场供求的影响过程。这一过程中，税收政策的制定和实施是起点，影响着住宅市场的导向和效果；供求双方成本和收益的变化是税收政策影响的中间环节；住宅开发商（销售方）和购房者决策行为的变化是税收影响的关键所在；住宅供求总量和结构变化是税收影响的目的，即实现政府运用房地产税收政策影响住宅市场的目标。

　　在实践中，政府可以通过住宅开发、保有和转让等各环节税种的设置，通过不同税种、税率的安排，来调整房地产税制结构，通过税收优惠的实施以及加强监管等介入住宅收益的分配，以影响住宅开发者和购房者的开发与购买决策行为，最终实现政府对住宅市场供需总量和结构的调控。比如，有关房地产税收方面的政策，国家曾规定，1999 年 8 月 1 日至 2002 年 12 月 31 日期间，对房地产开发商销售积压空置商品房免征营业税，对购房者购买积压空置商品房免征契税。以海南省为例，这一税收优惠政策出台后截至 2002 年 5 月，积压空置商品房面积由 456 万平方米降到了 208 万平方米，约 54.4％的积压空置商品房得到了消化①。

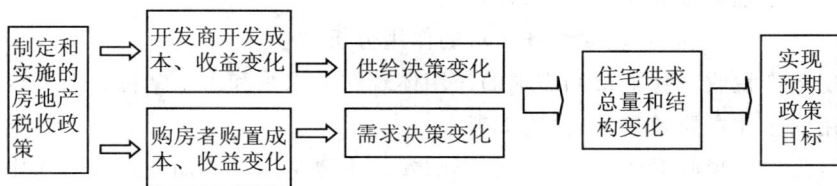

图 4-3　房地产税收对住宅市场供求的影响过程

1. 房地产税收对住宅市场供求的具体作用

（1）房地产税收对住宅市场供给的作用分析

房地产税收对住宅市场供给的作用，主要体现在以下两个方面。

一是对住宅供给量的作用。住宅的价格一般由"本、费、税、利"四项构成，这四项是最根本的价格组成要素。在这四项因素中，又可分为两部分，一部分是"本、费、税"；另一部分是"利"。房地产税收可以通过对"本"和"利"两大因素的影响，对住宅供给总量施加影响。如果政府加大对房地产开发商和销售企业征收的税（如销售不动产营业税、企业所得税、城镇土地使用税、土地增值税和城市建设维护税等），就会加重开发商的开发和销售成本，从而影响到企业的利润，最后会引起开发商供给决策行为的变化，开发商可能减少供给或转战其他行业领域。反之，利用减免税手段，对房地产企业的"本"和"利"降低税负，使得企业效益明显加大，就会吸引投资，增加住宅供应量。

二是对供给结构的作用。房地产税收对住宅结构具有重要作用。从住宅的供给来看，存在着多层房、高层房、单身公寓（50 平方米以下）、小套房（70～90 平方米）、中套房（100～140 平方米）、大套房（150～180 平方米）、别墅等房产结构。税收对各种供给结构的影响，主要通过对某类房产结构的增、减、免税，即通过增加或减少税负来实现。例如，现行土地增值税，对促使房地产企业投资结构合理化发挥了重要作用。当前，高档商品房供给量偏大，而中低档商品房供给不足。按照土地增值税条例的规定，纳税人建造普通标准住宅出

---

① 安体富、王海勇：《我国房地产市场发展和房地产税收制度改革研究》，载《经济研究参考》，2005(4)。

售，其增值额未超过扣除项目金额 20％，免征土地增值税。这一政策有利于抑制高档商品房的盲目开发，引导房地产商开发普通住宅、微利商品房或经济适用房，合理调整商品房的供给结构。

（2）房地产税收对住宅市场需求的作用分析

房地产税收对住宅市场需求的作用体现在需求量和需求结构方面，税收政策作用的主体主要是消费者（购买者）。

从房地产税收对住宅需求量的影响看，主要是通过增加或减少需求中涉及的税收成本，来影响购买者的决策行为，使房地产税收发挥调节住宅需求的作用。如采取和实施税收政策来加重不合理需求的税负，或减轻合理需求的税负，即能起到影响和制约房地产需求量的作用。

从房地产税收对住宅需求结构的影响看，主要是体现在对住宅需求类型的影响方面。住宅需求可以分为以下三类，其主要特征如表 4-1 所示。

表 4-1　住宅需求类型和主要特征

序号	住宅需求类型	主要特征
1	自住型需求	购买住宅以满足生活需要，又可分为生活需求和改善需求。这一部分需求主要对应普通住宅，尤其是小户型普通住宅或经济适用住房。
2	投资型需求	购买住宅是为了取得合理的预期收入（如租金收入）或以长期增值的方式获利。这部分需求主要对应于普通住宅或高档住宅和别墅类。
3	投机型需求	购买住宅主要是为了从价格的变动中获利，进而在短时间内买进和卖出住宅，并不关注住宅本身的使用价值。这部分需求主要对应于高档住宅和别墅类。

一般说来，直接或间接地对购置或持有的住宅课税，实际上会增加持有住宅的成本或者说增加了住宅使用成本，会使住宅自用需求者倾向于购置较小面积的住宅，并会抑制住宅投资和投机需求，从而会使住宅需求减少。具体说来，房地产税收对自住型需求、投资型需求和投机型需求的主要影响是[1]：

---

[1]　参见常莉：《房地产税收改革对房地产业影响的效应研究》，西安，西北大学博士学位论文，2007。

　　从自住型需求来看，对住宅持有者征收房地产税，将增加持有成本，会促使住宅消费者合理消费、节约消费。如果税收上采取对房地产保有环节按照人均一定面积进行税收减免，超过部分进行征收的措施①，则过大的住宅面积将支付较多的房地产税，这就使消费者购房时更多地从自己实际需要出发，改变盲目攀比和所谓一步到位的消费心理。合理消费带来住宅房地产资源的节约，从另一个方面来说，将会增加房地产市场上的住宅供给。

　　从投资型需求来看，对住宅征收房地产税将增加住宅持有人在房地产保有期间的成本，降低其收益预期。此时，若租赁市场存在供不应求的市场状况，投资者将会继续保有房屋并通过提高租金的方式将房地产税成本转嫁给承租方。若租赁市场供过于求，投资者则会倾向于将房屋尽早售出，以获得可预见收益。就我国目前的租赁市场而言，经过几轮宏观政策的调节，整体上是供大于求的。在这种情况下，出租者不易将房地产税成本转嫁给承租方，使投资者由长线变为短线，条件合适时即将房子出售。对于尚未进入的投资者，则可能因预期收益较为模糊而转向其他的投资领域，由此带来投资型需求的变化。

　　从投机型需求来看，由于投机者在短期内持有住宅，因此需缴纳的房地产税并不多，而投机者期望获得的是高利润，相比之下房地产税对投机者利润预期的影响有限，因此保有环节的房地产税本身对抑制房地产投机作用有限，但二手房交易环节从严征收的营业税和个人所得税则可以有效抑制这部分投资需求。对于已经进入的投机者而言，他们有可能因交易障碍难以很快将房屋出售获得投机收益而被迫转为投资型，此时保有环节的房地产税对投机型需求会起到一定的抑制作用。房地产税收对不同需求类型的作用途径见图 4-4。

　　总的来看，通过对房地产持有人开征房地产税将增加房地产持有人的持有成本，促使消费者节约消费、理性消费，开征房地产税还会使投资房地产待价而沽者成本增加，从而抑制房地产投资和投机行为，而二手房交易环节的税收调整会进一步抑制利益投机型的购房需求。在我国，与住宅市场需求相关的房地产税收主要是消费者在住宅购买和保有时发生的契税、印花税（取得方），房产税，城镇土地使用税和耕地占用税等。但是对个人住宅房地产的保有环节事实上没有征税，因此在个人占有这部分房地产时，只要不转让交易，仍然是零

────────────

　　① 国家发改委宏观经济研究院在 2007 年 2 月发布的《今年楼市将继续高温　未来两年将进入低迷》的报告中提议"加快出台住房保有环节的税收政策，可按人均 30 平方米进行税收减免，超过部分征税"。

税收成本占有房地产。所以多占有住宅房地产以保存财富的成本就非常低，这样一来目前在购置保有环节设置的税收政策和制度便无法对抑制房地产投资需求产生作用。

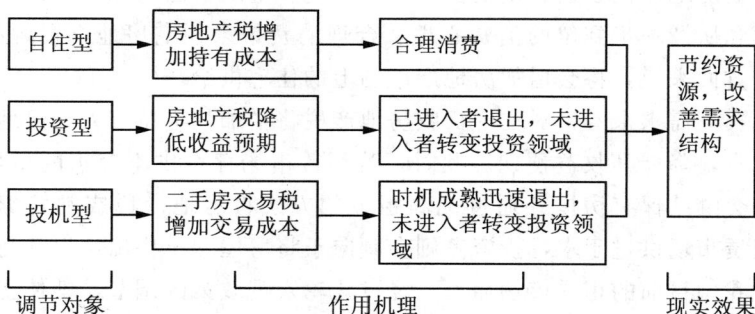

图 4-4　房地产税收对各种需求类型的影响情况

2. 主要房地产税种对住宅市场供求的影响效应

（1）营业税

依据现行营业税法规定，销售不动产的收入应缴纳营业税，房地产开发企业或卖方销售住宅的行为承担的营业税，必然会对交易主体行为产生影响。如果实行较高的营业税税率，就会制约房地产企业或卖方向市场提供住宅产品的积极性。所以从影响供给的角度来看，提高营业税税率将会引起市场交易量的萎缩。此外，营业税是在房产交易环节征收的，容易存在税负转嫁的情况。如果供给者将这部分税收转嫁给消费者后，就会增加消费者的购房成本，制约需求行为的发生。因此，从需求角度考虑，提高营业税税率也将限制住房交易。

（2）房产税

房产税作为一种财产税，主要在住宅的保有环节征收。通常，消费者在购买了房屋之后，既可以用其从事生产经营活动，也可以将其出租，还可以用于纯粹的自住。当购买的住宅完全用于自住时，住宅就是一种静态财产，对这种静态财产，许多国家一般都征收财产税（房产税），我国目前对个人拥有住宅用于居住的，实施免税政策。如果国家对居民自住房屋征收房产税，就会提升居民持有和消费住宅的成本，带来的住宅需求变化将是消费者在满足基本需求的前提下，减少房产的保有量，已拥有多套住宅的人，为降低保有环节的房产税，会抛售部分住宅，这实际上是在调控不动产资源在一定时间和地域条件下的配置。由于该税种针对的是为了满足消费者自身居住需要的住房，因此税收转嫁的概率很小，结果是消费者只能通过减少房产持有量来对国家的税收行为做出反应。

(3)城镇土地使用税

根据城镇土地使用税条例的规定，城镇土地使用税是按照占有土地使用权的面积缴纳的，因此占有土地使用权的面积越多，缴纳的税款就越多。由于城镇土地使用税是在土地保有环节征收的一个税种，因此，该税种主要也是通过增加或减轻使用土地的成本对开发商施加影响。城镇土地使用税是在开发商取得了土地使用权之后必须缴纳的税收，在这种情况下，缴纳税收是开发企业必须首先承担的成本，因此在法律规定的纳税期限届满前，开发商必须将土地使用税缴纳，这将直接增加房地产开发企业的前期开发成本。因此，房地产开发商在取得了土地使用权之后如果不尽快进行房地产开发、出售或者转让该土地使用权，就必须依法缴纳城镇土地使用税，而承担了城镇土地使用税的开发商，其房地产单位面积的成本必然增加，从而也带来项目总成本的增加。可以说，城镇土地使用税对开发商在土地、房地产开发和销售等环节都实施了不同的影响。

(4)住宅转让环节个人所得税

就个人所得税来看，对转让住宅所得应按财产转让所得项目征收 20% 的个人所得税。住宅转让环节的个人所得税对二手房交易市场均衡的变化有着较大的影响。这是因为对住宅转让所得征收个人所得税是对房产交易征税，不论税收由谁来支付，税收的效应是一样的。此外，对住宅转让征收个人所得税，对需求目的不同的购房者来说，影响效果不同。首先，从该税对自住型购房者的影响看，由于自住型购房者购买住宅的主要目的是为了居住，因而所购住宅再行转让的可能性较小，也就无须承担该税税负，也就是说，对住宅转让行为征收的个人所得税对自住型购房行为没有直接的影响；其次，从该税对长期投资性购房者的影响看，由于现行政策对持有住宅一定年限后转让的，分别给予免税或轻税待遇，因此，对长期投资型需求的影响主要在于，投资者预期的资本性增值中减少了由于投机型需求减少而降低的资产虚拟增加的价值，住宅资产价格下降；最后，从该税对短期投机性购房者的影响看，由于投机者购买住房的主要目的在于获取住房买卖的中间差价，通常会在短期内实现住房交易，因而征收住宅转让所得税会降低投机者预期的住宅虚拟性增值(即依靠市场供求关系制造的

89

超过由利用收益决定的长期均衡价值部分），从而降低住宅资产的市场价格，征收住宅转让个人所得税对投机者的影响非常明显。当然，这种状况也表现在对投资者的影响上，但相对而言，对投机者的影响更为直接和深刻。

（5）土地增值税

土地增值税的计税依据是土地或土地改良物的增值额。在我国，土地增值税这一税种设置的目的就是为了遏制房地产投机买卖、囤地、倒地活动，是一种宏观调控意图比较明显的税种。从其税率设置来看，实行的是四级超率累进税率，增值额超过50%的，适用30%的税率；增值额在50%～100%区间的，适用40%的税率；增值额在100%～200%区间的，适用50%的税率；增值额超过200%的，适用60%的税率。与比例税率相比，超率累进税率最能体现税收的纵向公平，在这种情况下，开发商转让房地产所取得的增值额越大，税率就越高，应缴纳的税额也就越多。如果地价在开发期限内飙涨，就必然会导致开发商囤地和开发成本大增。因此，征收土地增值税，不但影响开发商的收益预期，而且会对开发商的资金链产生压力，房地产商既要考虑行业竞争对价格形成的市场限制，又要考虑增值幅度过高引起的税收负担，将更加理性地确定行业和企业利润，同时加大开发力度，增加房源，一定程度上有利于改善供求关系，进而对房地产市场商品供给的宏观控制起到积极作用。另外，土地增值税对住宅市场需求也会带来一定的影响。土地增值税的纳税人不仅有从事房地产开发的企业，同时也包括所有转让房地产取得超常利润的个人，但对公民个人转让自有普通住宅及个人因工作调动或者改善居住条件而转让原自用5年以上的住房的进行免征。土地增值税税制的设计明确显示出其抑制投机的功能，能够有效地降低转让者的利润空间，削弱转让者的投机需求。

（6）契税

契税是以境内转移土地和房屋权属的转移行为为征税对象，对境内承受土地、房屋权属转移的单位和个人征收的。应该说，征收契税的目的主要在于取得财政收入，同时契税可以作为不动产权属变化契约法律效力的一种证明，证明不动产所有人所取得的产权具有合法性，其初衷并非是为了调节房地产的资源配置。但面对住宅供应总体紧张和住宅供求尖锐的结构性矛盾，通过实施歧视性契税，有助于调节住房需求者的行为，并通过改变市场需求而间接影响开发商的行为。尤其是歧视性契税会增加投机者的交易成本，其预期资产增值收益将减少，一定程度上会抑制住宅资产的投机性需求。

第 5 章
房地产税收对住宅市场供求总量
与结构影响的实证分析

5.1　不同税种对住宅市场供求总量影响的模型估计

5.1.1　模型变量的选取

这里借鉴李炜玮(2006)对房地产税收与住宅市场交易量关系的研究模型，就不同税种对住宅供求总量影响进行估计。住宅市场的交易数量受税收、住宅市场价格水平、收入水平、住宅资产增值程度及其他政策等重要因素的影响。

1. 税收因素

如上所述，房地产税收能够通过改变住宅供求双方主体的收益水平，来改变其供给和决策行为，进而影响市场总体的供求状况。我国现行与住宅市场相关的房地产税涉及的税种主要有：土地增值税、城镇土地使用税、耕地占用税、房产税、契税、营业税、城市维护建设税、企业所得税、个人所得税、印花税、教育费附加等。

营业税和企业所得税是针对房地产企业销售住宅的这种行为征收的，高税率必将会制约房地产企业向市场提供住宅产品的积极性。所以从影响供给的角度来看，提高营业税和企业所得税的税率将会引起市场交易量的萎缩。此外，企业所得税和营业税是在房产交易环节征收的，容易存在税负转嫁情况。如果供给者将这部分税收转嫁给消费者后，就会增加消费者的购房成本，制约需求行为的发生。因此，从需求角度考虑，提高两税的税率也将限制住房交易。

由于我国目前对股票转让所得免征个人所得税，因此财产转让个人所得税主要是对个人销售二手房所得征收，提高财产转让个人所得税的税率将会降低住宅转让者的收益，引起住宅市场交易量的萎缩。

土地增值税的计税依据是土地或土地改良物的增值额，如果课税过重，就会抑制房地产的正常流转。土地增值税在发挥对土地投机遏制作用的同时，也增大了市场交易成本，抑制了土地和房产的正常流通。由此，土地增值税税率提高会引起市场交易量的减少。

考虑到城市维护建设税、教育费附加为营业税的附加税，对住宅保有环节基本免征城镇土地使用税、房产税的实际情况，这里以销售不动产营业税（OT）、土地增值税（LT）、房地产企业所得税（ET）和财产转让个人所得税（PIT）为分析对象，并以其各自税额占住宅市场价值的比例构建"税率"变量[①]，来考察税收对住宅交易量的影响。

2. 住宅价格因素

住宅的价格水平是影响住宅商品需求数量和结构的主导因素。一般而言，住房需求与房价呈反比：价格上升会限制一定量的住房需求，价格下降会增加住房需求。但住宅价格上升，住宅需求上升的情况也是可能存在的。如对于短期内存在大量投资性需求，那么较高的房价可能增加该类购房需求。近年来我国居民的收入水平在不断提升，但股市长期低迷，银行利率过低导致了居民对未来预期的不确定性，故而较长一段时间以来民间资本投资渠道缺乏。而房价却连连攀升，投资住房恰好满足了大量民间资本急于寻找低风险、高回报投资渠道的意愿，因此，这种情况下，价格上升可能会带动更多交易量的实现。这里以"住宅单位售价 P"变量，来考察价格水平对住宅交易量的影响。

3. 收入水平

消费者购房意愿的实现要受到财力水平的制约。一般而言，购房者收入水平对需求有正的影响，即收入增加，购房需求也增加，从而对市场交易活动具有促进作用。这里以"人均可支配收入 I"变量，来考察收入水平对住宅交易量的影响。

---

① 税率是应纳税额与征税对象数额之间的比例，分名义税率和实际税率，这里所指的"税率"则是为了研究的需要，以税额占住宅价值的比例构造的一个变量。

4．住宅资产增值程度

住宅作为一种特殊商品，兼具耐用性和增值性功能。增值特性成为影响购房者预期的重要因素。尤其对于以投资为目的购房者而言，他们更关心的是远期收益最大化，因此良好的增值特性能够在一定程度上刺激住宅的需求量。这里以"住宅资产增值程度 PP"变量，来考察住宅资产增值程度对住宅交易量的影响。

5．其他政策因素

住房事关人民的基本生存和生活需要，住宅产业在整个国民经济中具有特殊的地位和重要作用，因此住宅市场也是国家公共政策最为关注的焦点之一。除税收政策以外，还有其他的政策因素，例如经济适用住房建设政策、个人购房信贷政策、利率调整政策和消化空置商品住宅政策等。这些政策因素都从不同程度上对住宅供需双方的开发和购买决策行为产生着影响。

5.1.2　模型构建

根据上述对住宅交易量影响因素的分析，建立如下的模型来研究"销售房地产营业税"、"土地增值税"、"房地产企业所得税"和"财产转让个人所得税"对住宅市场交易量的影响：

$$Q_{it} = F(OT_{it}, LT_{it}, ET_{it}, PIT_{it}, P_{it}, I_{it}, PP_{it})$$

其中：Q_{it}——i 省 t 年的住宅交易量（万平方米）；

OT_{it}——i 省 t 年销售不动产营业税（Operational Tax）税率（%），以销售不动产营业税税额占住宅销售额的比例表示；

LT_{it}——i 省 t 年土地增值税（Land Value Added Tax）税率（%），以土地增值税税额占住宅销售额的比例表示；

ET_{it}——i 省 t 年房地产企业所得税（Enterprises' Income Tax）税率（%），以房地产企业所得税税额占住宅销售额的比例表示；

PIT_{it}——i 省 t 年财产转让个人所得税（Personal Income Tax）税率（%），以财产转让个人所得税税额占住宅销售额的比例表示；

P_{it}——i 省 t 年的住宅价格（元/平方米）；

I_{it}——i 省 t 年的人均可支配收入（元）；

PP_{it}——i 省 t 年住宅资产增值程度（%）。

参考国内学者研究住房需求时普遍使用的对数函数模型，构建下列模型：

$$\ln Q_{it} = \beta_0 + \beta_1 OT_{it} + \beta_2 LT_{it} + \beta_3 ET_{it} + \beta_4 PIT_{it} + \beta_5 \ln P_{it} + \beta_6 \ln I_{it} + \beta_7 PP_{it}$$

用 2006—2008 年,我国 30 个省、自治区、直辖市的面板数据[①],采用混合 OLS 估计方法进行回归分析,回归 1 的结果见表 5-1。

表 5-1　房地产税收对住宅交易 t 影响的回归估计结果 1

Variable	Coefficient	Std. Error	t-Statistic	Prob.
不动产营业税税率	−0.207 428	0.061 216	−3.388 474	0.001 1
土地增值税税率	−0.164 841	0.095 460	−1.726 803	0.087 9
房地产企业所得税税率	0.056 758	0.044 368	1.279 258	0.204 4
个人所得税税率	0.595 504	0.018 526	32.14 425	0.000 0
住宅价格	−0.543 335	0.149 123	−3.643 537	0.000 5
人均可支配收入	1.281 657	0.095 823	13.375 26	0.000 0
住宅资产增值程度	−0.007 640	0.013 130	−0.581 839	0.562 3
R-squared	0.650 969	Mean dependent var		7.215 929
Adjusted R-squared	0.196 823	S. D. dependent var		0.935 521
S. E. of regression	0.838 415	Akaike info criterion		2.559 980
Sum squared resid	58.344 03	Schwarz criterion		2.754 410
Log likelihood	−108.199 1	Hannan-Quinn criter.		2.638 385
Durbin-Watson stat	2.183 454			

回归 1,用所选择的包含营业税、土地增值税、房地产企业所得税和财产转让个人所得税在内的所有解释变量进行回归分析。结果表明,模型中的解释变量对被解释变量有一定的解释能力,R^2 值为 0.650 969,意味着被解释变量的方差有接近 65% 可以由解释变量的方差予以解释。

F 统计检验十分显著,表明回归总体呈显著的线性关系。从 T 统计值来看,所选择的影响因素,大多数都通过了统计检验,但年住宅资产增值程度 PP 变量检验值较低,这表明该解释变量对住宅交易量的线性作用不显著,财产转让个人所得税系数与理论预期不符,应考虑将这两项剔除。

在回归 1 的基础上,将 PP、PIT 解释变量剔除后重新进行回归,得到回

---

① 数据来源:土地增值税、销售房地产营业税、房地产企业所得税和财产转让个人所得税数据来自《中国税务年鉴》;住宅交易量、价格和收入水平数据来自《中国统计年鉴》。

归 2 的结果见表 5-2。

表 5-2　剔除 *PP*、*PIT* 因素后的混合 OLS 估计回归分析结果 2

Variable	Coefficient	Std. Error	*t*-Statistic	Prob.
不动产营业税税率	−0.187 180	0.064 684	−2.893 753	0.004 8
土地增值税税率	−0.159 183	0.097 442	−1.633 613	0.106 1
房地产企业所得税税率	0.070 556	0.036 058	1.956 747	0.053 7
住宅价格	−0.694 947	0.225 825	−3.077 363	0.002 8
人均可支配收入	1.390 043	0.168 656	8.241 899	0.000 0
R-squared	0.646 791	Mean dependent var		7.215 929
Adjusted R-squared	0.201 957	S. D. dependent var		0.935 521
S. E. of regression	0.835 731	Akaike info criterion		2.543 321
Sum squared resid	58.669 49	Schwarz criterion		2.709 974
Log likelihood	−108.449 4	Hannan-Quinn criter.		2.610 525
Durbin-Watson stat	2.149 838			

回归后结果基本令人满意，表现在以下几个方面：第一，模型对住宅市场交易量的解释程度在 65% 左右，*F* 统计值也更为显著。第二，剔除 *PP* 等解释变量后的所有解释变量都通过了 *T* 检验，而且价格变量、收入变量和土地增值税税率的系数符号与理论预期相吻合。经 Park 检验，随着样本观察点 *X* 的变化，模型中随机扰动项的方差并不改变，即不存在异方差。以上结果表明这里的估计是基本有效的。

为判定应该采用个体随机效应回归模型，还是采用个体固定效应回归模型。需要进行 Hausman 检验。利用 Eviews 6.0 对面板数据检验结果如表 5-3 所示。

表 5-3　Husman 检验结果

Test Summary	Chi-Sq. Statistic	Chi-Sq. d. f.	Prob.
Cross-section random	15.631 990	5	0.008 0

从表 5-3 可见，采用个体随机效应 Hausman 统计量相对应的概率为 0.008 0，应选择采用个体固定效应回归模型。回归 3 的结果见表 5-4。

表 5-4　剔除 *PP*、*PIT* 因素后的个体固定效应 OLS 估计回归分析结果 3

Variable	Coefficient	Std. Error	t-Statistic	Prob.
系数	−1.182 611	1.137 488	−1.039 669	0.303 0
不动产营业税税率	−0.320 110	0.051 004	−6.276 124	0.000 0
土地增值税税率	−0.068 081	0.024 511	−2.777 572	0.007 5
房地产企业所得税税率	−0.017 573	0.010 420	−1.686 369	0.097 4
住宅价格	−0.364 954	0.179 000	−2.038 850	0.046 3
人均可支配收入	1.302 837	0.175 529	7.422 328	0.000 0
Fixed Effects (Cross)				
北京—C	0.149 664			
天津—C	−0.514 446			
河北—C	0.361 436			
山西—C	−0.129 872			
内蒙古—C	−0.100 626			
辽宁—C	0.689 459			
吉林—C	−0.331 655			
黑龙江—C	−0.021 079			
上海—C	0.733 627			
江苏—C	1.301 448			
浙江—C	0.702 426			
安徽—C	0.441 995			
福建—C	0.348 390			
江西—C	0.286 243			
山东—C	0.964 878			
河南—C	−1.130 277			
湖北—C	0.361 436			
湖南—C	−1.130 277			
广东—C	1.722 676			
广西—C	0.200 564			
海南—C	−1.130 277			
重庆—C	0.182 215			
四川—C	0.961 274			
贵州—C	−0.085 936			

续表

Variable	Coefficient	Std. Error	t-Statistic	Prob.
云南—C	0.165 078			
西藏—C	−0.129 872			
陕西—C	−0.727 594			
甘肃—C	−2.266 634			
青海—C	−1.475 786			
宁夏—C	−0.398 478			
Effects Specification				
Cross-section fixed（dummy variables）				
R-squared	0.995 796	Mean dependent var		7.215 929
Adjusted R-squared	0.993 197	S. D. dependent var		0.935 521
S. E. of regression	0.077 164	Akaike info criterion		−2.000 460
Sum squared resid	0.327 487	Schwarz criterion		−1.028 312
Log likelihood	125.020 7	Hannan-Quinn criter.		−1.608 433
F-statistic	383.138 8	Durbin-Watson stat		2.865 048
Prob(F-statistic)	0.000 000			

　　回归 3 用所选择的包含营业税、土地增值税和房地产企业所得税在内的解释变量进行回归分析。结果表明，模型中的解释变量对被解释变量有一定的解释能力，调整 R^2 值为 0.993 197，意味着被解释变量的方差几乎可以全部由解释变量的方差予以解释。F 统计检验十分显著，表明回归总体呈显著的线性关系。从 T 统计值来看，所选择的影响因素，均都通过了统计检验。DW 值为 2.865 048，表明不存在序列自相关。

　　从回归分析的结果考察房地产税率高低与住宅交易量的关系：

　　①在 1% 的显著水平下，销售不动产营业税（OT）、土地增值税（LT）税率与住房市场交易量（Q）成高度的相关关系，系数为负，即销售不动产营业税、土地增值税税率的提高将会降低市场交易量，这与理论预期相符合，同时也验证了我国现行的销售不动产营业税、土地增值税对住宅市场交易活动有显著的影响。比较而言，销售不动产营业税比土地增值税对住宅市场交易活动影响更为显著，参数估计值分别为 −0.320 110、−0.068 081。

　　②按理论预期，提高的企业所得税（ET）将会制约开发商向市场提供住宅产品的积极性，从而引起市场交易量的萎缩。回归 3 结果显示，在 10% 的显著水平下，房地产企业所得税税率对住房市场交易量也有一定的影响，二者之

间存在着高度的相关关系，系数为负，这与理论预期相同，但参数估计值较低，仅为－0.017 573。分析这种结果的原因可能在于：在我国的住宅产业中，具有社会保障性质的经济适用房占有一定比例，该类住房开发的目的主要在于解决中低收入家庭住房问题。为此，政府给予了该类住宅开发企业降低批租土地价格和税收减免等诸多优惠政策。

5.2 房地产税收对住宅市场供求结构影响的实证分析

5.2.1 对住宅供给结构的影响

房地产税收对住宅供给结构的影响，主要通过税收政策影响开发商的供给方式和供给行为。从国家已出台的各种与住宅交易相关的房地产税收政策看，其政策调控重点是加大高档住房的税收负担，以达到限制高价位、大户型住房需求，增加中低价位中小户型普通商品住房供应的目的。同时，既有的房地产税收调控政策针对普通住房与非普通住房，分别给予了不同的税收政策，以此来达到对住宅供给结构的影响。但是，从已有政策看，对廉租住房、经济适用住房等保障性住房方面的税收倾斜政策依然比较弱化，税收调控政策作用未能得以充分发挥，对住宅供给结构的调控并不理想。目前，我国住宅市场供给结构不合理的问题依然存在，主要表现在以下方面。

第一，中小面积的住宅供给不足，高档住宅面临过剩。根据市场分层理论，由于收入水平、性别、年龄等消费属性的差异，不同的消费群体或市场层次能够承受的价格水平差异很大，一般情况下，高端市场附加值高、利润率高，低端市场的回报率低。开发商在高额利润驱动下，通常愿意大量开发建设中高价位、大户型、环境好、管理完善的高档住宅，造成商品房供给中，中、低价小户型的住房供不应求，而中高、高价位的大户型住房供大于求。截至2006年年底，全国5 000家重点房地产开发企业商品住宅空置面积为2 242万平方米，占全部房地产开发企业商品住宅空置面积的28.5%。重点房地产开发企业商品住宅空置的主要特点是普通住宅和大户型商品住宅空置面积所占比重较大(见表5-5)。

表 5-5　截至 2006 年年底全国 5 000 家重点房地产企业商品住宅空置情况

住宅类型	空置面积（万平方米）	比重（%）	住宅户型（平方米）	空置面积（万平方米）	比重（%）
普通住宅	1012	45.1	<80	230	10.3
经济适用房	128	5.7	80～100	415.6	18.5
高档公寓	261	11.6	100～120	509.8	22.7
其他商品住宅	841	37.6	>120	1 086.4	48.5

资料来源：http://www.nanfangdaily.com.cn/jj/20070409/dc/200704060060.asp。

　　表 5-5 显示，户型面积超过 100 平方米的商品住宅空置面积所占比重最大，达到了 71.2%。其中，户型面积在 100～120 平方米的商品住宅空置面积所占比重为 22.7%；户型面积在 120 平方米以上的商品住宅空置面积所占比重为 48.5%。而中小户型商品住宅空置面积所占比重相对较低，户型面积在 80 平方米以下的商品住宅空置面积所占比重仅为 10.3%。大户型空置率高达 70% 以上则充分说明了大户型供给过剩的事实。房地产市场信息系统数据显示，我国 2009 年 1—6 月批准预（销）售的商品住房，上报数据的 32 个重点城市中，16 个城市 120 平方米以上大户型住房超过 50%，9 个城市达到 60% 以上。另外，有 16 个城市 80 平方米以下中小户型住房不到 10%。上海易居房地产研究院对上海消费者的需求分析发现，上海购房者对 90～144 平方米户型需求水平在 56% 左右，其中 90～110 平方米需求在 23.3% 左右；而市场上 90～144 平方米商品房供应比例约 48.7%（从 2007 年 1 月至 2008 年 11 月商品住宅供应），90～110 平方米供应比例只有约 22.7%。可以看出，住房供应结构不合理，浪费了土地资源。与此同时，大户型空置率也居高不下。

　　第二，保障性住房供给不足、建设进展缓慢。供给严重不足是我国保障性住房最大的现实问题。各省市地区均把商品住房用地作为主要的供给对象，而保障性住房用地在计划目标中占比严重不足，完成率也较低。全国工商联房地产商会的数据表明，2009 年国家下达的保障性住房建设计划中，全国计划投入 1 676 亿元，其中，中央投入 493 亿元，占 29.4%；地方配套 1 183 亿元，占 70.6%。但截至 2009 年 8 月底，全国保障性住房建设仅完成投资 394.9 亿元，完成率（23.6%）严重低于预期[①]。同年，全国经济适用房投资在住宅投资

---

　　①　鄢来雄：《供需结构失衡仍是房地产市场的主要矛盾》，载《中国信息报》，2010-01-13。

中所占比重由 2000 年的 16.38％下降到 4.43％。可见，高价位住宅供应增长快于中低价位住宅的供应增长。

从保障住房土地供应完成计划看，也滞后于商品房用地。国土资源部公布的 2010 全国住房用地供应计划执行情况显示：2010 年全国 30 个省区市（不含西藏和新疆建设兵团）住房供地计划 18.47 万公顷，实际完成 12.54 万公顷，比 2009 年住房供地增加 4.9 万公顷，同比增长 64.1％。其中保障性住房用地 2.47 万公顷，占全部住房用地比例为 19.7％；商品住房（中小户型商品住房和大户型高档商品住房，中小户型商品住房中剔除了限价房和公租房）实际用地 9.3 万公顷，占比 74.1％。

从计划执行情况来看，全国住房供地计划实际完成 67.9％。其中，廉租房和经济适用房（含土地划拨的公租房）实际用地 1.59 万公顷，完成计划的 65.2％；限价房实际用地 1 552.95 公顷，完成计划的 38.4％；公租房实际用地 190.25 公顷，仅完成计划的 25.2％；棚改房用地 1.47 万公顷（其中 0.87 万公顷用作保障房用地），完成计划的 40.2％；中小户型普通商品住房用地（剔除限价房和公租房用地）6.33 万公顷，完成计划的 83.7％；大户型高档商品住房用地 2.96 万公顷，完成计划的 68.5％。可见，虽然保障性安居工程用地有了大幅增加，但此类用地完成率不及商品住房用地，特别是从 2010 年开始大力规划建设的公租房，实际用地完成率过低①。

从 2010 年全国 30 个省区市保障性安居工程实际用地及完成率来看，各地差异也比较大。

5.2.2　对住宅需求结构的影响

目前市场上的住宅需求类型主要有自住型、投资型和投机型三类。依据前述房地产税收政策对住宅市场供求作用机制的分析，房地产税收对于自住型购房者的需求虽不会产生太大影响，但可以引导其消费更加理性，对投资和投机性需求来说，则会增大其税负水平，有利于抑制对住宅的投资及投机行为。然而，从实践来看，现有房地产税收政策对于住宅需求结构的调控作用未能充分发挥，效果并不明显。有关数据显示，我国房地产市场中投资（投机）型购房需

---

① 上海易居研究院：《我国保障住房的现状、进展和存在的问题》，载《易居论坛》，2011(30)。

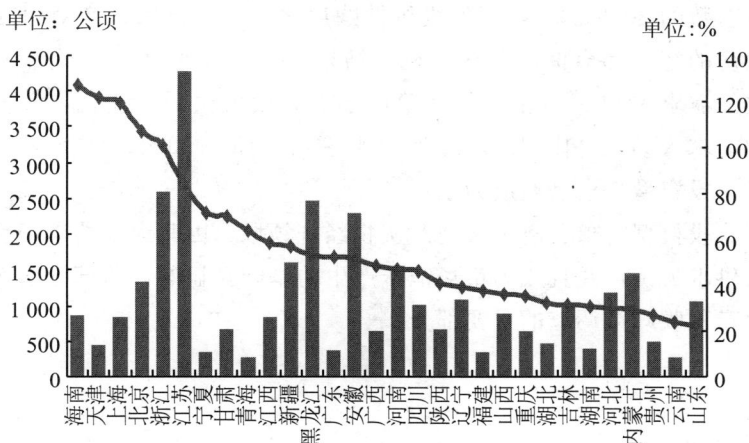

图 5-1　2010 年全国 30 个省区市保障性安居工程实际用地及完成率

求已经超过了国际警戒线。据上海房管部门调查统计，剔除出租用房之后，2003 年年底上海投资购房占总购房的 16.6%，已经大大超过了国际警戒线的 10%。上海市房地局对浦东的一次摸底调查显示，投资性购房比例占 50% 以上①。上海的供水、供电部门，根据长期欠付水电费的数据，作出的最保守估计是中心城区有大约 4.5 万套"无人房"，合计面积为 500 多万平方米②。国家统计局对上海和浙江的快速调查反馈的信息是，2004 年 3 月，上海投资性购房的比重(含投机性购房)由 2003 年的 16.6% 上升到接近 30%，部分楼盘的比重甚至高达 70%。不仅上海，杭州、宁波等地近年来房价上涨现象突出，投资和投机型购房需求对这些地区房价的上涨也起到了推波助澜的作用。

　　住宅是一种特殊的商品，兼具耐用和增值的双重特性，在近年居民投资渠道受限的情形下，更多的城市居民开始将可支配收入转移到住宅市场，选择投资房地产成为许多民众的一种理财方式，投资性购房需求比例的增加使得需求结构随之发生改变。《深圳蓝皮书：中国深圳发展报告(2007)》显示：深圳登记在册的商品房产权人总数为 109.5 万人次，领到产权证后半年内就转手的住房

---

①　安体富、王海勇：《我国房地产市场发展和房地产税收制度改革研究》，载《经济研究参考》，2005(4)。

②　尹中立：《房地产市场到底有没有泡沫》，载《南方周末》，2004-10-28。

占住房总套数的 30.31%[1]，可见投机性购房之严重。链家地产对每一位前来购买二手房的客户都会询问购房动机。结果显示，2009 年 1 月到 9 月底，自住型为主的需求占 60% 以上。但从第四季度开始发生明显变化，大量投资型和投机型需求入场，自住型需求降到 50% 左右。而 2010 年一季度，更是降到50% 以下，投资型需求已经成为主流[2]。

投资、投机型需求脱离了房地产实物经济领域，由其引发的市场恶性循环容易导致供求失衡，并且成为市场泡沫产生的基础。显然，这部分购房需求应该是房地产税收政策调节的主要部分。

---

① 《物业税被人们寄予厚望推出就真能降低房价吗?》，载人民网，http://www.chinanews.com.cn/estate/dcpl/news/2007/08-20/1005523.shtml。

② 王炜、徐徐:《刚性需求避免房价暴跌 难以支撑高房价》，载《人民日报》，2010-05-20。

第 6 章
我国调控住宅市场供求的房地产税收政策及效果评析

作为调控住宅市场重要政策工具的房地产税收政策，与其他行政调控手段相比，具有规范性、灵活性和基础性等特点，与金融信贷限制等调控手段相比，优势也较大。税收调控政策不仅能够做到精确"打击"，在压制房地产投机需求的同时，尽量使其他行业受到较小影响，而且税收管理执行部门与房地产行业没有直接的利益关系，税收政策相对容易得到贯彻实施。运用房地产税收政策对住宅市场实施调控可以从供给和需求两个方面来实现。在供给方面，可以通过土地增值税、土地使用税等政策措施提高房地产开发与经营阶段的成本；在需求方面，可以通过歧视性契税、空置税等政策，鼓励自住型需求，抑制投机或投资型需求。如前所述，我国住宅市场的形成时期始于 1978 年，而真正的发展时期则是从 1992 年开始的。从我国调控住宅市场供求的税收实践看，政策实施主要体现在住宅市场的发展时期，从 1992 年开始，国家依据不同发展时期的实际状况，实施了不同内容的税收调控政策，取得了不同效果。

6.1 1992 年至 1994 年调控住宅市场供求的税收政策及效果

6.1.1 背景分析

1992 年，在邓小平"南巡"讲话的带动下，我国改革开放步入一个新的高潮，房地产发展被压抑的积极性迸发出来。伴随着思想的解放，市场经济体制逐步开始建立，房地产开发、土地批租、不动产权管理等诸方面突破了计划经济的旧体制，中国房地产市场进入了快速扩张期。1992年全国房地产开发投资731亿元，比上年增长117.5%；土地开发面积2.334万公顷，同比增长175%；房地产开发企业1.4万家，是1991年的3倍；商品房价格平均为1 034元，比上年增长29%；销售额增长了79.3%。1993年"安居工程"开始启动，当年房地产开发投资在1992年翻番的基础上又翻一番。房地产业的迅速发展，在改善人民群众居住条件，合理配置土地资源，充分发挥土地效益，改善投资环境，增加财政收入等方面起到了一定作用。然而由于对迅速升温的房地产热缺少有效的监控、规范和管理，我国住宅房地产市场表现出价格上涨，房地产开发投资激增，土地供给失控，中高档楼盘开发过多，企业开发行为不规范，市场秩序混乱，资源浪费严重，炒作、投机行为猖獗等现象，个别地区出现了较为明显的房地产泡沫。为此，1993年6月中共中央、国务院印发了《关于当前经济情况和加强宏观调控意见》，提出整顿金融秩序、加强宏观调控的16条政策措施，引导过热经济实现软着陆。中央建设管理部门采取了控制用于房地产开发的土地出让、停止高档楼宇的建设立项、停止对房地产开发项目贷款等措施。国家开始了对房地产市场大规模的清理和整顿。

6.1.2　实施的税收政策

为配合这次宏观调控，促进房地产业健康发展，完善房地产业的税收制度，这一时期实施的税收调控政策主要是以限制为主。1993年12月，国务院发布了《中华人民共和国土地增值税暂行条例》，决定自1994年1月1日起在全国开征土地增值税，以对转让房地产过程中取得过高收入者进行专门的调节。土地增值税是对转让国有土地使用权、地上建筑物及其附着物并取得收入的单位和个人，就其转让房地产所取得的增值额征税。土地增值税实行超率累进税率，对增值多的多征，增值少的少征，在一定程度上抑制了房地产的投机炒卖行为，减少了国家土地资源收益的流失。这次税收调控政策主要是作用于房地产供给方，目的则是规范房地产业的发展。

6.1.3　政策效果分析

这一时期，为了抑制房地产投机行为，国家虽然开征了土地增值税这一新税种，但是由于利益关系，许多海内外房地产开发商对政府施加影响，要求缓征土地增值税，而一些地方政府担心对地方经济造成影响，停征或缓征了土地增值税，造成土地增值税未能真正发挥作用。从土地增值税的调控效果来看，1995—1998 年全国土地增值税税收总额分别为 3 亿元、1.1 亿元、2.5 亿元和 4.3 亿元[①]，各年份收入变化不大，说明土地增值税的调控作用十分有限。

6.2　1995 年至 2002 年调控住宅市场供求的税收政策及效果

6.2.1　背景分析

始于 1993 年的房地产紧缩调控，使市场对于房地产的需求强度明显减缓，1994 年房地产泡沫破灭后，我国的房地产行业发展跌入低谷，市场极度萎缩，许多地方商品房空置严重。1997 年爆发的东南亚金融危机使我国对外贸易锐减，同时也影响到了房地产市场。房地产的投资和需求受到明显的抑制，供大于求的局面开始加剧发展，房地产市场出现了严重的空置现象，部分房地产企业出现了严重亏损，中国房地产市场整体上进入了萧条期。在这种情况下，中央实施了一系列政策调控房地产市场，刺激市场需求。用宽松的住房金融政策，刺激住房需求，一方面继续发挥住房消费公积金抵押贷款的基础作用；另一方面推出和扩大实施商业银行的住房抵押贷款。为了扩大内需，从 1997 年开始，政府开始实施扩张性的经济政策，推动中国房地产行业的发展。1998 年进行了住房体制改革，取消了福利分房，建立住房分配货币化、住房供给商品化、社会化的住房新体制。1999 年 4 月发布了《住房公积金管理条例》，同年，建设部通过发布法规，充分开放了住房二级市场。人民银行公布了《住宅担保贷款管理试行办法》，并 7 次降低利率，降低了开发企业的融资成本和居民的购房成本，大大提高了民众支付能力。同时，土地资源部颁布条例，对土地市场进行管理，提高土地的开发效率。这次调控主要是源于房地产市场萧条，调控目的是为了刺激房地产市场需求。

6.2.2　实施的税收政策

在上述背景下，这一时期针对住宅市场的税收政策主要是以减免房地产税收为主。政策措施主要针对需求方。具体政策包括以下几方面。

[①]　资料来源：1995—1998 年的《中国统计年鉴》。

1. 个人所得税退税政策

为了尽快使低迷的房地产市场摆脱困境，鼓励住房消费，各地方政府纷纷实行扩张性税收政策，减免房地产相关税收，以此刺激房地产市场发展，进而稳定地方经济。如上海出台的购房可抵扣个人所得税政策。其内容是：凡在1998 年 6 月 1 日至 2003 年 5 月 31 日期间，购买上海市商品住宅或者差额换购商品房住宅，并在产权证列名为产权人，持有本市税务机关开具的个人所得税完税凭证的中外籍个人购房者，在产权证发证日期起的 6 个月内办理登记的，均可享受个人所得税计征税基（即个人应纳税所得额）抵扣。在这 5 年内，以不超过购房金额或者差价换购金额为限，其购房金额或者换购差价金额，可以在个人取得的以下各项应纳税所得额中抵扣：工资薪金所得；采用查账征收的个体工商业户的生产经营所得；对企事业单位的承包经营、承租经营所得；稿酬所得；特许权使用费所得；利息、股息、红利所得（但不包括从上市公司取得的股息、红利所得和对私营企业投资者带征的股息、红利所得），退回以上项目已征收的个人所得税。广州市 1999 年也推出了个人购房退个人所得税政策。政策内容为：凡个人出售及新购住房均坐落在广州地区范围内，并且在一年内进行换购住房的纳税人，可以办退由市调房总站按住房转让收入全额 1.3％代征的个人所得税。

2. 减免契税政策

为了促进房地产经济复苏，释放房地产有效需求，积极培育新的经济增长点，财政部、国家税务总局联合发出通知，从 1999 年 8 月 1 日起，对个人购买自用普通住宅，契税减半征收。同时还规定，销售 1998 年 6 月 30 日以前建成尚未出售的积压空置的商品住房，在 2000 年年底前免征契税，后又将该政策延期至 2002 年。随后，为刺激个人购买商品房需求，各地政府纷纷结合当地房地产市场情况和财力状况，相继出台了一些契税减免政策。如北京市规定：个人在 2002 年 12 月 31 日前购买的 1998 年 6 月 30 日以前建成的空置商品房免征契税，已纳税的，予以退税；土地、房屋被县级以上人民政府征用、占用后，被拆迁人获得货币补偿并且重新购买土地、房屋权属的，其购买价格没有超过货币补偿额的部分，免征契税等；个人购买自住平房的，以一次购买的平房建筑面积之和为一套，120 平方米以内的部分，减半征收契税。

3. 减免营业税政策

为了切实减轻个人买卖普通住宅的税收负担，积极启动住房二级市场，

1999 年 7 月，财政部、国家税务总局联合发文，规定从当年 8 月 1 日起实施住宅市场营业税优惠政策：对个人购买并居住超过 1 年的普通住宅，销售时免征营业税；个人购买并居住不足 1 年的普通住宅，销售时营业税按销售价减去购入原价后计征；个人自建用房，销售时免征营业税。为支持住房制度改革，对企业、行政事业单位按房改成本价、标准价出售住房的收入，暂免征收营业税；对销售 1998 年 6 月 30 日以前建成尚未售出的商品住房应缴纳的营业税，在 2000 年年底前予以免税优惠，后又将该政策延期至 2002 年。为了进一步盘活存量房屋，支持住房租赁市场的健康发展，财政部、国家税务总局联合于 2000 年 12 月颁发了调整住房租赁市场的税收政策，对按政府规定价格出租的公有住房和廉租住房，暂免征收房产税、营业税；对个人按市场价格出租的居民住房，减按 3% 的税率征收营业税，减按 4% 的税率征收房产税；对个人出租房屋取得的所得减按 10% 的税率征收个人所得税。

6.2.3 政策效果分析

此轮住宅市场调控中，税收政策作用主要体现在：实施个人购房退税启动一级住宅市场，减免契税全面带动新房销售市场，减免住宅二次交易营业税，发展二手房市场，减征租赁环节的营业税、房产税和个人所得税，开拓租赁市场等一系列措施，一定程度上刺激了住房投资需求。

随着税收调控政策的实施，调控效果逐渐显现，住宅市场需求不断得到释放。房地产开发投资规模在 1997—2002 年期间增幅逐年增加，1997—2002 年，全国房地产开发投资额从 3 178.37 亿元增加到 7 790.92 亿元，其中住宅投资额从 1997 年的 1 539.38 亿元增加到 2002 年的 5 227.76 亿元。而商品房销售市场也出现了供需两旺的局面，1999 年全国商品房销售面积 14 556.53 万平方米，其中住宅销售面积 12 997.87 万平方米，增长率为 20%；2000 年契税和营业税减免政策调控效果凸显，商品房销售面积达到 18 637.13 万平方米，其中住宅销售面积 16 570.28 万平方米，增长率为 27.48%，住宅销售额达到 3 228.60 亿元，增长率高达 33.76%；2001 年和 2002 年继续保持高速增长的势头，住宅销售面积和住宅销售额年均增长 19.55% 和 23.92%[①]。

① 根据中华人民共和国国家统计局《中国统计年鉴 2003》相关数据计算。

6.3 2003 年至 2009 年调控住宅市场供求的税收政策及效果

6.3.1 背景分析

从 2003 年开始，我国经济进入新一轮上升周期，全社会投资热情日益高涨。表现为固定资产投资迅速增长，新开工项目激增，在建规模扩大。2004年和 2005 年全国房地产开发投资总额分别为 13 158.25 亿元和 15 759 亿元，同比增长分别为 28.1% 和 19.8%。房地产业投资增长过快的问题，引起了中央政府的高度关注，国家果断采取了一系列新的措施，开始了第三次房地产市场的宏观调控。十六届三中全会通过的《中共中央关于完善社会主义市场经济体制若干问题的决定》中指出："实施城镇建设税费改革，条件具备时对不动产开征统一规范的物业税，相应取消有关收费。"但是在"非典"的背景下，宏观政策的主基调仍偏向扩张。直至 2004 年 4 月，房地产价格进一步冲高，中央才开始实施较为严厉的紧缩政策。2005 年，国务院办公厅先后印发了《国务院办公厅关于切实稳定住房价格的通知》和国务院办公厅转发建设部等部门关于做好稳定住房价格工作意见的通知》，加大对房市的调控力度。2006 年，出台了《关于调整住房供应结构稳定住房价格的意见》。进入 2007 年，全国房价依然快速上涨，为了抑制房价的过快增长，国家对房地产投资活动实行了严格的宏观调控，2007 年 9 月，《关于加强商业性房地产信贷管理的通知》规定：申请购买第二套（含）以上住房的，贷款首付款比例不得低于 40%，贷款利率不得低于中国人民银行公布的同期同档次基准利率的 1.1 倍。与此同时，与住宅房地产相关的税收政策和征管方式也进行了多项调整和规范。2008 年，为应对金融海啸冲击带来的经济增长放缓局面，中央政府从年底开始又采取了一系列宏观调控政策，财政政策从维持多年的稳健转向积极，积极的财政政策也大大改善了房地产市场发展的环境。房地产市场在系列优惠政策的推动下，刚性需求大量释放。为进一步刺激楼市，2009 年年初以来，国家有关部委相继出台了一系列鼓励政策，将上一轮的紧缩型调控转变为新一轮的扩张型调控。2009年 1 月 9 日，全国住房和城乡建设工作会议在北京召开，会议要求，全面推进保障性住房建设，促进房地产市场健康稳定发展。各地方政府根据中央精神，在土地、财政、金融等方面纷纷出台细则促进房产市场健康发展。5 月 27 日，国务院发布《关于调整固定资产投资项目资本金比例的通知》中明确,保障性住房和普通商品住房项目的最低资本金比例为 20%,其他房地产开发项目的最低资本金比例为 30%。这是自 2004 年以来执行 35% 自有资本金贷款比例后的首次下调,已恢复到 1996 年开始实行资本金制度时的水平,从而预示着紧缩了数年的房地产信贷政策开始"松绑"。由于 2009 年上半年采取了积极宽松的财政、税收、金融政策,再加上房地产市场潜在的刚性需求和强烈的改善型、投资型意愿,2009 年年中,各地房地产市场上演了"地王频出"、"量价齐升"、"一房难求"的火爆场面。同年 12 月,国务院常务会议研究完善促进房地产市场健康发展的政策措施,明确提出:"加强市场监管,稳定市场预期,遏制部分城市房价过快上涨的势头",同时强调"地方政府要切实负起责任"。为保持房地产市场的平稳健康发展,会议要求,增加有效供给、加强市场监管、完善相关制度的原则,继续综合运用土地、金融、税收等手段,加强和改善对房地产市场的调控。

6.3.2　实施的税收政策

本轮宏观调控出台的税收政策较多。期间分别针对房地产投资过热、低迷、价格增长过快、供求结构失调、房地产投机行为等出台了相关的税收调控政策。

1. 恢复征收土地增值税

1994 年海南房地产泡沫破灭后,全国房地产市场进入低迷期,许多地方政府为了不影响经济发展,对刚开征的土地增值税采取减征、免征甚至停征的方式。到 2004 年,经过几年的发展,房地产市场日益繁荣。为提高政府财政收入、遏制房地产投机行为、提高土地资源利用率,2004 年 8 月,国家税务总局下发通知要求各地加强土地增值税的管理工作,土地增值税再次被纳入议程。2006 年 10 月财政部、国家税务总局联合发布《关于土地增值税普通标准住宅有关政策的通知》,使原本一直"立而未征"的二手住宅交易土地增值税明确化,随后,北京首先按交易总额的 1% 开征;2007 年 7 月,上海对"转让非普通住房,居住满五年的,免征土地增值税;居住满三年未满五年的,减半征收;居住未满三年的按规定征收"。随后杭州、南京等城市也开征了土地增值税。

2. 实施契税和营业税优惠政策

为了引导房地产开发商加大小面积、低价格的普通住房建设,限制大面积、低容积率的高档住房建设，同时加大投机炒房者的成本，促使投机炒房者退出房地产市场，使中低收入者能够买到物美价廉的住房，国家实施了两项房地产税收调控政策。一是契税政策。自 2005 年 6 月 1 日起，区分普通住房和非普通住房，普通住房减半征收契税，非普通住房全额征收契税。二是营业税政策。自 2005 年 6 月 1 日起，购买普通住房自住满 2 年后出售，免征营业税，未住满 2 年的，按其销售收入全额征收营业税；购买非普通住房自住满 2 年出售，按其销售收入减去购买房屋的价款后的差额征收营业税，未住满 2 年出售的，按其销售收入全额征收营业税。

3. 修改营业税减免条件

为抑制投机和投资性购房需求，2006 年 6 月 1 日起，国家将 2005 年规定的享受住房转让环节营业税减免条件，由购房后 2 年调整为 5 年。即营业税政策修改为：购买普通住房自住满 5 年后出售，免征营业税，未住满 5 年的，按销售收入全额征收营业税；购买非普通住房自住满 5 年出售的，按其销售收入减去购买房屋后的价款后的差额征收营业税，未住满 5 年出售的，按销售收入全额征收营业税。

4. 规范住房转让所得个人所得税

为了进一步抑制投机性购房行为，国家税务总局下发通知，自 2006 年 8 月 1 日后，个人转让住房，以其转让收入额减除财产原值和合理费用后的余额为应纳税所得额，按照 20％的税率缴纳个人所得税；对出售自有住房并拟在现住房出售 1 年内按市场价重新购房的纳税人，其出售现住房所缴纳的个人所得税，视其重新购房的价值可全部或部分予以免税；对个人转让自用 5 年以上，并且是家庭唯一生活用住房的所得，免征个人所得税；其他交易行为按个人出售住宅的转让所得征收 20％的个人所得税。2007 年 11 月，国家税务总局对广东省地方税务局关于个人取得房屋拍卖收入适用于个人所得税征收率问题作出批复，个人通过拍卖市场取得的房屋拍卖收入在计征个人所得税时，其房屋原值应按照纳税人提供的合法、完整、准确的凭证予以扣除；不能提供完整、准确的房屋原值凭证，不能正确计算房屋原值和应纳税额的，统一按转让收入全额的 3％计算缴纳个人所得税。

5. 对房地产开发企业清算土地增值税

尽管国务院于 1993 年发布了《中华人民共和国土地增值税暂行条例》，但因为种种原因在执行上被一度搁置。从 2003 年起，国家逐步对房地产行业进行税收调控，国内各个地区对土地增值税基本上是要求房地产企业按照预（销）售收入的 1‰～2‰ 的比例进行预征，还有部分地区则没有开始预征。2006 年 12 月 28 日，国家税务总局发布《关于房地产开发企业土地增值税清算管理有关问题的通知》（以下简称《通知》），规定从 2007 年 2 月 1 日起，对全国房地产企业全面进行土地增值税的清算工作，同时细化了清算办法，以清算方式征收土地增值税的可操作性加强。《通知》规定，土地增值税将以房地产开发项目为单位进行清算。包括：对房地产开发项目全部竣工、完成销售；整体转让未竣工决算房地产开发项目；直接转让土地使用权三种情况下，房产项目应该进行土地增值税清算。

6. 调整城镇土地使用税税额标准

2007 年 1 月 1 日起，城镇土地使用税每平方米年税额在原规定的基础上提高两倍，其中缴纳税费最高的大城市土地使用税，每平方米年税额由以前的 0.5 元至 10 元调整为 1.5 元至 30 元。同时将外商投资企业和外国企业纳入城镇土地使用税的征税范围。

7. 将住房转让环节营业税减免条件由 5 年恢复到 2 年

2008 年以来，受全球金融危机影响，我国住宅市场进入了调整周期，各大中城市的房地产交易量创有史以来最低。为实现保经济增长 8% 的目标，中央和各级地方政府都出台了一些政策，解决住宅房地产市场低迷问题，国家出台了新的宏观调控政策。主要包括：自 2009 年 1 月 1 日至 12 月 31 日，个人将购买不足 2 年的非普通住房对外销售的，全额征收营业税；个人将购买超过 2 年（含 2 年）的非普通住房或者不足 2 年的普通住房对外销售的，按照其销售收入减去购买房屋的价款后的差额征收营业税；个人将购买超过 2 年（含 2 年）的普通住房对外销售的，免征营业税。

8. 营业税减免条件再次由"2 年"转为"5 年"

为了遏制炒房现象，2009 年 12 月 9 日，国务院常务会议研究完善促进消费的若干政策措施中，将个人住房转让营业税征免时限从 2010 年 1 月 1 日起，由 2 年恢复到 5 年。国办发〔2008〕131 号文件中的四大税种的优惠措施，只有营业税优惠取消，契税、个人买卖印花税、个人转让出售的土地增值税还继续维持。政府调控房市采取了平稳的的步骤。

6.3.3　政策效果分析

分析这一时期国家对住宅房地产市场采取的税收政策，可以看出有如下特点：①通过恢复征收土地增值税和实施土地增值税清算政策来遏制房地产商通过分批、分期等各种手段囤积大量土地、惜售和囤积商品房行为；②通过营业税和个人所得税增加二手房交易的税收成本，在 2005 年以前，我国对个人住宅房地产实际上很少真正征税，或者说征的税种很少，比较规范的是在住宅房地产交易时征收印花税和契税。2005 年至今，逐步明确并实际开始对个人住宅房地产严格征收营业税和个人所得税，特别是营业税政策作为重要的调控手段被运用于不同时期，相关减免条件的时间规定变动频繁；③通过区别税收来调节不同类型住宅市场项目的发展，如契税，二手房营业税、城市维护建设税、教育费附加等的征收区别普通住房和非普通住房，所得税征收区分经济适用房和非经济适用房项目等；④通过城镇土地使用税的调整来缩小房地产保有期间内外资企业的税负差距，首次将外商投资企业和外国企业纳入城镇土地使用税的征税范围，减少了内外资企业之间的税负不公。

从税收政策对供给及需求的调控作用效果上看，土地增值税政策遏制了囤积土地和商品房的行为；区分普通住房和非普通住房实施契税和营业税优惠政策，对引导房地产开发商加大小面积、低价格的普通住房建设，限制大面积、低容积率的高档住房建设有一定作用；将个人购买住房营业税免征时间期限从 2 年提高到了 5 年的政策，对住宅市场的投资性需求，特别是以短期套利为目的的投机性需求有一定的遏制作用。但这一政策也抑制了住房租赁市场的供应，限制很大一部分次新房在市场当中的流通，许多在营业税征收范围内的业主肯定会暂缓出售房屋，将手中房屋转向租赁市场，造成了市场上住房存量供应的减少，从而促使二手房价格上升；对个人转让住宅征收个人所得税的政策，对住宅市场影响较大，这一政策对遏制二手房交易市场的投资和投机行为，效果十分明显，二手房市场交易数量明显减少。但是随之而来的是短期内带动二手房价格上涨，甚至带动新房和租赁市场价格上涨。从长期来看，由于我国房地产需求相对刚性，税负有可能被转嫁给购房者。

本轮国家宏观调控政策的目标之一就是抑制住宅房地产价格的过快增长，而从实践看，经过调控后，住宅市场上的商品房、二手房价格虽然在高位上有所回落，但其价格基本上还处于高价状态。2009 年 1—11 月，全国商品住宅成交均价达到 4 587 元/平方米，比 2008 均价上涨 28.56%，超过了 2004 年

19％的涨幅[①]，成为十年来房价的最大增幅。2004—2010 年 1 月我国房屋销售价格指数变动情况见图 6-1。

图 6-1　2004—2010 年 1 月我国房屋销售价格指数走势图

　　总体上说，这一轮税收调控政策有这样的基本特点：当房地产市场过热、房价上涨过快时，税收政策调控过严，调控力度过大，致使投资性、投机性购房立即退出，房市陷入低迷。此时，政府又怕影响经济增长目标实现，随即又放松税收政策，刺激投资投机性购房需求，由此又进入新一轮的房市过热和房价飞涨。

6.4　2010 年以来调控住宅市场供求的税收政策及效果

6.4.1　背景分析

　　上一轮的调整由于政策变化波动较大，调控效果不是很理想，因此，较之以前的调控手段，2010 年我国房地产市场经历了一次最为严厉的政策调控。1 月 10 日，国务院办公厅下发《关于促进房地产市场平稳健康发展的通知》(以下简称《通知》)，要求进一步加强和改善房地产市场调控，稳定市场预期，促进房地产市场平稳健康发展，《通知》中明确了调控的行动纲要，即增加保障性住房和普通商品住房有效供给，合理引导住房消费抑制投资投机性购房需求，

---

　　① 中国房产信息集团：《中国房地产年鉴 2009》市场篇，载《中国房地产市场研究》，2010。

加强风险防范和市场监管,加快推进保障性安居工程建设,落实地方各级人民政府责任,并针对性地提出了十一条措施(即"国十一条")。综合运用了土地、信贷、税收、行政监督等多种手段的调控蓝图,正式确定了 2010 年中国房地产政策的基调和架构。2010 年 1 月 13 日,央行发布消息,决定从 1 月 18 日起,上调存款类金融机构人民币存款准备金率 0.5 个百分点。这是自 2008 年 6 月以来,央行首次上调存款准备金率。为应对金融危机而实行的"适度宽松"货币政策开始逐步退出,并向收紧方向靠拢。2010 年 4 月,国务院又发出《关于坚决遏制部分城市房价过快上涨的通知》,提出十条措施(被称作"新国十条")。2010 年 9 月,为进一步贯彻落实国务院《关于坚决遏制部分城市房价过快上涨的通知》精神,国家有关部委分别出台措施("9·29 新政"),其主要内容包括以下几方面。一是房价过高、上涨过快、供应紧张的城市,要在一定时间内限定居民家庭购房套数。二是各商业银行暂停发放居民家庭购买第三套及以上住房贷款,对不能提供一年以上当地纳税证明或社会保险缴纳证明的非本地居民暂停发放购房贷款。对贷款购买商品住房,首付款比例调整到 30% 及以上;对贷款购买第二套住房的家庭,严格执行首付款比例不低于 50%、贷款利率不低于基准利率 1.1 倍的规定。三是调整住房交易环节的契税和个人所得税优惠政策。四是切实增加住房有效供给。各地要加大对 2010 年住房建设计划和用地供应计划实际完成情况的督察考核力度,切实落实中小户型普通商品住房和保障性住房建设计划和供地计划。五是加大住房交易市场检查力度,依法查处经纪机构炒买炒卖、哄抬房价、怂恿客户签订"阴阳合同"等行为。2010 年,从 1 月的"国十一条",至 4 月的"新国十条",再到"9·29 新政",全年三波调控,一波紧于一波,可见调控力度之大。2010 年一轮又一轮调控政策出台之后,抑制了部分需求的释放,绝大多数城市成交面积同比下降明显,但一、二线城市 20%~47% 的房价年度涨幅,依然无法达到起初"遏制部分城市房价过快上涨"的调控要求。

2011 年 1 月 26 日,国务院办公厅正式印发了《关于进一步做好房地产市场调控有关工作有关问题的通知》(有史以来最严厉的"国八条")。主要内容包括以下方面。一是进一步落实地方政府责任。二是加大保障性安居工程建设力度。各地要通过新建、改建、购买、长期租赁等方式,多渠道筹集保障性住房房源,逐步扩大住房保障制度覆盖面。三是调整完善相关税收政策,加强税收征管。四是强化差别化住房信贷政策。对贷款购买第二套住房的家庭,首付款比例不低于 60％，贷款利率不低于基准利率的 1.1 倍。五是各地要增加土地有效供应，落实保障性住房、棚户区改造住房和中小户型普通商品住房用地不低于住房建设用地供应总量的 70％ 的要求。六是原则上对已有 1 套住房的当地户籍居民家庭、能够提供当地一定年限纳税证明或社会保险缴纳证明的非当地户籍居民家庭，限购 1 套住房；对已拥有 2 套及以上住房的当地户籍居民家庭、拥有 1 套及以上住房的非当地户籍居民家庭、无法提供一定年限当地纳税证明或社会保险缴纳证明的非当地户籍居民家庭，暂停在本行政区域内向其售房。七是落实住房保障和稳定房价工作的约谈问责机制。八是坚持和强化舆论引导。1 月 27 日，国务院常务会议同意在上海、重庆市进行对个人住房征收房产税的试点。次日，两市正式开始了房产税试点。截至目前已有 36 个城市相继出台细则，共有 60 多个城市现已公布了地方房价调控目标。与此同时，自 2011 年 1 月 14 日至 5 月 18 日，中国人民银行五次上调存款准备金率，此次上调之后，中型金融机构存款准备金率达 21％ 的高位。中小金融机构存款准备金率为 17.5％。据估算，此次上调后，一次性冻结银行资金 3 700 多亿元。存款准备金率的调整，对房地产市场产生一定的影响。

6.4.2　实施的税收政策

1. 提出房地产财税政策的目标性要求

2010 年 1 月 7 日国务院办公厅发布《关于促进房地产市场平稳健康发展的通知》，提出加强和改善房地产市场调控的 11 条措施，4 月 17 日国务院又下发了被称为"新国十条"的房地产"新政"，关于房地产财税政策只是提出了"引导个人合理住房消费和调节个人房产收益"目标性要求。此时，全面详细的税收政策尚未出台。

2. 对公共租赁住房建设和运营实施税收优惠

2010 年 9 月 27 日财政部、国家税务总局发出《关于支持公共租赁住房建设和运营有关税收优惠政策的通知》。对公共租赁住房和运营的税收优惠主要包括：①对公租房建设用地及公租房建成后占地免征城镇土地使用税；②对公租房经营管理单位建造公租房涉及的印花税予以免征；③对公租房经营管理单位购买住房作为公租房，免征契税、印花税；④对企事业单位、社会团体以及其他组织转让旧房作为公租房房源，且增值额未超过扣除项目金额 20％ 的，免征土地增值税。

3. 调整契税和个人所得税政策

2010 年 9 月 29 日财政部、国家税务总局、住房和城乡建设部下发《关于调整房地产交易环节契税个人所得税优惠政策的通知》，决定从 2010 年 10 月 1 日起，对契税和个人所得税实施新的税收政策：①对个人购买普通住房，且该住房属于家庭（成员范围包括购房人、配偶以及未成年子女，下同）唯一住房的，减半征收契税，对个人购买 90 平方米及以下普通住房，且该住房属于家庭唯一住房的，减按 1％税率征收契税；②对出售自有住房并在 1 年内重新购房的纳税人不再减免个人所得税。

4. 加强对土地增值税管理

2010 年 5 月，国家税务总局颁发《国家税务总局关于土地增值税清算有关问题的通知》，对于土地增值税清算工作中有关问题做出明确规定：清算收入应以实际交易价格确定；质量保证金扣除以发票开具为依据；房地产开发费用扣除进一步细化；土地闲置费不得扣除；支付的契税可按规定扣除；拆迁安置用房视同销售；进一步明确转让旧房准予加计扣除期限问题；清算补缴不加收滞纳金等。当月，又发布了《国家税务总局关于加强土地增值税征管工作的通知》，调控原则主要有两项，一是预征率大幅上调；二是核定征收率大于 5％。且强调严禁在清算中出现"以核定为主、一核了之"、"求快图省"的做法。

5. 提出加强税收征管的要求

2011 年 1 月 26 日，国务院办公厅正式印发了《关于进一步做好房地产市场调控有关工作有关问题的通知》，从八个方面作出了明确规定（"国八条"）。在税收方面，提出了"调整完善相关税收政策，加强税收征管"的要求。

6. 调整了个人转让住房营业税政策

2011 年 1 月 27 日，财政部、国家税务总局发布了《关于调整个人住房转让营业税政策的通知》（财税〔2011〕12 号），对个人购买住房不足 5 年转手交易的，统一按其销售收入全额征税。这一政策与之前相比，不再区分普通住房还是非普通住房，不足 5 年转手交易的，均按销售收入全额征收营业税，其目的在于抑制房地产市场投资、投机行为。

7. 在上海和重庆开始房产税征收试点工作

2011 年 1 月 27 日，国务院常务会议同意在上海市和重庆市进行对个人住房征收房产税的试点。从 2011 年 1 月 28 日起在两市开始实施个人住房房产税改革试点，增加住房持有成本，适度均衡购买与持有环节的税收负担，引导居民树立合理住房消费观念。

8. 完善房地产相关税收政策

2011 年 5 月，国务院批转发展改革委《关于 2011 年深化经济体制改革重点工作意见的通知》中，明确提出完善房地产税收政策，深化保障房体系改革。

6.4.3　政策效果分析

在此次调控中，税收政策调控手段体现在：税收优惠向公共租赁住房建设和运营倾斜，通过城镇土地使用税、印花税、契税和土地增值税等税种鼓励公共租赁住房；调整了契税，对个人购买 90 平方米及以下普通住房给予一定税收照顾；规范了个人所得税；启动了房产税的试点工作，为下一步的房地产税改革创造条件；明确了对房地产市场加强税收征管的重要性。

从税收政策的调控效果看，2010 年以来的税收政策调控导向较为明确，由于进一步规范了与房地产相关的一些税种，加之各地税务机关加强了税收征管，房地产税收收入增长较快。据财政部税政司统计，2011 年全国房地产税收总额达到 8 222.71 亿元①，同比增长 26%；占全国税收总额的 9.2%。由于对个人购买 90 平方米以下住宅给予契税优惠，间接地促使开发商增加了 90 平方米以下住宅的投资，2010 年当年，我国 90 平方米以下住宅投资 10 665 亿元，比上年增长 27.4%。同时，由于对出售自有住房并在 1 年内重新购房的纳税人不再减免个人所得税，因此，在一定程度上打击了投机性购房行为。

实际上，2010 年以来，我国房价上涨压力和房地产调控难度前所未有。2010 年以来，国家出台的包括税收政策在内的各种"组合拳"政策，一定程度上还是要巩固之前的调控效果，抑制部分城市房价的过快上涨。国务院先后三次部署调控工作以及税收政策的进一步完善，房地产市场出现了积极变化。从需求端看，投资(投机)性购房得到明显抑制，部分购房者推迟了购房计划，打算"由买转租"。从供应端看，北京、上海等城市挂牌出售或出租住房的业主开始增多，也出现了个别房主挂牌出售多套住房的现象。而且，房价同比涨幅得到回落，根据国家统计局 2011 年 4 月对 70 个大中城市新建商品住宅价格的统计，与 3 月份相比，70 个大中城市中，价格下降的城市有 9 个，持平的城市有 5 个。4 月份环比价格涨幅均小于 1.0%，涨幅比 3 月份缩小的城市有 26

---

① 房地产税收总额由房产税、城镇土地使用税、契税、土地增值税和耕地占用税 5 个税种的收入构成。

个。与 2009 年 4 月份相比，70 个大中城市中，价格下降的城市有 3 个，比 3 月份增加了 1 个；价格涨幅回落的城市有 52 个，比 3 月份增加了 6 个。4 月份，同比价格涨幅在 5.0% 以内的城市有 29 个，比 3 月份增加了 3 个。二手住宅价格变动与 3 月份相比，70 个大中城市中，价格下降的城市有 16 个，持平的城市有 13 个。与 3 月份相比，4 月份环比价格下降和持平的城市增加了 3 个。环比价格涨幅均未超过 1.0%。与 2009 年同月相比，70 个大中城市中，价格下降的城市有 8 个，比 3 月份增加了 3 个；价格涨幅回落的城市有 45 个，与 3 月份持平。4 月份，同比价格涨幅在 5.0% 以内的城市有 43 个，比 3 月份增加了 2 个①。与此同时，受调控政策的影响，刚需购房者逐渐出现观望心理，交易量增幅开始下降，与房地产相关的营业税、契税和增值税等税收收入也开始减少。根据财政部《2011 年税收收入增长的结构性分析》，可以发现，当年我国与房地产相关的税种增速明显回落，其中土地增值税和契税同比分别增长 61.3% 和 12.1%，比 2010 年同期增速分别回落 16.3 和 30 个百分点。根据中原地产统计的数据显示，2011 年 1—11 月，全国 130 座城市的土地出让金收入合计为 1.18 万亿元，与去年同期相比减少 5 200 亿元，降幅达 30.5%②。不过，尽管上海和重庆两市已开始了房产税试点，但试点方案尚存有种种的重要缺陷，甚至尚有许多重大的难题有待突破，所以其前景并不十分明朗。

6.5 房地产税收政策在调控住宅市场供求方面的缺陷

6.5.1 有关住宅房地产税收调控政策汇总分析

上述对各个不同时期调控住宅市场的房地产税收政策的分析，主要选择了一些影响力比较大的内容。为了更加全面地了解我国在住宅房地产方面实施过的税收调控政策，这里通过表 6-1 将 2000 年以来由不同部门颁发的文件及政策内容进一步加以总结归纳。

---

① 中国经济网统计数据库：《4 月份 70 个大中城市住宅销售价格变动情况》，载中国经济网，2011-05-18。

② 苗野：《全国房产税收增幅回落，地方财路双降》，载《中国房地产》，2011-12-12。

表 6-1　2000 年以来有关住宅房地产税收调控政策汇总分析

序号	发布时间与发布单位	文件名称及编号	主要内容
1	2000-03-08 国家税务总局	《关于外商投资企业征收城市房地产税若干问题的通知》 国税发〔2000〕44 号	为鼓励利用地下人防设施，对外商投资企业利用人防工程中的房屋进行经营活动的，暂不征收房产税；外商投资企业将房屋内的柜台出租给其他经营者等并收取租金的，应按租金计征城市房地产税；对外籍个人购置的非营业用房产，可比照《房产税暂行条例》的有关规定，暂免征城市房地产税。
2	2000-12-07 财政部、国家税务总局	《关于调整住房租赁市场税收政策的通知》 财税〔2000〕125 号	为配合国家住房制度改革，支持住房租赁市场的健康发展，对按政府规定价格出租的公有住房和廉租住房，暂免征收房产税、营业税；对个人按市场价格出租的居民住房，其应缴纳的营业税暂减按 3％的税率征收，房产税暂减按 4％的税率征收；对个人出租房屋取得的所得暂减按 10％的税率征收个人所得税。
3	2001-04-19 财政部、国家税务总局	《关于对消化空置商品房有关税费政策的通知》 财税〔2001〕44 号	为加快消化积压空置商品房，促进房地产市场的健康发展，对 1998 年 6 月 30 日以前建成尚未售出的商品住房免征营业税、契税的优惠政策，延期执行 2 年，即延长至 2002 年 12 月 31 日止；对纳税人销售 1998 年 6 月 30 日以前建成的商业用房、写字楼、住房（不含别墅度假村等高消费性的空置商品房），免予征收各种行政事业性收费。

119

序号	发布时间与发布单位	文件名称及编号	主要内容
4	2001-12-20 国家税务总局	《关于外商投资房地产开发经营企业所得税管理问题的通知》 国税发〔2001〕142号 失效	对企业从事房地产经营业务的应纳税所得额确定方法、企业预售房地产取得的预收款所得税征收问题、房地产销售收入的确定、企业销售房地产所发生相应成本费用的确定、企业发生的绿化和道路等配套设施费的处理、企业以租赁方式取得房租收入的应纳税额计算、境外企业与企业签订房屋包销协议企业所得税的缴纳等问题作了明确规定。
5	2002-02-25 建设部	《关于规范房地产开发企业开发建设行为的通知》 建住房〔2002〕44号	通知明确了房地产开发项目管理、重要设备和材料等采购招标、房地产开发企业工程发包、开发项目监理、房地产开发企业工程质量监督手续的办理、房地产开发项目经竣工验收合格后向建设行政主管部门备案等问题。
6	2002-08-26 建设部、国家计委、财政部、国土资源部、中国人民银行、国家税务总局	《关于加强房地产市场宏观调控促进房地产市场健康发展的若干意见》 建住房〔2002〕217号	意见要求：充分发挥政府职能，加强房地产市场宏观调控；强化土地供应管理，严格控制土地供应总量；充分发挥城市规划职能，规范建设用地管理，促进土地的合理使用；严格控制自有资金不足、行为不规范的房地产开发企业新开工项目；大力发展经济适用住房，调整房地产市场供应结构；加快落实住房补贴，提高职工购房的支付能力；充分发挥金融对房地产市场的调控作用；继续加大对住房建设和消费环节不合理收费的清理力度；加强房屋拆迁管理，维护社会稳定等。

序号	发布时间与发布单位	文件名称及编号	主要内容
7	2003-01-15 财政部、国家税务总局	《关于营业税若干政策问题的通知》财税〔2003〕16 号	通知规定：对转让已完成土地前期开发或正在进行土地前期开发，但尚未进入施工阶段的在建项目，按"转让土地使用权"项目征收营业税；对转让已进入建筑物施工阶段的在建项目，按"销售不动产"税目征收营业税；销售不动产发生退款，凡该项退款已征收过营业税的，允许退还已征税款，也可以从纳税人以后的营业额中减除，销售不动产时，如果将价款与折扣额在同一张发票上注明的，以折扣后的价款为营业额；销售不动产时，因受让方违约而从受让方取得的赔偿金收入，应并入营业额中征收营业税；单位和个人销售或转让其购置的不动产或受让的土地使用权，以全部收入减去不动产或土地使用权的购置或受让原价后的余额为营业额；单位和个人销售或转让抵债所得的不动产、土地使用权的，以全部收入减去抵债时该项不动产或土地使用权作价后的余额为营业额。
8	2003-05-28 财政部、国家税务总局	《关于非产权人重新购房征免个人所得税问题的批复》财税〔2003〕123 号	个人现有自有住房房产证登记的产权人为 1 人，在出售后 1 年内又以产权人配偶名义或产权人夫妻双方名义按市场价重新购房的，产权人出售住房所得应缴纳的个人所得税，可以全部或部分予以免税；以其他人名义按市场价重新购房的，产权人出售住房所得应缴纳的个人所得税，不予免税。

序号	发布时间与发布单位	文件名称及编号	主要内容
9	2003-07-09 国家税务总局	《关于房地产开发有关企业所得税问题的通知》国税发〔2003〕83 号	为了加强房地产开发企业所得税的征收管理,规范房地产开发企业的纳税行为,通知对开发产品销售收入确认问题、开发产品预售收入确认问题、开发产品视同销售行为的收入确认问题、代建工程和提供劳务的收入确认问题以及成本和费用的扣除问题等做出了明确规定。
10	2003-07-15 国家税务总局	《关于房产税、城镇土地使用税有关政策规定的通知》国税发〔2003〕89 号	对房地产开发企业建造的商品房,在售出前,不征收房产税;但对售出前房地产开发企业已使用或出租、出借的商品房应按规定征收房产税;对购置新建商品房、购置存量房、出租出借房产等不同情形的房产税、城镇土地使用税的纳税义务发生时间做了明确规定(其中,有关城镇土地使用税纳税义务发生时间的规定废止)。
11	2004-08-05 国家税务总局	《关于进一步加强城镇土地使用税和土地增值税征收管理工作的通知》国税发〔2004〕100 号	为配合国家开展土地市场的治理整顿,发挥税收的调节作用,要重视和加强城镇土地使用税和土地增值税的征收工作;要严格按照减免税的管理权限和减免税审批程序办事;充分运用城镇土地使用税税源数据库更新后的数据资料,及时、合理地调整土地等级,适当提高单位税额;要进一步建立健全土地增值税的税源登记和纳税申报制度;要加强城镇土地使用税和土地增值税政策执行情况的调研。

序号	发布时间与发布单位	文件名称及编号	主要内容
12	2004-08-19 财政部、国家税务总局	《关于调整房产税有关减免税政策的通知》财税〔2004〕140号	对《财政部、税务总局关于房产税若干具体问题的解释和暂行规定》(〔1986〕财税地字第8号)的部分内容作适当修改，即废止关于对微利企业和亏损企业的房产"可由地方根据实际情况在一定期限内暂免征收房产税"和"企业停产、撤销后，对它们原有的房产闲置不用的，经省、自治区、直辖市税务局批准可暂不征收房产税"的规定。
13	2004-10-25 财政部、国家税务总局	《关于调整城镇土地使用税有关减免税政策的通知》财税〔2004〕180号	对《国家税务局关于印发〈关于土地使用税若干具体问题的补充规定〉的通知》(〔1989〕国税地字第140号)的部分内容做适当修改。即取消《关于土地使用税若干具体问题的补充规定》中"企业关闭、撤销后，其占地未作他用的，经过省、自治区、直辖市税务局批准，可暂免征收土地使用税"的规定。
14	2005-03-26 国务院办公厅	《关于切实稳定住房价格的通知》国办发明电〔2005〕8号	要综合采取土地、财税、金融等相关政策措施，利用舆论工具和法律手段，正确引导居民住房消费，控制不合理需求，要在继续支持城镇居民改善住房条件的基础上，整顿房地产市场秩序，加大控制投资性购房需求的力度；国务院有关部门已经出台了土地、金融、财税等一系列政策措施，各地区要认真贯彻落实国家调控住房供求的各项政策，尽快制订具体落实方案并组织实施。

序号	发布时间与发布单位	文件名称及编号	主要内容
15	2005-05-09 国务院办公厅	《国务院办公厅转发建设部等部门关于做好稳定住房价格工作意见的通知》 国办发〔2005〕26号	通知中涉及税收政策内容主要包括：调整住房转让环节营业税政策，严格税收征管；充分运用税收等经济手段调节房地产市场，加大对投机性和投资性购房等房地产交易行为的调控力度。自2005年6月1日起，对个人购买住房不足2年转手交易的，销售时按其取得的售房收入全额征收营业税；个人购买普通住房超过2年（含2年）转手交易的，销售时免征营业税；对个人购买非普通住房超过2年（含2年）转手交易的，销售时按其售房收入减去购买房屋的价款后的差额征收营业税。各地要严格界定现行有关住房税收优惠政策的适用范围，加强税收征收管理。对不符合享受优惠政策标准的住房，一律不得给予税收优惠。
16	2005-05-18 国家税务总局	《关于进一步加强房地产税收管理的通知》 国税发〔2005〕82号	为了提高房地产税收管理科学化、精细化水平，进一步发挥税收的调控职能，促进房地产业的健康发展，通知提出了房地产税收一体化管理的总体目标和要求；要求契税征收机关要会同房地产管理部门，严格执行"先税后证"的有关规定；充分利用契税征管信息，加强房地产各环节的税收管理；对转让或承受房地产应缴纳的税收，应简化办税程序；逐步建立房地产税源信息数据库，通过信息比对堵塞税收漏洞。

续表

序号	发布时间与 发布单位	文件名称及编号	主要内容
17	2005-05-27 国家税务总局、 财政部、建设部	《关于加强房地产税收 管理的通知》 国税发〔2005〕89 号	为进一步加强房地产税收征管，促进房地产市场的健康发展，对个人将购买不足 2 年的住房对外销售的，全额征收营业税；将购买超过 2 年（含 2 年）的普通住房对外销售，应持该相关材料，向地方税务部门申请办理免征营业税手续；对个人购买的非普通住房超过 2 年（含 2 年）对外销售的，在向地方税务部门申请按其售房收入减去购买房屋价款后的差额缴纳营业税时，需提供购买房屋时取得的税务部门监制的发票作为差额征税的扣除凭证。
18	2005-07-01 国家税务总局、 财政部、国土 资源部	《关于加强土地税收管 理的通知》 国税发〔2005〕111 号	进一步强化城镇土地使用税、土地增值税、契税和耕地占用税的管理。各级国土资源管理部门在办理土地使用权权属登记时，应按照《契税暂行条例》、《土地增值税暂行条例》的规定，在纳税人出具完税（或减免税）凭证后，再办理土地登记手续；对于未出具完税（或减免税）凭证的，不予办理相关的手续。
19	2005-10-07 国家税务总局	《关于实施房地产税收 一体化管理若干具体 问题的通知》 国税发〔2005〕156 号	对存量房交易环节所涉及的税收要实行"一窗式"征收；在契税纳税申报环节，应要求纳税人报送销售不动产发票；对于存量房交易环节所涉及的营业税及城市维护建设税和教育费附加、个人所得税、土地增值税、印花税、契税等税种，要依法征收，不得以任何理由和借口，对税法及相关税收政策进行变通和调整。

序号	发布时间与发布单位	文件名称及编号	主要内容
20	2005-12-23 财政部、国家税务总局	《关于具备房屋功能的地下建筑征收房产税的通知》财税〔2005〕181号	为了统一税收政策，规范税收管理，通知规定：具备房屋功能的地下建筑，包括与地上房屋相连的地下建筑以及完全建在地面以下的建筑、地下人防设施等，应当依照有关规定征收房产税；自用的地下建筑，按通知规定方式计税；出租的地下建筑，按照出租地上房屋建筑的有关规定计算征收房产税。
21	2006-03-02 财政部、国家税务总局	《关于土地增值税若干问题的通知》财税〔2006〕21号	对纳税人建造普通标准住宅出售和居民个人转让普通住宅的征免税问题、转让旧房准予扣除项目的计算问题、土地增值税的预征和清算问题、因城市实施规划和国家建设需要而搬迁、纳税人自行转让房地产的征免税问题以及以房地产进行投资或联营的征免税问题等进行了明确和规范。
22	2006-03-06 国家税务总局	《关于房地产开发业务征收企业所得税问题的通知》国税发〔2006〕31号 失效	为了加强和规范房地产开发企业的企业所得税征收管理，对未完工开发产品、完工开发产品、开发产品预租收入、合作建造开发产品、以土地使用权投资开发项目、开发产品视同销售行为、代建工程和提供劳务、开发产品成本和费用扣除、征收管理以及适用减免税政策等税务处理问题进行了规范。

序号	发布时间与发布单位	文件名称及编号	主要内容
23	2006-05-17 国务院	《国务院常务会议关于促进房地产业健康发展的措施》	进一步发挥税收、信贷、土地政策的调节作用。严格执行住房开发、销售有关政策，完善住房转让环节税收政策，有区别地适度调整信贷政策，引导和调节住房需求。科学确定房地产开发土地供应规模，加强土地使用监管，制止囤积土地行为。
24	2006-05-24 国务院办公厅	《国务院办公厅转发建设部等部门关于调整住房供应结构稳定住房价格意见的通知》国办发〔2006〕37 号	为切实解决当前房地产市场存在的问题，进一步发挥税收政策的调节作用，调整住房转让环节营业税。为进一步抑制投机和投资性购房需求，从 2006 年 6 月 1 日起，对购买住房不足 5 年转手交易的，销售时按其取得的售房收入全额征收营业税；个人购买普通住房超过 5 年(含 5 年)转手交易的，销售时免征营业税；个人购买非普通住房超过 5 年(含 5 年)转手交易的，销售时按其售房收入减去购买房屋的价款后的差额征收营业税。
25	2006-05-30 国家税务总局	《关于加强住房营业税征收管理有关问题的通知》国税发〔2006〕74 号失效	通知要求：各级地方税务部门要严格执行调整后的个人住房营业税税收政策，对不符合规定条件的个人对外销售住房，不得减免营业税。对擅自变通政策、违反规定对不符合规定条件的个人住房给予税收优惠，要追究当事人责任。各省级地方税务部门要加强部门配合，积极参与本地区房地产市场分析监测工作，密切关注营业税税收政策调整后的政策执行效果，加强营业税政策调整对本地区房地产市场产生影响的分析评估工作。

序号	发布时间与发布单位	文件名称及编号	主要内容
26	2006-06-16 财政部、国家税务总局	《关于调整房地产营业税有关政策的通知》财税〔2006〕75号 失效	个人将购买不足5年的住房对外销售的,全额征收营业税;个人将购买超过5年(含5年)的普通住房对外销售的,免征营业税;个人将购买超过5年(含5年)的非普通住房对外销售的,按其销售收入减去购买房屋的价款后的余额征收营业税。普通住房及非普通住房的标准、办理免税的具体程序、购买房屋的时间、开具发票、差额征税扣除凭证、非购买形式取得住房行为及其他相关税收管理规定,按照通知中的相关规定执行。
27	2006-07-18 国家税务总局	《关于个人住房转让所得征收个人所得税有关问题的通知》国税发〔2006〕103号	对住房转让所得征收个人所得税时,以实际成交价格为转让收入;对转让住房收入计算个人所得税应纳税所得额时,纳税人可凭原购房合同、发票等有效凭证,经税务机关审核后,允许从其转让收入中减除房屋原值、转让住房过程中缴纳的税金及有关合理费用;纳税人未提供完整、准确的房屋原值凭证,不能正确计算房屋原值和应纳税额的,税务机关可根据《税收征收管理法》的相关规定,对其实行核定征税,即按纳税人住房转让收入的一定比例核定应纳个人所得税额。

序号	发布时间与发布单位	文件名称及编号	主要内容
28	2006-09-14 国家税务总局	《关于加强房地产交易个人无偿赠与不动产税收管理有关问题通知》国税发〔2006〕144 号	为加强房地产交易中个人无偿赠与不动产行为的税收管理，个人向他人无偿赠与不动产，包括继承、遗产处分及其他无偿赠与不动产等，在办理营业税免税申请手续时，应区分不同情况向税务机关提交相关证明材料；个人无偿赠与不动产行为，应对受赠人全额征收契税；受赠人取得赠与人无偿赠与的不动产后，再次转让该项不动产的，以财产转让收入减除受赠、转让住房过程中缴纳的税金及有关合理费用后的余额为应纳税所得额，按20％的适用税率计算缴纳个人所得税（已失效）。
29	2006-12-25 财政部、国家税务总局	《关于房产税、城镇土地使用税有关政策的通知》财税〔2006〕186 号	对居民住宅区内业主共有的经营性房产，由实际经营的代管人或使用人缴纳房产税；以出让或转让方式有偿取得土地使用权的，应由受让方从合同约定交付土地时间的次月起缴纳城镇土地使用税，合同未约定交付土地时间的，由受让方从合同签订的次月起缴纳城镇土地使用税；经营采摘、观光农业的单位和个人，其直接用于采摘、观光的种植、养殖、饲养的土地，免征城镇土地使用税；利用林场土地兴建度假村等休闲娱乐场所的，其经营、办公和生活用地，应按规定征收城镇土地使用税。

序号	发布时间与 发布单位	文件名称及编号	主要内容
30	2006-12-28 国家税务总局	《关于房地产开发企业土地增值税清算管理有关问题的通知》 国税发〔2006〕187号	为进一步加强房地产开发企业土地增值税清算管理工作，对土地增值税的清算条件、非直接销售和自用房地产的收入确定、土地增值税的扣除项目、土地增值税清算应报送的资料、土地增值税清算项目的审核鉴证、土地增值税的核定征收以及清算后再转让房地产的处理等问题做出了相关规定。
31	2006-12-31 国务院	《关于修改〈中华人民共和国城镇土地使用税暂行条例〉的决定》 国务院令第483号	调整纳税人范围，将外商投资企业和外国企业及外籍个人纳入城镇土地使用税的征税范围；提高城镇土地使用税税额标准，最高到30元/平方米
32	2007-11-20 国家税务总局	《关于个人取得房屋拍卖收入征收个人所得税问题的批复》 国税函〔2007〕1145号	个人通过拍卖市场取得的房屋拍卖收入在计征个人所得税时，其房屋原值应按照纳税人提供的合法、完整、准确的凭证予以扣除；不能提供完整、准确的房屋原值凭证，不能正确计算房屋原值和应纳税额的，统一按转让收入全额的3%计算缴纳个人所得税。
33	2007-12-01 国务院	《中华人民共和国耕地占用税暂行条例》 国务院令第511号	提高耕地占用税的税额标准，最高到50元/平方米；统一了内、外资企业耕地占用税税收负担；从严规定了减免税项目；加强了征收管理，明确了耕地占用税的征收管理适用《税收征收管理法》。

序号	发布时间与发布单位	文件名称及编号	主要内容
34	2007-12-28 财政部、国家税务总局	《关于耕地占用税平均税额和纳税义务发生时间问题的通知》财税〔2007〕176号	对各省、自治区、直辖市耕地占用税每平方米平均税额作出明确规定，各地依据耕地占用税暂行条例和本通知规定，经省级人民政府批准，确定县级行政区占用耕地的适用税额；经批准占用耕地的，耕地占用税纳税义务发生时间为纳税人收到土地管理部门办理占用农用地手续通知的当天，未经批准占用耕地的，纳税义务发生时间为实际占用耕地的当天。
35	2008-01-23 国家税务总局、财政部、国土资源部	《关于进一步加强土地税收管理工作的通知》国税发〔2008〕14号	为了进一步发挥部门协作与齐抓共管的优势，对如何开展土地占用情况和土地税收缴纳情况的清查工作，如何加强部门间的信息交换与共享以及如何开展协同控管工作作出明确规定。
36	2008-02-26 财政部、国家税务总局	《中华人民共和国耕地占用税暂行条例实施细则》财政部、国家税务总局令第49号	实施细则明确了耕地占用税纳税人、征税范围、减免税以及纳税义务发生时间等。
37	2008-03-03 财政部、国家税务总局	《关于廉租住房、经济适用住房和住房租赁有关税收政策的通知》财税〔2008〕24号	对廉租住房、经济适用住房管理单位及符合文件规定条件的，给予营业税、房产税、城镇土地使用税、契税等优惠；对个人出租住房取得的所得减按10％的税率征收个人所得税；对个人出租住房，不区分用途，在3％税率的基础上减半征收营业税，按4％的税率征收房产税，免征城镇土地使用税。

131

序号	发布时间与发布单位	文件名称及编号	主要内容
38	2008-04-07 国家税务总局	《关于房地产开发企业所得税预缴问题的通知》 国税函〔2008〕299号	通知规定：省、自治区、直辖市和计划单列市地区的住宅（非经济适用房）的预售收入按照预计利润率不低于20%，地级市、地区、盟、州城区及郊区的，不低于15%，其他地区不低于10%的标准预缴企业所得税（已失效）。预缴所得税标准有所提高，预缴周期提前。
39	2008-04-08 国家税务总局	《关于应用评税技术核定房地产交易计税价格的意见》 国税函〔2008〕309号	为深化房地产税收一体化管理工作，进一步提高计税价格管理水平，意见明确：按照房地产评税原理，在测算房地产基准价格和价格影响因素修正系数的工作基础上，开发计税价格核定模块，建立房地产交易计税价格核定应用功能，并将其应用到实际征管工作中核定计税价格，用核定结果与纳税人申报价格相比较，按照孰高原则确定计税价格，征收交易环节各项税收。
40	2008-06-10 财政部、国家税务总局	《关于企业为个人购买房屋或其他财产征收个人所得税问题的批复》 财税〔2008〕83号	企业出资购买房屋及其他财产，将所有权登记为投资者个人、投资者家庭成员或企业其他人员的，企业投资者个人、投资者家庭成员或企业其他人员向企业借款用于购买房屋及其他财产，将所有权登记为投资者、投资者家庭成员或企业其他人员，且借款年度终了后未归还借款的，均应依法计征个人所得税。

序号	发布时间与发布单位	文件名称及编号	主要内容
41	2008-10-22 财政部、国家税务总局	《关于调整房地产交易环节税收政策的通知》财税〔2008〕137 号	为适当减轻个人住房交易的税收负担，支持居民首次购买普通住房，对个人首次购买 90 平方米及以下普通住房的，契税税率暂统一下调到 1%（已失效）；对个人销售或购买住房暂免征收印花税；对个人销售住房暂免征收土地增值税。
42	2008-12-20 国务院办公厅	《关于促进房地产市场健康发展的若干意见》国办发〔2008〕131 号	对住房转让环节营业税暂定一年实行减免政策。个人购买普通住房超过 2 年（含 2 年）转让免征营业税；不足 2 年转让的，按其转让收入减去购买住房原价的差额征收营业税。个人购买非普通住房超过 2 年（含 2 年）转让按其转让收入减去购买住房原价的差额征收营业税；个人购买非普通住房不足 2 年转让的，按其转让收入全额征收营业税。
43	2008-12-28 财政部、国家税务总局	《关于房产税城镇土地使用税有关问题的通知》财税〔2008〕152 号	明确了房产原值确定方法；规定了公园、名胜古迹内的索道公司经营用地，应按规定缴纳城镇土地使用税；确定了房产税、城镇土地使用税纳税义务截止时间。

序号	发布时间与发布单位	文件名称及编号	主要内容
44	2008-12-29 财政部、国家税务总局	《关于个人住房转让营业税政策的通知》 财税〔2008〕174号 失效	为进一步鼓励普通商品住房消费，促进房地产市场健康发展，自2009年1月1日至12月31日，个人将购买不足2年的非普通住房对外销售的，全额征收营业税；个人将购买超过2年（含2年）的非普通住房或者不足2年的普通住房对外销售的，按照其销售收入减去购买房屋的价款后的差额征收营业税；个人将购买超过2年（含2年）的普通住房对外销售的，免征营业税。
45	2009-01-06 国家税务总局	《关于做好外资企业及外籍个人房产税征管工作的通知》 国税函〔2009〕6号	通知规定，要完善房产税的税源管理，通过各种方式获取纳税人，特别是外资企业及外籍个人的房产税税源信息，及时更新税源数据库；要开展专门的税源调查，全面掌握房产税税源的总体状况和分布情况，有针对性地提出加强管理的工作措施；要完善房产税的征管办法和工作流程，创新征管手段，切实提高管理质量和效率；要健全和细化房产税的减免税管理办法，严格减免税的审批。

序号	发布时间与发布单位	文件名称及编号	主要内容
46	2009-01-12 财政部、国家税务总局	《关于对外资企业及外籍个人征收房产税有关问题的通知》 财税〔2009〕3 号	为做好外资企业及外籍个人房产税征收工作，自 2009 年 1 月 1 日起，对外资企业及外籍个人的房产征收房产税，在征税范围、计税依据、税率、税收优惠、征收管理等方面按照《房产税暂行条例》及有关规定执行；以人民币以外的货币为记账本位币的外资企业及外籍个人在缴纳房产税时，均应将其根据记账本位币计算的税款按照缴款上月最后一日的人民币汇率中间价折合成人民币。
47	2009-05-12 国家税务总局	《关于印发〈土地增值税清算管理规程〉的通知》 国税发〔2009〕91 号	为了加强土地增值税征收管理，规范土地增值税清算工作，根据《税收征收管理法》及其实施细则、《土地增值税暂行条例》及其实施细则等规定，结合房地产开发经营业务的特点，对房地产开发项目土地增值税清算工作进行了规范。
48	2009-05-19 国务院	《国务院批转发展改革委关于 2009 年深化经济体制改革工作意见的通知》 国发〔2009〕26 号	要加快推进财税体制改革，建立有利于科学发展的财税体制。其中财政部、税务总局、发改委、住房城乡建设部负责深化房地产税制改革，研究开征物业税。

序号	发布时间与发布单位	文件名称及编号	主要内容
49	2009-05-25 财政部、国家税务总局	《关于个人无偿受赠房屋有关个人所得税问题的通知》 财税〔2009〕78号	为了加强个人所得税征管，堵塞税收漏洞，对房屋产权无偿赠与，当事双方无须缴纳个人所得税的条件进行了具体规范；明确不符合条件的房屋产权赠与，受赠人因无偿受赠房屋取得的受赠所得，按照"其他所得"项目，适用20%税率缴纳个人所得税。
50	2009-10-27 国家税务总局	《关于明确国有土地使用权出让契税计税依据的批复》 国税函〔2009〕603号	出让国有土地使用权，契税计税价格为承受人为取得该土地使用权而支付的全部经济利益。对通过"招、拍、挂"程序承受国有土地使用权的，应按照土地成交总价款计征契税，其中的土地前期开发成本不得扣除。
51	2009-11-18 国家税务总局	《关于个人转租房屋取得收入征收个人所得税问题的通知》 国税函〔2009〕639号	个人将承租房屋转租取得的租金收入，按"财产租赁所得"项目计算缴纳个人所得税；取得转租收入的个人向房屋出租方支付的租金，凭房屋租赁合同和合法支付凭据允许从该项转租收入中扣除；有关税前扣除税费的扣除次序调整为：①财产租赁过程中缴纳的税费；②向出租方支付的租金；③由纳税人负担的租赁财产实际开支的修缮费用；④税法规定的费用扣除标准。

序号	发布时间与发布单位	文件名称及编号	主要内容
52	2009-11-22 财政部、国家税务总局	《关于房产税、城镇土地使用税有关问题的通知》 财税〔2009〕128号	为完善房产税、城镇土地使用税政策，堵塞税收征管漏洞，通知对无租使用其他单位房产、出典房产、融资租赁房产涉及的房产税问题以及地下建筑用地涉及城镇土地使用税问题做出了相关规定。
53	2009-12-22 财政部、国家税务总局	《关于调整个人住房转让营业税政策的通知》 财税〔2009〕157号 失效	为了促进房地产市场健康发展，自2010年1月1日起，个人将购买不足5年的非普通住房对外销售的，全额征收营业税；个人将购买超过5年（含5年）的非普通住房或者不足5年的普通住房对外销售的，按照其销售收入减去购买房屋的价款后的差额征收营业税；个人将购买超过5年（含5年）的普通住房对外销售的，免征营业税。
54	2010-03-09 财政部、国家税务总局	《关于首次购买普通住房有关契税政策的通知》 财税〔2010〕13号	对两个或两个以上个人共同购买90平方米及以下普通住房，其中一人或多人已有购房记录的，该套房产的共同购买人均不适用首次购买普通住房的契税优惠政策。

序号	发布时间与发布单位	文件名称及编号	主要内容
55	2010-04-17 国务院	《关于坚决遏制部分城市房价过快上涨的通知》国发〔2010〕10号	为坚决遏制部分城市房价过快上涨，切实解决城镇居民住房问题，通知规定：发挥税收政策对住房消费和房地产收益的调节作用。财政部、税务总局要加快研究制定引导个人合理住房消费和调节个人房产收益的税收政策。税务部门要严格按照税法和有关政策规定，认真做好土地增值税的征收管理工作，对定价过高、涨幅过快的房地产开发项目进行重点清算和稽查。
56	2010-05-04 财政部、国家税务总局	《关于城市和国有工矿棚户区改造项目有关税收优惠政策的通知》财税〔2010〕42号	对改造安置住房建设用地免征城镇土地使用税；企事业单位、社会团体以及其他组织转让旧房作为改造安置住房房源且增值额未超过扣除项目金额20%的，免征土地增值税；对经营管理单位回购已分配的改造安置住房继续作为改造安置房源的，免征契税；个人首次购买90平方米以下改造安置住房，按1%的税率计征契税；购买超过90平方米，但符合普通住房标准的改造安置的住房，按法定税率减半计征契税；个人取得的拆迁补偿款及因拆迁重新购置安置住房，按有关规定享受个人所得税和契税减免。

序号	发布时间与发布单位	文件名称及编号	主要内容
57	2010-05-12 国家税务总局	《关于房地产开发企业开发产品完工条件确认问题的通知》 国税函〔2010〕201号	房地产开发企业建造、开发的开发产品,无论工程质量是否通过验收,或是否办理完工(竣工)备案手续以及会计决算手续,当企业开始办理开发产品交付手续(包括入住手续),或已开始实际投入使用时,为开发产品开始投入使用,应视为开发产品已经完工。房地产开发企业应按规定及时结算开发产品计税成本,并计算企业当年度应纳税所得额。
58	2010-05-19 国家税务总局	《关于土地增值税清算有关问题的通知》 国税函〔2010〕220号	为了进一步做好土地增值税清算工作,通知对土地增值税清算时收入确认问题、房地产开发企业未支付的质量保证金,其扣除项目金额的确定问题、房地产开发费用的扣除问题、房地产企业逾期开发缴纳的土地闲置费的扣除问题、房地产开发企业取得土地使用权时支付的契税的扣除问题、拆迁安置土地增值税计算问题、转让旧房准予扣除项目的加计问题以及土地增值税清算后应补缴的土地增值税加收滞纳金问题等做了相关规定。

序号	发布时间与发布单位	文件名称及编号	主要内容
59	2010-05-31 国家税务总局	《国家税务总局关于进一步加强高收入者个人所得税征收管理的通知》 国税发〔2010〕54号	为强化税收征管，充分发挥税收在收入分配中的调节作用，应加强房屋转让所得征收管理。要切实按照《国家税务总局关于个人住房转让所得个人所得税有关问题的通知》(国税发〔2006〕108号)、《国家税务总局关于个人转让房屋有关税收征管问题的通知》(国税发〔2007〕33号)等相关文件规定，继续做好房屋转让所得征收个人所得税管理工作。
60	2010-09-27 财政部、国家税务总局	《关于支持公共租赁住房建设和运营有关税收优惠政策的通知》 财税〔2010〕88号	对公租房建设用地及公租房建成后占地免征城镇土地使用税；对公租房经营管理单位建造公租房涉及的印花税予以免征；对公租房经营管理单位购买住房作为公租房，免征契税、印花税；对公租房租赁双方签订租赁协议涉及的印花税予以免征；企事业单位、社会团体以及其他组织捐赠住房作为公租房，符合税收法律、法规规定的，捐赠支出在年度利润总额12%以内的部分，准予在计算应纳税所得额时扣除；对企事业单位、社会团体以及其他组织转让旧房作为公租房房源，且增值额未超过扣除项目金额20%的，免征土地增值税；对经营公租房所取得的租金收入，免征营业税、房产税。

续表

序号	发布时间与发布单位	文件名称及编号	主要内容
61	2010-09-29 财政部、国家税务总局、住房和城乡建设部	《关于调整房地产交易环节契税个人所得税优惠政策的通知》财税〔2010〕94 号	对个人购买普通住房，且该住房属于家庭唯一住房的，减半征收契税；对个人购买 90 平方米及以下普通住房，且该住房为家庭唯一住房的，减按 1％税率征收契税；对出售自有住房并在 1 年内重新购房的纳税人不再减免个人所得税。
62	2011-01-27 财政部、国家税务总局	《关于调整个人住房转让营业税政策的通知》财税〔2011〕12 号	为了促进房地产市场健康发展，对个人住房转让营业税政策做了明确：个人将购买不足 5 年的住房对外销售的，全额征收营业税；个人将购买超过 5 年（含 5 年）的非普通住房对外销售的，按照其销售收入减去购买房屋的价款后的差额征收营业税；个人将购买超过 5 年（含 5 年）的普通住房对外销售的，免征营业税。
63	2011-04-26 财政部、国家税务总局	《关于购房人办理退房有关契税问题的通知》财税〔2011〕32 号	对已缴纳契税的购房单位和个人，在未办理房屋权属变更登记前退房的，退还已纳契税；在办理房屋权属变更登记后退房的，不予退还已纳契税。
64	2011-05-28 国务院	《国务院批转发展改革委关于 2011 年深化经济体制改革重点工作意见的通知》国发〔2011〕15 号	责成财政部、税务总局、住房城乡建设和法制办负责完善房地产相关税收政策。

141

序号	发布时间与发布单位	文件名称及编号	主要内容
65	2011-08-17 国家税务总局	《关于纳税人转让土地使用权或者销售不动产同时一并销售附着于土地或者不动产上的固定资产有关税收问题的公告》 国家税务总局公告2011年第47号	纳税人转让土地使用权或者销售不动产的同时一并销售的附着于土地或者不动产上的固定资产中，凡属于不动产的，应按照"销售不动产"税目计算缴纳营业税。

　　注：适应住宅市场变化和调控目标要求，上述政策中，有的目前已不适用。出于对国家采取的住宅市场税收政策进行全面、系统的分析这一目的，这里将这些曾经采用的政策均列入其中。

　　从表6-1可以看到，2002年以前，国家虽然已经对住宅市场进行了税收调控，但总体上说，税收政策对市场的干预比较少，政策设计主要是针对住宅二级市场和空置房等，还有一些是对房地产开发企业的指导性税收政策，调控方式比较间接和温和，政策内容以鼓励市场发展为主；随后由于住宅房地产的升温，国家逐步加大政策力度，至2006年各项税收调控政策密集发布，达到顶点；随后的几年，由于住宅市场价格波动以及供给结构的失衡，税收调控政策重点转到住房供应结构上来，有关普通住房与非普通住房、廉租住房和经济适用住房等方面的税收政策比较多，调控方式也比较直接和严厉。

6.5.2　房地产税收政策在调控住宅市场供求方面的不足

　　从表6-1可以看出，我国近年来调控住宅市场的房地产税收政策不但数量多，而且调控频率非常快，每年均有不同的税收调控政策出台。而且，政策内容从营业税、土地增值税、个人所得税到城镇土地使用税、契税、印花税等均涉猎到，既运用了单项政策，也运用了综合政策。税收政策已成为促进住宅市场健康稳定发展的最活跃的手段之一，调控政策对解决住宅房地产市场矛盾也起到了一定作用，但相当一部分问题依然存在，税收调控并没有完全达到预期目标，其中的一些政策不但未能起到应有作用，还产生相反的效果。既有的税收调控政策存在的主要问题主要包括以下几点。

一是房地产税收政策零散，不能形成体系。纵观我国 2000 年以来采取的税收调控政策，可以发现，每项税收政策多是针对单个税种进行调控，且政策零散，无法形成一个完整的体系，无法对整个市场进行调控。如国税发〔2005〕89 号文件、国税发〔2006〕108 号文件、国税发〔2006〕144 号文件，为了抑制投机和投资性购房需求，打击炒房哄抬房价者，稳定房价，出台了营业税、个人所得税来增加交易成本，抑制炒房，使得短期获利减少。但政策出台后，效果却并不明显。因为在投机者占据主导地位的住宅市场上，税收完全变成了住房消费者的额外价格。炒房者通常都将新增的税收成本纳入房价，用"阴阳合同"和"购房者包税"的交易方式，由下家买主承担营业税，进行税负转嫁，以保证个人利润的不受影响。对于购房者来说，在房价之外又负担了卖方的税收，相当于变相提高了购房价格。也就是说，税收调控政策没有打击到炒房者，反而是无形中助推了房价的提高。同时，由于税收成本提高，市场上的许多二手房交易转入地下，即房屋私下买卖，不缴税，不办证。其结果是一方面造成税收流失；另一方面购房户由于没有取得房屋产权证和土地使用权证，合法权益得不到保障，造成社会隐患。再如国税发〔2006〕31 号文件、国税发〔2006〕187 号文件，为了抑制房地产企业暴利的产生，打击房地产商提高房价，分别明确企业所得税的征收和将原先房地产企业预征的土地增值税实行按实清算政策。这些税收政策是对房地产开发商进行调控，规范了房地产企业的成本、费用扣除问题，明确了房地产开发过程中各种涉税问题的处理，但房产商无形中又以提高房价来解决利润的压缩。通过对各项政策的分析可以得出，目前的税收调控政策出台大都是"单打独斗"，各个税种各自用力，政策缺乏系统性。在供求关系不变、供给增速低于需求增速的情况下，一些政策反而引起住宅价格的进一步提高。

二是房地产税收政策作用环节欠合理，政策意图不能充分实现。从我国对住宅市场实施的税收调控政策看，政策内容层出不穷，但从涉及的住宅房地产环节看，主要体现在商品房的开发、流通和交易环节，这些环节上均有具体的税收政策出台，如国税函〔2008〕299 号文件主要针对开发环节，财税〔2010〕13 号文件、财税〔2009〕157 号文件等主要针对流通环节，财税〔2008〕137 号文件、国税函〔2010〕201 号文件等主要针对交易环节，而在商品房的保有环节涉及的政策内容非常少。从调控的着力点看，主要集中在供给层面，对于需求的调控基本上处于摇摆不定的状态。从调控的对象看，主要是房地产开发商和转让者，未涉及房产的保有者。而在实际中，房产的流通和开发环节的税收成本都会在房价中得以转嫁。因此，当政府在上述环节对卖方增加税收时，直接提高了供给者的成本。供给者为了取得与征税前相同的利润，会将税收成本加在出售的价格上，向需求方——购买者索要更高的价格，最可能的结果是引起住宅价格的进一步提高。由此造成以往税收政策出台均不能有效抑制房价，反而使得房价节节攀升的现象。同时，由于税收调控政策未能作用于住宅的保有环节，个人购买住宅没有转让交易前的这段时间（5 年内），是以零税收成本占有住宅房地产的。也就是说，中国目前的房产税和城镇土地使用税对个人住宅房地产事实上没有征税，因此在个人占有这部分房地产时，只要不转让交易，仍然是以零税收成本占有其房地产。所以，多占有住宅房地产以保存财富的成本还是非常低的。这样，目前的税收政策和制度便无法对抑制需求产生作用，政策意图难以实现。

三是地方政府贯彻落实税收调控政策的一些措施不够坚决有力。我国是一个大国，有 655 座建制市和 1 500 多座县城镇，各地发展水平差异大，面临的住房矛盾和房地产调控问题极不相同，加之各级地方政府还控制着许多资源和不少国有企业，它们既是宏观调控的对象，又是政策执行者。因此，一些地方从本地区局部利益出发考虑问题，对中央加强房地产市场调控的策略没有加以足够的重视，贯彻落实税收调控政策的一些措施不够坚决有力，对不符合本地利益的税收调控政策，更是采取消极或抵制态度，阻滞了调控住宅市场的房地产税收政策的有效实施。从历次出台后的税收宏观调控政策可以看出，税收政策执行的力度总是稍欠火候，执行不到位。如对个人转让房产征收的 20% 的个人所得税，一些地方没有真正在市场上开征；出台的土地增值税实行按实清算政策，也同样如此，在政策出台后的近一年，真正清算的寥寥无几。

四是住宅市场税收调控政策存在滞后性。住宅市场调控中的税收政策是改变市场参数，通过市场机制的作用来达到间接调控的目的。作为房地产调控的一项重要内容，在执行中具有逐级决策和实施的特点，其执行效果也与具体执行者的素质和绩效有直接联系，因此，在这一过程中容易出现时间滞后与政策偏差，影响到调控的实际效果。

五是差别房地产税收政策存在许多不合理因素。第一，普通住房和非普通住房界限模糊且税收负担相差很大。假如某地规定建筑面积 144 平方米以下的住房为普通住房，某购房者购买了一套 100 平方米左右的住房，但是加上储藏室、车库等附属用房就超过 144 平方米的标准，则该房就成了非普通住房，税收负担翻番。第二，税收以建筑面积为准，确定普通住房和非普通住房限制了节约用地的小高层、高层楼房的建设。违背了通过房地产调控政策，达到多建小面积住房，节约用地的目的。因为小高层、高层住房占地少，但有电梯，公摊面积大，好多高层住房超过了普通住房面积标准，但实际居住面积比普通住房面积还小，因税收负担翻番，物业管理费用高，导致销售难，限制了节约用地的高层楼房的建设。

第 7 章
调控住宅市场供求的房地产税收政策建议

据联合国对 40 多个国家统计分析表明，人均 GDP 800 美元起，住房消费进入快速增长期，1 300 美元以上进入稳定增长期，达到 8 000 美元时增长速度将放缓。我国处在住房消费稳定增长阶段，改善型需求和结婚对住房旺盛的潜在需求在今后若干年内难以改变，城镇化中非本地户籍人员购房等对住房需求的拉动将成为今后 5～10 年影响市场供求关系不容忽视的重要因素。采取提高首付和贷款利率，以及限购等作为短期政策可以理解，但作为长期政策，还是应从调节住宅市场供求关系入手。近年来，国家运用税收政策配合其他各方面的政策措施，在对住宅市场供求调控方面发挥了重要作用。今后税收调控政策还会被继续运用于住宅市场。从我国现阶段住宅市场供求存在的问题看，住宅供给结构上的失衡尤为突出，大量的商品房白白空置和大量迫切需要住房的居民买不起房子的矛盾，不仅会影响我国住宅市场的良性发展，而且在一定程度上对社会稳定产生不利影响。因此，解决住宅市场供求问题的根本途径就是增加住房的有效供给和降低对住房的投机需求，打击住宅市场泡沫。与此相适应的是，房地产税收政策的调控重点，也应该以调整住房开发结构，优化供求关系为着力点。

7.1　住宅市场调控应明确的几个认识问题

房地产税收政策是调控住宅市场的重要政策手段之一，为了在今后的住宅市场调控中，能制定出具有针对性的、具有长远性的税收政策措施，有必要明确对住宅市场房地产调控的几个认识问题。

1. 要正确把握和认识住宅市场调控目标

近年来，国家通过金融、税收及一些行政手段对住宅市场进行了不间断的调控，引起了一些争议。例如，有人认为收紧房地产信贷的目的是为了打压住宅房地产市场或实现房价大幅下跌，实际上，这种观点具有一定的片面性。一方面，这些收紧的房地产信贷措施不仅是抑制房地产投机需求的有效手段，也是金融系统完善内控、提高资产质量、化解金融风险的必然要求。在房贷助推高房价、形成房地产泡沫的背景下，收紧房贷无疑对遏制房价上涨过快起到重要的作用。但同时也要看到，房价高涨是房地产市场的矛盾表象，根源仍是房地产供需特别是结构严重失衡，供给的增加赶不上需求的增长。我国正处在城市化加速发展的进程中，人口众多、经济增长和资源匮乏的现实国情决定了我国住房短缺的矛盾将长期存在。因此，预期通过政策调控、房价出现大幅度下跌是不现实的。房价的大涨或大跌也绝非中央的本意，也不是中央政府所希冀的。另一方面，对房地产业在我国国民经济中的定位要准确，在未来相当长一段时期，房地产业作为我国国民经济支柱性产业的地位不会发生大的改变，但亦不可高估。需要看到，过高的房价和房地产市场产生的财富转移和挤出效应，激化了社会矛盾，不仅掩盖了房地产拉动经济、加速城市化进程等方面的功绩，而且严重危及行业自身的健康发展，也给中国经济健康发展埋下了隐患。因此，住宅市场调控目标应该是进一步优化供求关系，进而遏制房价过快上涨，实现房价的基本稳定和房地产业的持续健康发展。

2. 对住宅市场的调控应发挥好政府和市场"两只手"的作用

面对国家对住宅市场实施的一系列严厉的调控手段，有人认为计划经济色彩太浓，是政府对市场经济的不当干预，认为在社会主义市场经济体制下，应该让市场去调节住房供给与需求，政府无权进行干预。事实上，土地乃国民生存之本，住宅市场问题的本质是土地财富再分配是否公正合理。我国土地属于国有，利益应当为全民所共享，而非为少部分人所独占。房地产涨价，一部分是土地自然增值的收益，很大程度也与政府一般公共服务相关，是公共产品的价值转移到房产价值的体现。另外，在市场经济条件下，由于住房作为商品的双重特性——既是必需消费品同时又是投资品，住房市场从来就是一个不完全自由竞争的市场，住房问题从来就不是一个单纯的市场问题。从经济学角度来看，住房与医疗以及教育一样都具有明显的外部性，具有准公共物品属性，如果完全由市场提供，很可能会出现供需失衡、供给结构不合理等妨害社会整体福利的市场失灵问题，因此政府应对交易中的信息不对称进行干预，对市场局部垄断进行干预，以维护市场公平交易，保证住房市场的公平正义。但是需要注意的是，目前政府利用行政手段以及货币政策调控房地产"市场失灵"，是为长期的制度化、法制化做准备的，乃短期与权宜之计，绝非长期之策。发挥市场机制的基础作用，强化运用经济手段的调控能力，提高调控的及时性与精确性，特别是需要发挥税收的杠杆作用，限制投机，防止房地产投资的暴利性，以实现社会公平。为此，要处理好短期行政行为和长期发挥市场机制的基础作用的关系，在当前住宅市场结构严重失衡的情况下，有效改善住宅市场的供需状况，政府除了抑制住宅投机性需求外，更需要花大力气，加大保障性住房的有效供给，在这个过程中，政府必须用好行政和市场"两只手"。

7.2 住宅市场房地产税收调控政策目标定位

房地产税收政策调控住宅市场供求的主要目的是促进住宅市场健康、有序发展，平衡城市居民的住房福利水平。为此，应将以下四个方面作为调控住宅市场的税收政策目标。

一是住宅市场税收调控政策应考虑到全体国民的利益。住房虽然具有消费品和投资品双重属性，但住房的本质属性是民生消费品，是民生保障的最重要的组成部分，住宅不是投资品，更不是投机品。因此，"十二五"乃至未来十年房地产税收调控政策必将以保障民生为主轴。

二是住宅市场税收调控政策应有利于调节收入差距。税收政策本来就是政府用来调节二次收入分配的重要工具。因此，住宅房地产税收上的"劫富济贫"对控制我国不断升高的基尼系数应该有所作为。

三是住宅市场税收调控政策应有利于优化资源配置。人口众多、土地紧张是我国的基本国情，而由于房地产投资或投机引起的居高不下的房地产空置是一种土地资源和国民财富的极大浪费。中国经济需要的是鼓励实体投资和创新发展，避免资源扭曲配置，因此，应严格执行并逐步完善抑制投机、投资性需求的税收政策措施，进一步巩固调控成果，促进房价合理回归。

四是住宅市场税收调控政策应有利于实现房地产业的可持续发展。目前，我国北京、上海、广州、深圳等大城市的经济增速、投资规模、就业及税收等已经进入了对房地产业高依存度的阶段。无论是房价的非理性高涨，还是房价的骤然下跌，都势必对我国的金融业乃至整个经济的发展造成巨大伤害。因此，房地产税收调控政策只有推动住宅房地产业健康、有序地向前发展，才能促进国民经济持续健康发展，低收入人群的安居需求也才有望逐步被满足。

7.3　优化住宅市场供求结构的税收政策建议

从国际实践看，许多国家都将税收政策作为调控住宅市场的重要手段，而且各国对利用税收手段调控住宅市场均有自己的观点和措施，如果抛开文化背景和历史因素不看，为确保住宅市场的健康发展，对住宅市场的税收调控政策主要分为两个层面：对供给的调控与对需求的调控。由于单纯从供给方面调控，会进一步加剧供求关系的扭曲，客观上增加需求方对价格上涨的预期，实际的结果便是房价不但没压下来，反而与日俱增。因此，大多数国家更为注重对需求的调控。即在掌控供给的基础上，发挥税收政策对需求的调控。借鉴国外经验，基于我国住宅市场的供求现状，我国调控住宅市场的税收政策也应侧重从以上两个层面入手，即运用税收政策增加住宅的有效供给和降低对住宅的投机需求。

7.3.1　增加住宅有效供给，优化住宅供给结构的税收政策建议

1. 加大土地供应力度，提高土地利用效率

住宅与土地密不可分，土地政策对于调节住宅供给和需求的平衡、供给结构的协调和整个调控目标的实现，具有重要作用。在我国，城市土地属于国家所有，由政府代行所有权职能，政府可以利用这一职能，掌控土地一级市场，把握土地投入市场的节奏和总量，平衡土地供求；同时政府可以根据市场需求变化情况，灵活调整土地供给结构，有利于结构平衡。在加大土地供应力度，提高土地利用效率方面，可以采取的措施包括以下几类。第一，改革土地供应管理制度，将原来的土地批租制改为土地年租制，由一次性收取几十年的土地出让金改为每年收取一次土地租金(土地使用费)。因为土地年租金具有明显的地租性质，所以土地年租金可设置在土地保有环节独立征收，而不将其并入房地产税中，这样既可以避免以税代租的现象，也可以减轻税务部门的工作量。

第二，督促各地落实年度住房用地供应计划，对已供土地采取促开工、促上市等措施，尽快形成住房的有效供应，并做到土地供应指标透明化以稳定市场预期；在土地供求矛盾突出的情况下，采取保证土地重点供应的政策，如关键性项目、重大工程，主要道路建设和居民住宅建设等，严禁新设开发区、别墅、高级娱乐设施等用地。第三，加快市政配套、轨道交通和城市卫星城建设，扩大城市可用土地范围，同时应适当提高城市规划建设容积率，特别是轨道交通附近住房项目容积率，提高土地利用效率。第四，健全和完善土地招标拍卖与挂牌出让制度，探索综合评标办法，制止"地王"再现，发挥地价杠杆的调节作用，提高土地的实际使用率。第五，研究完善土地供给制度与政策，进一步完善土地供应方式，推行"在商品住宅用地中配建保障性住房"等供地方式，增加保障性安居工程建设用地。城镇住房建设用地的供应有两种方式：一是供应现有的国有土地；二是将农村集体土地征为国有后再用于住房建设①。这两种土地供应方式由于涉及拆除旧建筑重新建造住房等问题，困难较大，也使得保障性住房用地不能得到满足。为此，应研究改进相关土地供给制度与政策，包括允许集体土地用于建设的办法。要在维护农民集体土地权益，保护被征地和被拆迁居民的合法利益的同时，加大土地供应力度。

2. 各级地方政府要承担起提供社会保障住房的责任

目前保障性安居工程建设虽已取得明显进展，但依然存在一些问题。首先，保障性住房建设进展不平衡。一方面，城镇化快速发展所带来的新增城镇人口对保障性住房的需求十分巨大，一些大中城市依然面临较大压力；另一方面，不同地区之间保障性住房发展存在明显的不平衡，有的地区进展较快，保障面较大；有的地区进展偏慢，保障面过小。其次，保障性安居工程在土地供给、资金来源以及政策激励方面能力不足。一方面，目前土地供给制度还不适应现阶段大规模保障性安居工程建设的需要，且资金来源主要依赖政府，所需资金明显不足；另一方面，鼓励社会资金参与保障房建设的相关激励政策缺乏或不足。要解决这些问题，必须要强化政府的主体责任，发挥各级政府的主导作用。

---

① 王保安：《完善财税政策促进房地产市场健康发展》，载《行政管理改革》，2011（10）。

（1）保障性住房所具有的准公共产品的属性，应由政府主导组织建设

扩大供给，根本在于各级地方政府要切实承担起为普通老百姓提供廉租住房、经济适用住房的责任，住房的特殊性在于它是一个准公共产品，房地产业应该是政府参与下的公共性产业。对于保障性住房来说，虽然我国已经初步形成了限价商品住房、经济适用住房、公共租赁住房、廉租住房等多层次的保障机制，但离所需保障的个体数量来说相差甚远。在当前保障性住房供应总量既定的前提下，一人或一部分人对保障性住房的租赁或购买，必然会减少其他人可以消费的数量，因此，保障性住房具有消费上的不完全竞争性；另外，由于我国当前保障性住房供应数量有限，导致只能分阶段向不同收入水平的群体提供，并规定相应的标准或条件，而对于申请者来说，只要符合国家所规定的申请保障性住房的条件，就应得到住房保障，不可能被排除在外，若将其排除在外就违背社会公平，因此，保障性住房具有一定的非排他性。由此可见，保障性住房具有准公共产品属性。从经济效益角度考虑，相对于商品房而言，保障性住房利润极低，甚至亏损，是追求经济利益最大化的房地产开发企业不愿意涉足的领域，因此，保障性住房若单纯依靠市场提供，会使得市场在提供这类物品时存在市场失灵，结果是不可能有效提供。市场失灵的领域恰恰是需要政府有效发挥职能的领域，因此，保障性住房应是由政府主导组织建设的公共性住房，政府应在保障性住房建设中发挥出应有的作用。这方面，新加坡政府的做法值得我国借鉴。自 1960 年以来，新加坡建屋发展局共兴建组屋近 100 万套，2009 年，新加坡人口约 505 万，户均人口约 3.6 人，100 万套组屋能够覆盖绝大部分居民家庭。数据显示，2009 年，新加坡居住政府组屋人口为 82％，其中自有的占 80％，租住的占 2％[①]，基本上实现了"居者有其屋"计划。近年来，我国各级政府在保障性住房建设方面开展了大量工作，今后还应继续加大对中低收入者保障性住房的建设工作。保障性住房既可以由政府负责施工建设，也可由政府进行招标交由开发商承建，但应保证开发商获得一定的利润率（如 10％），以提高开发商进行保障性住房建设的积极性，合理引导社会资本和机构参与保障房的投资和建设，鼓励更多的房地产开发企业承担起企业"社会公民"角色，履行社会责任。

---

①　上海易居研究院：《限制性住宅市场研究》，载《易居论坛》，2011(24)。

（2）政府应预先谋划保障性住房的发展规划

住宅市场上，政府的主要职责是为中低收入家庭提供带有社会保障性质的住房，重点是低收入居民的住宅问题。这项工作是一个较为复杂的系统工程，不可能一蹴而就，为此，政府应预先做好保障性住房的发展规划。国际上，一些国家公共住房政策的一大特色就是在大规模实施公共住房建造之前，就明确了住房发展规划。如日本、新加坡，早在 20 世纪 60 年代，就着手制定住房发展"五年计划"，见表 7-1。当然，不同时期的计划所要实现的目标不同，以日本为例，其"一五"计划要实现的目标是"满足由于人口大量进城和经济迅速发展而引致的对住房的需求，实现一户一套住房目标"，"四五"计划所要达成的目标是"使所有家庭的住房超过最低标准，至少有一半家庭的住房达到平均标准，即四口之家的居住面积达到 59 平方米"，"六五"计划确定的目标则是"为21 世纪高龄化社会的来临做准备，在 20 世纪形成国民能实际感到富裕的、舒适而优良的住房资产"。日本、新加坡依照相关计划，持续大规模地为居民提供着公屋，在解决中低收入居民住房困难方面发挥了重要作用。

表 7-1　日本、新加坡住宅建设的"五年规划"

		"一五"计划	"二五"计划	"三五"计划	"四五"计划	"五五"计划	"六五"计划
日本	时间	1966—1970	1971—1975	1976—1980	1981—1985	1986—1990	1991—1995
	规划	计划建设住宅 670 万套，实际完成 674 万套	计划建设住宅 957.6 万套，实际完成 828 万套	计划建设住宅 860 万套，实际完成 770 万套	计划建设住宅 770 万套，实际完成 612 万套	计划建设住宅 880 万套，实际完成 828 万套	计划建设住宅 730 万套，实际完成 770 万套
新加坡	时间	"一五"计划	"二五"计划	"三五"计划	"四五"计划	"五五"计划	"六五"计划
		1961—1965	1966—1970	1971—1975	1976—1980	1981—1985	1986—1990
	规划	建房 54 430 套，投资额 1.94 亿新元	建房 66 239 套，投资额 3.05 亿新元	建房 113 819 套，投资额 19 亿新元	建房 137 670 套，投资额 21.37 亿新元	共建房约 180 000 套	共建房约 160 000 套

纵观我国各地的保障性住房建设状况，尚没有形成一套完整的持续的保障性住房发展规划，一定程度上导致了保障性住房建设的随意性、盲目性，甚至成为调控房价的一种工具。因此，借鉴国外经验，我国保障性住房建设应依据国民经济发展水平、国家财政预算安排以及保障对象目标等，制定出相应的住

房发展年度计划与目标设定计划，保障那些无法通过住宅市场解决基本住房需要的低收入者的住房问题。

（3）加大财政对住房保障的投入力度，提高住房保障支出的总量和比例

从我国的实际情况看，1999—2010 年，全国经济适用房投资额占住宅投资额比重持续下跌，由 1999 年的 16.56% 降至 2010 年的 3.14%。全国人大常委会专题调研组调研报告显示，截至 2009 年 8 月底，保障性住房建设完成投资 394.9 亿元，完成率仅为 23.6%。住房和城乡建设部政策研究中心课题组也刊文指出：因一些地方财政状况紧张，2009 年全国实物廉租住房建设任务完成尚未过半。从国际来看，解决中低收入居民的住房问题一直是各国社会政策的重要组成部分，各国（地区）都安排了专门的负责机构和必要的资金投入。例如，在英国，解决中低收入居民住房问题明确由中央政府负责，地方相应设立住宅建设、补贴发放管理机构，负责具体实施工作。英国中央财政预算中的住房保障资金大约占预算支出总额的 6% 左右。德国法律明确规定住房保障的责任在州政府，但主要的住宅法律由中央政府制定，地方可根据实际情况在规定的范围内制定具体的地方法律，中央政府通过资金支持的手段推动相关措施的实施。如在柏林，单身居民年收入低于 1.7 万欧元（约 16 万元人民币）、两口之家年收入低于 2.5 万欧元（约 23.5 万元人民币）的德国公民，都可以申请"福利住房"，德国政府是以低于成本的租金供应给低收入居民的。目前，德国政府已建成使用的"福利住房"超过 1 000 万套，占到全德国家庭总数的 41% 以上[①]。在日本，公共住房的供应主要以住宅金融公库、住宅都市整合公团和地方住宅供给公社为主体，其中住宅金融公库承担融通住宅资金的职责，例如向建筑面积在 100 平方米以下的住宅购买者提供长期的低息贷款，后两者直接负责建设和提供公共住房。美国的公共住房由财政投资建造，联邦住房与城市发展部每年会编制约 150 亿美元的住房发展计划，向 400 万户低收入家庭提供住房补贴和资助建设 4 400 套住房[②]。我国香港地区，1954 年建造了首批公屋，到 1981 年，政府公屋的居住人口达到 200 万。2003 年以来，香港特别行政区新建的公屋每年都保持在 2 万套上下，每年能保证编配大约 2.5 万套公屋供中低收入家庭租用。通过推行公屋制度，港府帮助全香港近 30% 的家庭解决了

---

① 李岷：《城市发展为何"依赖"房地产业》，载《中国企业报》，2010-03-29。
② 叶龙、丁大勇：《房地产市场财税调控的路径选择》，载《大连日报》，2006-03-02。

住房问题①。

为缓解我国当前突出的中低收入居民住房供不应求的社会、经济矛盾，保持社会的安定团结，应在借鉴国际经验的基础上，调整财政支出结构，提高住房保障支出的总量和比例，加大财政对住房保障的投入力度，逐步把经济建设型财政转变为公共服务型财政：①设立住房保障基金，向中低收入居民提供相对充足的、买得起的准公共产品——社会保障住房；②政府可以将征收上来的部分土地出让金（如 10％）专款用于廉租房的建设，扩大廉租房的覆盖面；③为缓解财政资金不足的压力，逐步实现财政资金的保值增值，应对社会保障住房建立"政府与个人共有产权"制度，其基本思路是政府用于补贴中低收入家庭购房的财政支出（包括减免的土地出让收益），即住房保障基金支出凝固在所购房屋上而不是购房主体上，一旦购房主体脱贫致富，政府将收回原始投资，并获得相应比例的投资收益，社会保障住房的"政府与个人共有产权"制度，符合现代产权法则中的"谁投资、谁所有、谁受益"原则，具有法律基础，而且在操作上简便易行；④为有效地节约与利用存量房资源，尽量减少政府负担，可以探索向开发商回购空置房，向购房者或老百姓回购投资房、闲置房、二手房，等等，将其转化为廉租房、公租房等；⑤对保障性住房的地价进行特殊处理，市场经济体制下，保障性住房也存在土地供应、房屋建设、销售使用等市场。作为保障性住房的划拨土地，也需要支付征地和拆迁补偿等多项支出，并受到"招、拍、挂"土地价格上涨的影响，其支出存在着不断上升的趋势，这会影响到保障性住房的建造成本及租售价格。如果后期国家开征房地产税，建议将保障性住房与一般的商品房予以区分，即将保障性住房地价从税基中予以部分直至全部扣除，或者直接由财政给予补贴。

3. 鼓励或强制开发商建设保障性住房

（1）鼓励开发商建设保障性住房

为了鼓励房地产开发商建设保障性住房，政府可通过提供低息贷款、放宽一些地段的规划控制、减免有关税费等方式给予鼓励，从而有利于刺激和控制住房生产，能在相对较短的时间里提供较多的住房。第一，由政府对开发商实施财政补贴或提供低息贷款的方法资助开发商建造保障性住房，以维持建房的低成本；第二，用政府收取的土地出让金对建造保障性住房的开发商实施补贴

---

① 朝格图：《香港公屋制度保障三成市民住房》，载《新京报》，2007-10-03。

或者对保障性住房土地出让金进行减免；第三，通过放宽一些地段的建筑容积率、建筑高度和密度的规划控制，以换取房地产开发商在其开发范围内为低收入者建造一定比例（在美国一般是 10%～35%）的住房；第四，对于开发商按照政府标准建设、经营保障性住房的，政府减免有关税费。近年来，国家对开发商建造廉租房、经济适用房等实施了一些税收优惠政策，今后应继续实施以下政策：对开发商建造廉租房、经济适用房免征其应缴纳的城镇土地使用税；对企事业单位、社会团体以及其他组织转让旧房作为廉租住房、经济适用住房房源且增值额未超过扣除项目金额 20% 的，免征土地增值税；对廉租住房、经济适用住房经营管理单位与廉租住房、经济适用住房相关的印花税予以免征；开发商在经济适用住房、商品住房项目中配套建造廉租住房，如能提供政府部门的相关材料，可按廉租住房、经济适用住房建筑面积占总建筑面积的比例免征开发商应缴纳的印花税等。为鼓励房地产开发公司加大对保障性住房的建设，建议进一步加大税收优惠。比如对开发商转让保障性住房的所得在现行企业所得税法定税率 25% 的基础上，减按 20% 征收，或者是地方政府对本级分享的企业所得税实行一定的减免；对开发商销售保障性住房收入减半征收营业税等。与此同时对建设高档住房、别墅的开发商在相关税收方面提高税率，减少其利润空间[1]。也就是说，通过税收手段，国家使生产高价房与低价房的房地产商获得同样的利润，由此，建造高档公寓和别墅不再有超额利润，而低价房需求量大，购房者众多，房地产商们可以从生产低价房中获取更多利润，让房地产开发商心甘情愿提供经济适用房和低价房。

（2）采取强制性措施要求开发商建设经营少量保障性住房

在法国，对开发商的每一楼盘，规定至少拿出 20% 的面积，低价卖给社会福利房管理公司，由其出租或出售给低收入者，并提供房屋的日常管理和维护[2]。这个规定，不仅减轻了政府的负担，而且可以把廉租房分散在各个楼盘，避免出现贫民窟。在我国当前房地产开发商利润率较高时，可以借鉴法国的经验，强制性地要求开发商在其所开发的每一楼盘中，必须建造一定比例（比如说 10%）的保障性住房，低价卖给政府，由政府进行经营。

---

① 房地产管理部门可以对房地产开发成本进行较为精确的估算，根据不同档次的房地产制定不同的税率，这是切实可行的。

② 王凌云：《完善廉租房实施办法的几点思考》，载《建筑经济》，2009(1)。

（3）利用税收收入推行福利住房，满足低收入阶层住房需求

1997 年后，我国税收收入增幅一直超过经济增长，税收收入占 GDP 比重从 2000 年的 12.8％升至 2011 年的 19％。2011 年全国税收总收入完成 89 720 亿元，在这种情况下，国家有能力用收取的税收收入的一部分，由国家资助建造租金较低、专门租给低收入者的住宅。以此满足市场尤其是低收入阶层对"福利住房"的需求。

4. 对公共租赁住房实施财政和税收优惠

公共租赁住房属于政策性租赁房的一种，产权不归个人所有，而是由政府或社会机构所有，用低于市场价或者承租者承受起的价格向供应对象出租，主要面向无法满足廉租住房条件，但又无力购买经济适用房、限价商品房等群体人员，包括在国内一线大中城市工作生活的大学毕业生、新进外来务工人员等。发展公租房，有利于改善住宅市场的供求关系。地方财政及中央财政对于公共租赁住房应给予财政支持，主要体现在公共租赁住房建设投资基金贷款的财政贴息和对收购二手房和旧房改造给予财政补贴。税收政策方面，根据 2010 年 9 月 27 日财政部、国家税务总局出台的《关于支持公共租赁住房建设和运营有关税收优惠政策的通知》对公租房建设与经营相关税收的减免与优惠，对于本基金涉及的税费，建议给予如下优惠。

一是对于公共租赁住房建设投资基金的投资者层面，建议对于基金的个人投资者比照证券投资基金对于个人所得税予以免征；建议财政部、税务总局等出台相关政策，减免投资者退出时的投资收益所得税。

二是对于公共租赁住房涉及的行政事业性收费层面，建议对于涉及的行政事业性收费如招投标管理费、建筑工程质量管理费、占道费、房屋产权登记费等比照廉租房及经济适用房予以减半收取。

三是现行的税收优惠政策的有效期能够适当延长，保持基金存续期政策的长期稳定。

5. 鼓励企业自建住房、合作建房

在市场力量的主导下，开发商们所提供的房屋总数将远低于国民所期望的数量。政府在修建大量的廉租房、经济适用房以及鼓励开发商建造廉租房、经济适用房的同时，也可鼓励企业自建房、合作建房，打破开发商对房屋供应的垄断。在德国，住宅合作社已经有 200 多年的历史，合作建房占每年新建住宅总数的比例超过 30％，合作社共同建房已成为德国住宅建设的主要形式之一。

日本则注意发挥地方群众团体的作用，吸收社会资金发展住宅建设。日本政府还与地方公共团体共同成立住宅供给公社，分别建造向中等收入者出售和向低收入者出租的住房。其租金水平严格按收入线确定，一般占各收入层家庭收入的 18%～20%，平均为市场租金的 55%①。借鉴他国经验，我国政府也可鼓励企业合作建房。在税收方面，可利用税收政策，调动企业积极性，引导企业资金流向。例如，对公司修建居民住宅的，建房投资将全额免缴企业所得税。通过建立多渠道的住房获取渠道，解决住宅市场供需结构失衡的问题。

6. 完善现行土地增值税

一是对非建设性房地产转让取得收入征收土地增值税。由于房产升值是由于土地升值引起的，因此，无论是转让土地，还是转让房屋都应征收土地增值税。同时，因为土地是国有的，其拥有者或使用者非主观原因形成的增值都应归国家所有，因此，在征收机制的设计上应将土地增值部分的收入全部征收，从而有效抑制房地产的炒买炒卖行为。

二是对于房地产开发公司开发建设的商品房而产生的增值，需要区别对待。对房地产投机者课以重税，对正常的交易和投资行为轻税或免税，从而优化资源配置，促进土地有效利用。

三是充分考虑投资者土地增值中的正常投资回报（包括风险回报）、通货膨胀因素并予以适当扣除，防止因税负过重侵蚀正常的土地投资报酬，制约正常的房地产流转与交易。

四是加快税务部门与房产、土地管理及工商等部门之间交流平台的建立和房地产产权产籍、产权交易等信息资源的共享，为实际征收中涉及的房地产原值、交易价格、法定扣除项目调查和核实等得以确认提供保障。

7. 降低房屋租赁税负，增加住宅二级市场中的有效供给

让居民能够租得起住房，关键就是解决租房的税收问题，降低房屋租赁环节的税负，降低租房成本。目前我国城镇房屋租赁环节税负较重，税种较多：出租房屋按租金收入的 5%（个人出租适用 1.5% 税率）征收营业税并按实缴营业税额征收城市维护建设税和教育费附加，按租金收入的 12%（个人出租适用 4% 税率）征收房产税，按所占面积征收城镇土地使用税，按租赁所得额的 10% 征收个人所得税，按租赁合同金额的 0.1% 征收印花税。综合税负高达租

---

① 席卫群：《国外住房保障体系中财税政策的借鉴及启示》，载《税务研究》，2008(4)。

金收入的20%以上。较重的税负阻碍了我国住房的租赁，不利于降低租房者的租金成本，不能保障租房者的利益。根据我国目前房屋租赁的合理赢利情况，建议降低房屋租赁税率，房屋租赁的综合税负应不超过10%。从表面看，税率降低了，但实际上税负的降低不仅能够提高住房使用效率、降低房屋空置率，而且有利于将大量的隐性出租住房纳入管理渠道，增加住宅二级市场中的有效供给。此外，还可以采取减免出租单位的营业税、企业所得税、房产税等措施，鼓励具有一定条件的企业或社会组织利用自有房屋，按规定向中低收入家庭出租，以扩大出租房源。

8. 开征土地闲置税

截至2009年9月30日，全国闲置土地总面积超过9 772公顷，合同总价款约256亿元，闲置土地中70%以上为住宅用地①。针对房地产开发商"捂地"所导致的土地闲置现象，管理的手段应该是征收土地闲置税，这方面亦有可借鉴的国外经验。如日本，对闲置土地的所有人征收特别土地保有税，奥地利征收闲置土地价值税，并采用较高税率；韩国的土地超额增值税，专门对纳税人拥有的闲置土地或非营业用地的增值征税；我国台湾地区有空地税、不在地主税（即土地所有人离开土地所在地达到一定期限），其中空地税按该宗土地地价税的3.5倍征收，这些税都是带有惩罚性质的特殊土地税。我国可以考虑以地价为计税依据，对不当的土地利用行为课征土地闲置税，税率可以根据闲置土地的时间、闲置土地的质量和区位来确定。闲置时间越长，税率越高；闲置土地等级越高，税率越高；闲置土地区位越好，税率越高。通过征收土地闲置税，促进土地利用，增加住房供给。对房地产开发商来说，对其闲置空地征收惩罚性土地税，作为房地产税的辅助税种，能够增加其持有土地的成本，减少土地利用的预期收益，降低土地资产价值，遏制囤积土地的不正当市场行为。

7.3.2 抑制住宅投机需求，引导住宅合理消费的税收政策建议

1. 对低收入住宅需求者给予税收方面的优惠或补贴

对购房或租房者进行直接补贴，有利于降低他们所承担的实际住房价格。对住宅需求者补贴最常用的手段主要有两种：一是免税或减税，通常是用来补贴购买自住住房者；二是现金补贴，通常用来补贴租房者（一般称房租补贴）。

---

① 吴睿鸫：《土地闲置费改税势在必行》，载《中国青年报》，2010-08-12。

就我国实际来看，为了有效地缓和住宅市场的供求矛盾，平衡供求关系，应对低收入者和老年人购房和租房给予税收优惠政策。在这方面，美国的做法值得我们借鉴。美国为了使低收入者能买得起和租得起房子，美国国会在 1986 年通过了低收入者购房和租房税收抵扣的法案，并在 1993 年成为永久性的法令。根据这项法令，联邦每年给各州分配税收抵扣的最高限额(每人 1.25 美元×各州的人口)，房屋的业主可在 10 年内每年接受个人所得税的直接抵扣。而凡已到或已超过 55 岁的纳税人(或其配偶)，出售其住房时，符合一定条件可享受一次性扣除 125 000 美元售房纳税赢利的政策①。建议我国对低收入者购房或无自有住房而租房住的低收入者和老年人实施税收优惠，即允许将其购房贷款利息或每月租房的租金在个人所得税中进行适当抵扣，从而有利于引导合理的住房消费理念，调节收入分配，更有利于保障基本民生的居住需求。同时，对于收入较低的租房者，给予租金补贴。住房租金补贴有以下几方面的好处：第一，避免了对住房市场的直接干预，不会给市场运行带来障碍，不会产生降低市场效率的副作用；第二，这种收入再分配的形式，可以使国民平等的住房权利得到较为公正的实现；第三，对不同收入者区别对待，更能体现倾斜政策，并能适当减少财政支出。

2. 对购买住宅采取差别性税收政策

在个人购买住房环节，应注重采用差别性税收政策。差别性税收政策意味着应将持有人的住宅面积和套数作为课税的主要依据，面积越大、套数越多，则税负越高，以实现对资源不适当占有的反哺性补偿。这种差别性税收政策既可以将消费者的一些虚假需求逐一挤出，又可强制性提倡一种与自身居住需要相称的买卖理念和简约居住观念。如此一来，在住宅结构中，中小户型将会成为主要份额。进而住宅的持有环节与交易、供需环节就会形成一种合理互动和促进的关系。具体措施包括以下方面。

一是对购买首套普通住房和改善性住房的，适用契税优惠税率，在法定税率基础上减半征收；对于居民家庭购买第二套住房以及异地购房，在购房环节按契税幅度税率的最高税率课征。

二是对高档住宅、别墅开征消费税以体现政策的导向性，引导住宅合理消费。对购买多套住房，或别墅、大面积等非普通住宅的，除取消优惠税率外，

---

① 刘昊：《国外利用税收手段调控房地产市场的经验与借鉴》，载《财会研究》，2007(5)。

还可以考虑征收特别消费税。目前我国住宅市场上资源约束与购买力之间的矛盾日益突出，为解决这一问题，建议扩大目前消费税的征收范围，对建筑面积大于 150 平方米（2010 年我国我国城镇人均住房建筑面积为 31.6 平方米①）的高档住宅、别墅征收消费税。其目的是一方面鼓励建设经济适用房和中低价位商品房（2010 年全国用于经济适用房建设总投资为 1 069 亿元，仅占当年住宅投资的 3.14％），以满足多数民众"居者有其屋"的住房需求；另一方面，征收消费税会增加高档住宅的销售成本，也适度抑制了高档住宅的需求。同时也从政策上彰显了即使今后人民生活水平提高了，在极其有限的土地资源下，我们也不提倡或鼓励大面积住宅的开发，这也是社会长期和谐发展的必然要求。另外，对于居民出租住房的租金收入，征收个人所得税时，不再允许扣除 800 元或收入的 20％的费用②，只允许扣除依法缴纳的相关税费，对其余额按法定税率征收个人所得税。

三是从需求角度加强税收调控还可考虑从空置房地产入手，对空置房征税。目前，我国部分大城市居民住房空置率较高。有资料显示，目前我国空置的房地产高达 1.64 亿平方米，且空置的房屋大都以大户型为主，按平均 150 平方米/套计算，就有约 109 万套房子空置。这些空置的房产是开发商和炒房者在预期房价上涨而房地产保有成本较低的情况下，故意"惜售"以期将来获取更高利润，人为造成房源供不应求的假象。不管是开发商囤房，还是炒房客囤房，凡是空置房都在浪费社会资源，房屋没有得到有效的供应，大量闲置房屋掌握在少数富人手中，导致了住房分配不公，加大了社会贫富差距，客观上造成了房屋供给紧张。从节约土地资源，迅速、有效地解决低收入群体的住房需求，缓解社会矛盾等多角度出发，政府除了通过财政和税收政策影响住宅的增量，还应注意运用相关政策盘活部分城市存在的大量闲置住房，而对空置房屋征税无疑是解决目前房屋空置问题的一条重要渠道。对空置房屋征税，有如下益处：第一，有助于减少资源浪费。一方面土地是一种非常有限且不可再生资源，而现实生活中尚有许多缺少房屋居住的人，在这种情形下，对多占乃至浪费宝贵资源者征收高额税收，符合谁受益谁付费的课税原则；另一方面，房屋

---

① 根据《中国统计年鉴》和《2008 年国民经济和社会发展统计公报》相关数据计算。

② 根据我国现行个人所得税法规定，出租住房收入，每次不超过 4 000 元的，以扣除 800 元费用后的余额为税基；每次收入在 4 000 元以上的，以扣除 20％的费用后的余额为税基。

不是独立存在的，其配套的水电、供暖、道路、商业、教育、文化等社会公共辅助设施众多，空置房屋浪费了稀缺的土地和大量社会经济资源、降低了设施使用效益，增加了相关成本，对空置房屋征税有利于资源的节约；第二，有助于增加住宅供给。对空置住房征税后，必然会将大量空置房推向住宅市场，无论房主将房屋再出售或出租，均可大幅增加市场供给，而且，某种程度上会带来房价或房租的降低，在住房二级市场上，空置房入市将和公租房形成互补，这对租房者非常有利。第三，有助于增加地方财政收入。长期以来，许多地方政府都非常依赖土地财政，如果征收住房空置税，将给地方政府开辟另一项财源，有可能会因此摆脱"土地财政"问题。此外，当闲置的住房进入流通领域之后，必然就涉及房屋装修、家电配置等问题，这将带动建材、装修、家电等上下游产业的发展，由这些行业所缴纳的各种税收，也会增加地方政府的税收收入。第四，有助于实现公平。尽管闲置的房屋是消费者花费大量资金购置的，但房主的多占行为事实上也变相助长了房价的提高，导致他人难以购买合适价格的房屋居住，对于拥有住房而又闲置不用的消费者来说，对其征税性对说也是公平的。从国外状况看，很多国家对空置房屋也都采取了相应的措施。比如在法国的一些城市中，房屋闲置的第一年，业主必须缴纳的罚金为房款的10％，第二年为12.5％，第三年为15％，如此之高的罚金对解决住房空置起了重要作用。英国对于越来越多的"空巢"，推出了一个新的税种——第二处房产税（也叫空置税）。法律允许新购第二套住房的产权持有者有两年的免税时间，供他们决定两套住房中的一套作为第一住房，而另一套住房则要照章纳税。在德国，业主必须使空房得到重新利用，在房屋闲置率超过10％的市镇，当地政府还会推倒那些无法出租的住房①。我国应该出台政策，对"不住不租不卖"严重浪费社会资源的空置房，征收房屋空置税，迫使房主将房子卖出或出租，以增加市场的供应量，以减少"捂房"现象，从而缓解住宅供求矛盾。当然，对空置房屋征税，要综合考虑许多因素，比如，纳税人的确定就应区分不同情况设定。对开发商竣工验收后进入流通市场的商品房，有一定数量合理库存，是客观必然，对此就没必要征收房屋空置税。但如果为追求利润最大化，捂盘惜售，故意扭曲市场供需状况造成空置的增加，对这种操纵市场的行为，则应该征收房产空置税。对长期拥有闲置房屋的业主，过多占有公共的土地资

161

---

① 马建国、陈俊侠、于玉兰：《住宅空置税国外怎么收》，载《半月选读》，2007(5)。

源，导致资源紧张，价格上涨，其消费行为产生外部负效应，房主就应为此应付出相应成本，承担住房空置税。

3. 对住宅转让收益课以重税，调节个人房产收益

对住宅持有人转让住宅所有权行为，可依据其实际占有权属时间长短实施不同的所得税政策，对于购买后短期内转让的，应课以重税；持有时间越长的，交易环节税收可以越低，这一做法也是我国目前税收政策调控住宅市场的重点所在。对于投资者而言，短期若房价上涨快，转让有收益的，其部分收益可通过税收被政府获得，可专项用于支持廉租房等保障性住房的建设。同时，政策也有利于鼓励投资客投资房产后，进入租赁市场，满足一部分流动人力资源的居住需求。从国际税收实践来看，当房地产发生买卖等有偿转让时，大多数国家都规定应对转让收益增值部分课税。美国、日本、英国、法国、芬兰等国家，把房地产转让收益归入个人或法人的综合收益，征收个人所得税或法人税（公司所得税），其中美国实行 15%～34% 的累进税率。意大利将从买入到转让时的价格上涨部分作为税基，按照价格增长幅度采用累进制，按 5%～30% 的税率征收不动产增值税。韩国自 2007 年起，对出售第二套房产的卖主征收 50% 的资本收益税，对拥有第三套住房的卖主征收 60% 的资本收益税[①]。也就是说，投机者卖掉一套住房，政府就拿走一半，使投机者无利可图甚至亏本。就我国的实际来看，减少投机性需求，应该针对从买卖房地产中获得的收益进行税收调节，通过这种形式的收入分配，压缩房地产投机者的逐利空间，从而减少房地产投机行为。为此，我国可以借鉴国际经验，采取以下措施有效地抑制投机性需求：

一是开征"房地产转让收益个人所得税"。即对个人有偿转让房产产生的所得征税：购买房产在一年内转让的，对其转让所得征收 25% 的所得税；三年内转让的，对其转让所得征收 15% 的所得税；三年以上转让的，对其转让所得免税。其中，转让房产年限的确定，可按照房产所有人购进该住房时房产产权证上记载的时间或房屋交接书上记载的时间，至出售该住房时向税务机关申请开具售房发票的当天，按孰先原则计算。房产的转让所得，以房产转让收入减除房产原值后的余额来确定，即该转让所得为房产所有人出售该房产时与购房者签订的房产买卖合同上注明的售价，减去购买该房产时房产发票上注明的

---

① 刘昊：《国外利用税收手段调控房地产市场的经验与借鉴》，载《财会研究》，2007(5)。

购房价款及其他有关费用。如果房产买卖合同注明的房产销售价格明显低于市场价格的，税务机关可依据税法规定核定计税价格。开征房地产转让收益个人所得税可以在保护真实购房需求的同时，有效地抑制投机性需求。

二是取消住宅二级（二手房）市场交易的各项税收优惠政策。从经济学视角来看，二手房交易中的税收更应视为一种相机抉择政策，依据住宅二级市场不同时期发展状况采取鼓励或限制措施。比如，我国曾对二手房买卖中涉及的营业税，实施了一定的税收优惠照顾，这也是基于当时二手房交易实际采取的措施。由于营业税与住宅交易量呈负相关关系，因此为了控制住宅投机行为，建议在个人转让不动产环节的营业税，应谨慎采用税收优惠政策，亦或是取消优惠。经测算，目前二手房交易实际征收税收不到总房价的 2%，如果取消优惠税率，从严征收营业税、土地增值税和个人所得税等，则炒房者收益的 50%以上需要缴税[①]。从长期来看，对投资性尤其是投机性住房转让课以重税是保证住房的民生特性，抑制不正常性住房需求的最有效手段。

4. 加大房地产保有环节的税收调控力度，减少投机性需求

目前，我国的房地产税收从计税环节来看，主要集中于房地产开发和买卖环节，而在房地产保有环节设计的税种非常少，只有房产税和城镇土地使用税，且免税范围大，使得土地、房屋保有者的经济风险降低，导致土地、房屋利用的低效率，客观上增加了房地产投机者的收益。实际上，住宅市场出现炒房等问题的深层次原因之一是我国目前房地产保有环节的低税甚至无税的税收制度[②]，提高保有环节税负应该是解决目前房地产市场诸多问题的治本之策，因为不动产保有税是直接税，税负转嫁比较困难。同时，我国现行的房产税和城镇土地使用税不能准确地反映财产的现有价值、土地级差收益和房地产时间价值，也不能随着经济发展、房地产增值而相应增加税收收入，也就不能很好地发挥其调节作用。

从国际比较看，各国一般都将税负设置在住宅市场的保有环节。该环节的房地产税征收范围较宽，征税对象明确，税率设计合理，因而来自房地产保有税类的税收收入占总税收的比重较高。如英国，来自房地产保有的不动产税、

---

① 赵晓：《用差别税收政策引导住房消费》，载《经济参考报》，2010-04-23。

② 唐明认为，我国房地产经营过程中，流转环节的税负大大高于保有环节，流转环节税负 2000 年至 2006 年平均高达 14.02%左右，而保有环节仅为 0.12%（唐明：《不动产税收调控的运行机理及对我国的考察》，载《财贸研究》，2008(5)）。

163

经营性房地产税收收入占总税收的 30％左右。将房地产保有环节作为课税的重点，既可以鼓励不动产的流动，又能够刺激土地的经济供给。与此同时，通过对保有房地产采取较高的税率，还可以避免业主空置或低效利用其财产，刺激交易活动，从而使房地产各要素达到优化配置，推动房地产市场的发展。例如，美国的税收政策仅对房屋拥有者的第一套住宅倾斜，如贷款利息可以抵税等。对非自住房屋，则无法享受第一套住房的优惠，并且房屋本身的维持费用相当昂贵，拥有房地产就得年年上税，一般税率在 1％～1.5％之间，中产阶层的住宅费用一般每年都要在 4 000 美元左右①，从而大幅度增加了投资性住宅买卖和维持的费用，明显降低了房地产投机的吸引力。再比如韩国，2005 年以来，韩国政府采取税收等一系列措施抑制房地产价格过快上涨，抑制投机和投资性需求。首先将房地产所有税（一种财产税）的起征点下调，由过去的 9 亿韩元下调到 6 亿韩元（约合 6 万美元），并从 2008 年起开始以每年提高 5％的速度提高房地产所有税的税率，直到提升到适当的税率为止②。韩国还通过加强房屋综合不动产税的征收，使拥有房产越多的家庭每年缴纳的房地产税也越多。例如，拥有住房总价值在 60 万至 90 万美元之间的家庭，每年要缴纳住房总价值的 1％，即 6 000～9 000 美元的综合不动产税；而拥有住房价值 1 000 万美元的家庭，每年要缴纳 3％，即 30 万美元的综合不动产税③。由于综合不动产税每年都要定期缴纳，囤积房地产将给其拥有者带来沉重的负担，迫使其量力而行，及早出手多余房产，从而抑制投机和投资性需求。

增加房地产保有环节的税负后，投机房地产资金的获利空间要么被税收成本挤压，要么被持有成本（主要是利息支出）消耗。可明显降低房地产作为资产的投机的有利性，有效阻止房地产投机需求，防止房地产泡沫的产生。因此，我国在住宅保有环节的税收政策改革可以考虑如下：

（1）短期策略

基于立法程序问题，房产清查、评估等技术细节问题，我国在短期内可能不易推出住宅保有环节设置的房地产税。为了解决现实中面临的住宅市场供需结构失衡的突出问题，作为过渡之计，可以采取以下措施：

第一，修改国务院 1986 年发布的《房产税暂行条例》。我国现行房产税的

---

① 梁岩森：《控不可或缺的杠杆》，载《第一财经日报》，2005-05-10。

② 包宗华：《韩国"整治"地产投机：课以重税》，载《中国房地产报》，2006-01-02。

③ 张锦芳、李拯宇：《韩国三个"不"抑制房产投机》，载《经济参考报》，2006-06-14。

法律依据是国务院于 1986 年发布的《房产税暂行条例》，以房屋为征税对象，按房屋的计税余值或租金收入为计税依据，向产权所有人征收。当时房地产税条例中有一个免税的规定，其内容是对个人所有的非营业用的房产免征房产税，对个人经营性房产征税。这一规定，目前来看不利于住宅市场规范发展，应适时进行调整和完善。具体措施为：取消房产税中对个人住房的税收优惠，规定个人所有非营业用的第一套住房可以免税，对第二套、第三套住房则实行累进税率征收。恢复对非营业用住宅课征房产税后，会大大提升炒房者投机行为的成本，持有者为了降低成本只有抛售。同时，房产税向拥有多套房产的高收入阶层征收，可以优化收入分配结构、抑制两极分化。此外，征收房产税有助于降低地方政府对土地财政的依赖。由于限购导致住房成交量大幅下滑，地方政府的土地出让收入和与地产相关的税费收入锐减，让地方政府摆脱对土地财政的依赖是根治楼市顽疾的一剂良方，而房产税是地方政府财政"开源"的重要途径。修改房产税中相关免税内容，由于无须考虑相关税种合并、立法程序等问题，这一措施是目前可以采取的一种简便又适用的方法。2011 年 1 月 28 日起，作为试点城市，上海和重庆已经开始对住宅征收房产税。上海的房产税主要是针对新购房，即本市居民家庭新购且属于第二套及以上和非本市居民家庭新购的房产征收。重庆则针对新购及存量独栋房和新购高档房，即个人拥有独栋商品住宅（应该是通常所说的独栋别墅）、新购高档房（高档住房是指单价达到上两年主城九区新建商品住房成交均价 2 倍及以上的住房）、在重庆市同时无户籍、无企业、无工作的个人新购的第二套（含第二套）以上的普通住房征收。上海规定按应税住房市场交易价格的 70% 计算缴纳，税率为 0.6%，相当于实际税率为 0.42%，若房屋成交价低于本市上年度新建商品住房平均销售价格 2 倍（含 2 倍）的，税率暂减为 0.4%，相当于实际税率为 0.28%。重庆规定，独栋商品住宅和高档住房单价在上两年主城九区新建商品住房成交均价 3 倍以下的住房，税率为 0.5%；3 倍（含 3 倍）至 4 倍的，税率为 1%；4 倍（含 4 倍）以上的税率为 1.2%。在重庆市同时无户籍、无企业、无工作的个人新购第二套及以上的普通住房，税率为 0.5%。同时两地均提出免税政策，上海提出：新购且属于第二套人均免税面积 60 平方米，新购唯一一套在满足一定条件下免征。重庆提出：独栋商品住宅，免税面积为 180 平方米；新购的独栋商品住宅、高档住房，免税面积为 100 平方米。根据国家统计局的数据，2011 年 10 月重庆新建商品住宅价格较同比去年增长 1.3%，这与重庆实施的房产税限制高端楼盘的成交有一定关系。下一步，国家可以依据两地试点的经验，择机选择在全国实施房产税。

第二，完善土地使用税，按占用土地面积设置多档税额。2006年12月30日，国务院通过了关于修改《中华人民共和国城镇土地使用税暂行条例》，将城镇土地使用税调高了三倍。可以说。城镇土地使用税的修改为住宅保有环节税收调控措施奠定了基础。建议在此基础上，进一步完善。如对城市别墅房屋和平房实际占用土地规定较高税额，对高层楼房规定较低税额。对"小产权房屋"，单独设计较高的土地占用税。因为该土地应承担有农村土地征用费、补偿费、拆迁费、安置费、场地整治费等额外费用。其占用的土地挤出农村人口的社会负担，最终要由政府和全民承担。

（2）长期策略

长期角度看，我国应开征新的、统一规范的"房地产税"①，这也是我国"十二五"时期的一项重要工作。对房地产征税在征收模式选择上，国内主要有两种观点。一是主张沿袭现行做法分设房产税和土地使用税。其理由是：我国城镇土地所有权属国家所有，房产和地产的产权形式不一致。同时，土地作为稀缺资源，从长期看，其价格会不断上扬，而地面附着物，则会随着折旧的提取，其净值不断下降，若将两种不同的物品混在一起计算征收统一的税收，其税基确定上有失公允。二是主张将房产和地产合并征税，本书同意这种观点，建议将现行房地产保有环节的房产税和城镇土地使用税等合并为房地产税。其原因为：第一，与西方国家相比，我国土地与建筑物在所有权性质、征税对象、税基和政策目标等方面尽管存在着差异，但这并不构成将房产与地产合并征税的障碍，我国的土地使用权事实上发挥着所有权的功能，只要纳税人取得房地产的关键权利就可以对其征税，这符合市场经济的征税原则。而且，我国法律规定，土地使用权和房产所有权是同一个主体，转移时必须一起转让。第二，从住宅市场的实际状况看，房产不仅地理上依附地产，而且财产价值评估

---

① "房地产税"在我国也被称为"财产税"、"物业税"或"不动产税"。本书将我国房地产保有环节设置的税种称为"房地产税"。因为在该环节作为征税对象的主要是房屋和土地，称为"房地产税"比较直观、通俗，也容易为人们所理解。如果称为"财产税"，概念过于宽泛，财产不仅包括房屋和土地，还包括其他动产。而称为"物业税"，概念也不够准确，因为物业的种类比较多，房屋、土地只是其中的一部分。称为"不动产税"，本来也比较适宜，但可能不容易为人们所理解。

也常常是结合在一起的。新设的房地产税要实行按房地产的市场价值征税，房产与地产合并征税势在必行。有关房地产税的开征，应注意以下几个问题。

第一，房地产税的目标定位。

近年来，有关房地产税改革问题，我国理论界和实践部门展开了许多有益的探讨。这些研究涉及房地产税税制要素重构，房地产税作为地方税主体税种的选择依据，房地产资源配置效率的提高，征收房地产税的目的等诸多方面。在上述问题当中，房地产税定位问题更是统领全局。然而，目前在我国有关房地产税改革定位的认识并未形成较为一致的、被广为接受的意见。对房地产税政策目标有着诸多不同的认识，如房地产税目的在于优化税制结构，完善地方税制；建立房地产税税制，以此扩大地方财政收入，解决"土地财政"问题；通过房地产税调控房地产市场，抑制房价过高；利用房地产税公平收入分配，调节社会财富等。实际上，有关房地产税政策目标不仅在我国，人们的认知不同，就世界各国状况看，有关房地产税定位，也是各有侧重。有的国家建立房地产税制主要是侧重解决政府财政收入问题；有的侧重于解决社会问题，如抑制投机、稳定房价等，消除或者减少社会经济发展不稳定的因素；还有的二者兼而有之。即使在一个国家(地区)在不同的历史时期房地产税制调控重点也是不一样的。如日本、韩国和英国根据房地产的性质，对非经营性居民住宅和经营性房产采取不同的税收政策。近年来，这些国家针对房地产市场变化情况不断上调房地产税税率，尤其是日本和韩国在房地产的转让环节和保有环节还设有特别课税政策等手段，来抑制房地产投机行为，扩大各级政府增加保障性住房的财源。而像美国等市场经济体制比较完善的国家，政府调控房地产市场更多的是通过采取各种综合手段来实现，它们的房地产税更为注重政府的财政功能。可见，尽管各国房地产税定位侧重点不同，但基本上都有明确的导向。

从目前上海、重庆试点房产税改革的一些要素设计和政策内容来看，房产税是调控房地产还是调节收入分配？是完善地方税制结构，进行深层次财税体制改革？还是简单的增加居民税负？等等问题目前依然含糊不清。基于我国现实状况，笔者认为，我国的房地产税政策目标应定位于二个层面。

一是通过房地产税调控住宅市场的供求。住宅的未来持有成本主要包括买房成本和养房成本。买房成本，即购买房屋的价格；养房成本，即保有房屋需要缴纳的房地产税及物业费等其他支出。目前由于个人在住宅保有环节不缴纳房地产税，使住房的持有成本只包括买房的价格及物业费等其他支出，这在一定程度上会扩大市场对住宅的需求，并助长房价上涨；反之，开征房地产税，直接增加投机性购房者的成本和拥有房产者的支出，可以起到抑制非真实市场需求（主要是投机需求）的目的。因为保有环节税负增加将直接增加投机资金的持有成本，从而抑制过度投机，消除商品房市场的需求泡沫，有利于实现公平、促进资源的节约和合理利用。从消费终端抑制，对那些相对于多占用资源和住房的房产业主以及房产投资人施以高额税负的政策，既可以有效控制"无用多占"的过度住房需求和开发商牟利"惜售"等炒作行为，使市场供应量相对增加，又可通过税收将富人的钱财用来弥补保障性住房建设的不足，而且会间接起到抑制房价上涨的作用。从长期来看，开征"房地产税"对稳定市场供求关系有积极作用。

二是为迫切需要增加财力的地方财政开辟新的税源。现阶段，我国地方财政面临的收入困境，有必要通过房地产税来缓解。我国实施分税制改革后，财权在中央和地方政府间的划分逐步明朗，但事权在各级政府间的纵横向条块关系却不清晰，上级政府拥有较大的公共事务决策权，但很多具体事务和责任却由地方政府来完成，逐渐形成了"财权上行，事权下移"的局面。分税制初期，中央财政收入占全国财政收入的比重由 1993 年的 22% 上升到 1994 年的 55.7%，而自 1999 年以来这个比重一直保持在 50% 以上，2007—2009 年这一比重分别为 54.1%、53.3% 和 52.4%。与此同时，地方财政支出在全国财政支出中所占的比重却没有明显降低，甚至还有上升的势头。地方本级支出占全国财政支出的比重，1993 年为 71.7%，1994 年略降为 69.7%，1996 年则又回升到 72.9%，到 2009 年该比重高达 80%[1]。可见，在地方财政收入份额大幅降低的同时，70% 以上的公共支出仍然是由地方政府负担的，其中超过55% 的部分又落在县、乡政府肩上[2]。这种集权化的收入分配格局与分权化的支出模式，一方面使政府间转移支付面临着巨大压力；另一方面也导致了省级以下地方政府，尤其是县、乡政府财政困难，并由此引发出显性与隐性债务不断积累，公共产品特别是农村基本公共产品不足，非正式收入规模扩张等问题，某种程度上也带来地方政府的"土地财政问题"，中国社会科学院发布的《房地产蓝皮书》称，2010 年全国国有土地有偿出让收入为 2.9 万亿元，占全

---

① 根据各年《中国统计年鉴》相关数据计算。
② 谷成：《财政分权下政府间税收划分的再思考》，载《财贸经济》，2008(4)。

国财政收入的 35.4%。"卖地收入"的数据，同比比上年增长 106.2%。从国际税收实践看，房地产税通常是作为地方税主体税种，是地方财政收入的主要来源。在美国，地方政府一般包括县、市(镇)，房地产税是地方政府最大和最稳定的财政收入来源，一般占 70%～80%，在英国的英格兰地区，住宅税在地方本级收入中的比重高达 45% 左右。加拿大、澳大利亚、新西兰等国家的财产税(主要是房地产税)占地方税收的比重也比较高。据统计，16 个经济合作与发展组织国家(OECD)这一比重的平均水平约为 43%[①]。实践表明，以房地产为征税对象的房地产税在地方财政中占有重要地位的原因是，作为一种受益税，该税符合不同级次政府应提供使其辖区范围内居民受益的公共服务并因此而课税的经济学原理。在我国，为了解决地方财政收入贫乏问题，特别是县级政府资金来源问题，可以依据房地产非流动性、税源丰富，且地方政府的税源易于区分，地方政府可以做到对本地区的税源实行严格监控的特性，将房地产税培育成地方政府的主要税种，为迫切需要增加财力的地方财政开辟新的税源，特别是应将房地产税作为县级政府筹措资金的主要来源。

第二，房地产税制度设计。

如上所述，我国房地产税既要发挥对住宅市场供求的调控作用，也要实现为地方政府筹集收入的目的。为此，房地产税收制度的设计就必须有所侧重和有所保障，将目标量化到税制设计和管理中，并动态地修正税制。也就是说，应将房地产税设定为一个长期目标，分步推进。就当前推进房地产税的初始阶段来说，政策目标的侧重点应注意对住宅市场供求的调节，而后逐步将为地方政府开辟新税源作为主要目标。与此相适应，房地产税在纳税人、征税范围、税基、税率和税收优惠等制度设计方面也应体现出目标诉求的优先次序和轻重缓急。

①纳税人。房地产税纳税人，可以设定为在我国境内拥有建筑物所有权及土地使用权或实际使用的单位和个人。具体为：产权关系明晰的，由拥有产权的人为纳税人；产权关系不明确的，以实际使用人或代管人为纳税人；产权为共有的，以共有人为纳税人；产权属于全民所有的，以经营管理单位为纳税人。

②征税范围和征税对象。新设立的房地产税征税范围应打破原来征税范围

169

---

① 　马永坤：《国外开征房产税的相关经验》，载《改革》，2011(3)。

的地域限制原则，征税范围应是中华人民共和国全部行政区域，具体包括城市、县城、建制镇、工矿区以及乡村等，征税对象应为经营用和非经营用房地产，包括存量和增量部分。这一思路除了基于房地产税政策目标的考虑外，还有如下原因。其一，征税范围之所以扩展到农村，是因为转轨时期伴随着工业化的推进，农村城市化程度不断提高，特别是在经济发达地区，农村房地产规模急剧扩张、质量攀升，因此，将农村房地产排除在征税范围之外，将失去一大块稳定税源。同时，将农村房地产纳入征税范围，也是实现城乡税制一体化，消除房地产税二元税制不合理性的重要举措。其二，对非经营用房地产征税，是因为房地产已成为居民财富的重要形态，居民之间的收入差距已经在相当大的程度上外化为房地产占有的差距。对居民房地产普遍征收房地产税，有利于缩小居民的财富差距。其三，对增量和存量房地产都征税，是因为房地产是衡量纳税人支付能力的重要依据，一个人拥有的房地产越多通常意味着其支付能力就越强。因此，如果仅对增量房地产征税的话，不仅使纳税人的税收负担无法反映其支付能力，违背税收公平原则，还鼓励了"先富起来"的人，难以实现调节收入分配的政策目标。

但考虑到现行房产税和城镇土地使用税征收范围不包括农村和个人非营业用房产，如果突然开征房地产税，容易引起纳税人的抗拒心理，加之这项改革情况复杂，影响面大，因此，建议分步实施。

先期可以只对超大面积奢侈性住房（别墅）和经营性住房（多套房）两类住房征税。一般说来，适合于工薪阶层购买的中低价位的普通住房，其价格弹性小，收入弹性大，收入弹性对需求起主导作用，税收杠杆作用明显，因此，如果对普通住房征收房地产税，可能会产生居住永久成本，等同于降低购房者收入水平，减小支付能力和消费能力，表现为住房需求较大幅度地减少，或其他消费能力下降，因此，先期暂不对普通住房征税。选择将别墅等高档物业首先列入征税范围，可在一定程度上抑制过分奢华的居住需求，抑制富人过度占有资源和占有优质资源。持有多套住宅可以解释为经营行为，对可归入经营性范畴的房地产保有征收房地产税，无论从收入功能、调控功能还是从纳税人的遵从度均具有正效应。

在中期，随着经济发展，一般群众收入水平的提高，有了相应的负税能力，一般住房所有者享受了当地的公共基础设施和公共服务的利益，依靠房地产税为地方财政提供稳定财源当然则会成为一个重点目标。此时，房地产税征税范围可以进一步扩大到城镇居民住宅，但允许扣除一定的免征额。设定一定的免征额，使各地方处于平均居住水平的居民无须纳税或只需缴纳很少的税。

在城乡一体化建设等取得一定成效后，民间财富积累到一定程度，再逐渐将房地产税范围推广到土地以及农民自住房。即在中短期内，对纳入征税范围的广大农村地区暂停征收。

③税基。房地产税的税基既可以是房地产的面积，也可以是房地产的年租金，即房地产的租赁价格（租金），还可以是房地产的市场价值，即房地产在市场上可售得的数额，亦即资本价值。我国现行房产税根据房产的用途分别以房产余值或房产租金收入为税基；土地税则主要以土地面积为税基。基于上述对房地产税目标的分析及房地产税财产税性质的界定，可以看出，无论是从调节住宅市场供求方面，还是房地产税为地方政府增加财源的角度，乃至房地产税"存量税"特点的要求，我国在推进房地产税改革中，均应将房地产税税基统一确定为房地产的市场价值。这一思路有以下几方面的考虑。其一，我国目前的房地产租赁市场上，相关法规与制度尚不完善，一些房地产的租赁较为隐蔽，有关部门根本无法监管，而且同一地段的房地产租金差异也较大，以租金作为税基征税，操作难度较大，而且会带来税款的流失。其二，以房地产的市场价值为税基能比较客观地反映房地产的价值和纳税人的承受能力，税源丰富且富有弹性，经济发展所带来的升值因素能在税收收入中得到较好的体现，基本符合量能支付原则。而且，以市场价值为税基，可以使房地产税收入随着房地产的增值而相应增加，不仅有利于地方政府收入的可持续增长，也有利于满足地方基本公共服务需求。其三，从经济角度看，房地产税作为一种财产税，其税源是以前年度积累的国民收入。换言之，财产税是对货币资金的积累征税，因此对社会财富存量征收的房地产税，税基不能是交易价值而应为市场评估价值。当然，按房地产的市场价值征收房地产税将面临一系列非常复杂的评估问题。比如：如何保证评估结果的公正性？如何应对评估过程中的房地产市场价值变化？实际上，我国自 2003 年开始在全国进行的物业税"空转"试点，其重要内容就是"房地产模拟评税试点"。但评税试点范围仅针对营业性房产，不包括非营业性房产。自 2010 年开始，模拟评税试点已由 10 个试点省市扩大至全国。此外，国家税务总局还通过在试点地区举办房地产评税业务培训班，使相关人员熟悉房地产评估的基本理论和方法，并学会操作应用软件。应该说，这些措施都为房地产税评估奠定了基础。

④税率。房地产税税率是影响纳税人税负轻重的一个重要因素。纵观各国（地区）的房地产税税率，有如下特点。首先，从税率形式上看：国外的房地产税主要有比例税率（以差别比例税率为主）、累进税率和定额税率三种形式，其中比例税率由于操作性较强，税收征管成本较低，为大多数国家所采用。其次，从税率水平看：各国房地产税税率高低不同。例如，美国 50 个州都征收房地产税（归在房地产税项下），但税率则因地方政府每年预算收支情况不同而有所差别，大部分地区的税率水平保持在 0.8%～3%，并以 1.5% 左右居多。日本固定资产税税率一般在 1.4%～2.1%。我国台湾地区房屋税，则依据房屋性质不同设有三种税率。居住用房屋税率为 1.38%～2%，营业用房屋为 3%～5%，其他用房为 1.5%～2.5%。最后，从税率制定角度看：税率一般由地方政府确定，如美国、加拿大、新西兰、芬兰等；有的国家由地方制定但接受国家最高税率限制，如马来西亚、菲律宾、西班牙等；有的国家则将税率限定在一定的范围内，如阿根廷、丹麦；还有的国家由中央制订基准税率，地方决定变动乘数，如德国、奥地利。对我国来说，房地产税制度设计中的税率设置是一个躲不过、绕不开的问题。建议我国房地产税的税率设计，一方面应体现出房地产税的政策目标；另一方面也应借鉴国际上的有益做法。具体说来，房地产税税率可以根据不同地区、不同类型的房地产税分别设计，由各地在规定的幅度以内掌握。现阶段，我国大中城市的收入水平相对要高于中小城市和农村，因此农村、中小城市房地产的适用税率可以适当从低，大城市房地产的适用税率可以适当从高。普通住宅的适用税率可以适当从低，高档住宅和生产、经营用房地产税的适用税率可以适当从高，豪华住宅税等还可以适当加成征税。税率形式上，可以采用差别化比例税率与定额税率相结合的形式。通过差别税率，依据不同类型不动产享受公共服务的程度不同，对供给弹性最小的不动产设定较高的税率。具体税率可以拟定为：对经营性房地产税和高档住宅，采取 1%～3% 的浮动税率。对个人房产，区分两种情况，一般商品房采取 0.5%～1% 的税率，由公房转为私房的房产，采取定额税收。同时，允许各地在规定税率幅度内根据实际情况自行决定适用税率。

⑤减免税政策。房地产税在制度要素设计上，应体现出一定的减免税待遇。一是对公有财产给予免税待遇，主要包括：国家机关、人民团体的办公用房和员工宿舍；军事机关、部队的办公用房和指战员宿舍；监狱、看守所及其办公房屋和员工宿舍；公立学校、医院、社会教育学术研究机构以及救济机构

的校舍、院舍、办公房屋和员工宿舍；工矿、农林、水利、渔牧机关研究或试验所等所用的房屋；宗教寺庙、公园、名胜古迹自用的房产；粮政机关的粮仓、盐务机关的盐仓及自来水厂（场）等所使用的厂房和办公房屋；邮政、电信、铁路、航空、气象和港务等，供本身业务所使用的房屋和员工宿舍；政府提供给低收入者居住的安置房、廉租房等。二是扩大私有财产免税范围，主要包括：私立学校的校舍或办公使用的自有房屋；私立慈善救济事业，不以营利为目的，完成法人登记的自有房屋；无偿提供给各级政府机关或军队公用的房屋；专供饲养禽畜的房舍、培植农产品的温室、稻米育苗中心的作业室；司法保护的房屋；受重大灾害、毁损面积占整栋面积 50% 以上的，必须修复后才能使用的房屋；居民居住用房现值在一定数额或一定面积以下的（由各省、自治区、直辖市政府规定并动态调整）；残疾人与未成年人（18 周岁以下）所有并居住或营业用的房产等。三是对特定用途的房地产免税，主要包括外国大使馆和外国机构的房产。

第三，房地产税征收。

①健全房产产权登记制度。为了加强对房地产税的征收，必须健全房产产权登记制度。具体说来，应做好以下四方面工作：一是应建立包括土地权属、位置、面积的台账，加快制定明确的房产产权管理制度，明确界定产权归属，包括产权的确认、变更、分割、交易及租赁管理，并建立与房地产有关的收入支出申报制度并逐步形成覆盖全社会，包括所有房产面积、结构与价值等基础信息资料的数据库，为税务机关掌握税源提供条件；二是明确房产产权登记内容，改变目前房产登记以物权登记为主的现状，应涵盖影响房地产产值及流转的所有登记；三是应建立统一的房产产权登记簿，统一房产产权登记信息，主要包括坐落、利用情况、所有权状况、价格、定价日期、定价方法和城市规划用途等；四是推行"先税后证"制度。可以提请地方政府下发文件，明确地税、房管、建设、土地等部门具体职责，规定办理房产证时必须提供地税部门出具的完税证明，否则不予以办理产权登记、变更，实现源头控管。

②房地产税征收方式。中国目前的税收征管机制是建立在对"间接税"征收的基础上，而保有环节的房地产税作为财产税的一种，属于直接税的范畴，目前还没有一套与之相适应的征管方式和手段。改革后的房地产税，必然要对居民住宅征收，按照目前的征收方式，房产税对个人居住用房征收时可以通过 4 种途径来进行：一是由税务部门直接向个人征缴；二是参照个人所得税征收方

式，由单位财务部门代扣代缴；三是参照物业费、取暖费等收费方式，由居委会、物业公司，供暖公司等代收；四是个人主动向税务部门申报缴纳①。这四种方式虽说都具有一定的可行性，但也都同时存在一些缺陷。第一种方式主要是会带来高额的税收成本；第二种方式中，部分自由职业者和无组织关系的人员拥有的房产无法代扣代缴房产税；第三种方式对于一些有多套住房且大多闲置，人房分离，人去楼空的状况，无法实施税收控管；第四种方式中，纳税人申报方式的真实性和及时性得不到有效保障，对税收后续管理也会带来高昂的成本。为此，建议借鉴香港特别行政区的"发单通知、自行缴纳"的方法，即税收通知单由税务征管部门确定而不是自行申报并由纳税人自己填写，纳税人收到纳税通知书后自行缴纳税款。这种征收方法，对于房地产税这种税源分散、物业情况各异、需要专门机构进行评估以确定税基的税种来说，大大增强了纳税人税源、税基等信息的真实性，避免了纳税人填报失误或恶意瞒报造成的税款损失，是一种比较可行的方法。在具备一定条件的情况下，对房地产集中的工业开发区、居民住宅区可以采用"统一发单、委托代征"的征收方法。

第四，房地产税收入的合理使用。

在公共财政体系中，纳税人既是公共收入的缴纳者，也是公共支出的受益者；既有纳税的义务，更有决定纳税规则和享用公共服务的权利。房地产税相对于个人所得税而言，虽说都属于直接税的范畴，但由于以工薪为主要收入来源的个人，其所得税是从工资中预扣，并由雇主代缴给税务机关，房地产税则一般由纳税人直接缴纳给税务机关，从而使得纳税人对房地产税的敏感程度更高，对政府利用房地产税收入提供公共产品和公共服务过程的合意性和有效性更为关注。这方面，西方一些发达国家的做法给我们提供了有益的启示。在西方发达国家，政府将房地产税收入公开透明地用于公共福利方面。比如美国地方政府将房地产税大部分用于支付学区义务教育（即"学区税"），其他部分用于改善治安环境和公共服务等，从而使得学区的环境得到改善，房价自然而然也就随之上涨，而房地产税中的"县税"和"城市税"，也被用于与居民房屋有关的支出维护。美国政府在税收的使用方面接受居民的严格监督，税收所有支出全部有非常详细而清晰的记录，居民可以随时上网查询②。《世界财经报道》曾经

---

① 海安县地税局：《关于房产税改革问题的设想和思考》，http://www.ntds.gov.cn，2011-01-06。

② 田国强：《房产税改革的监管及长效机制建立》，载《改革》，2011(2)。

公布了 2009 年美国华盛顿州当年房地产税支出的一组数据：全年征收总额为 86 亿美元，其中 46 亿美元用于公立大学和中小学，占 54%，其余用于县、市、镇政府及其各部门经费。这些部门包括消防、图书馆、医院、公路、港口、紧急救护、公用事业、市政、公园、垃圾处理、疾病控制等，可以说，真正实现了取之于民，用之于民。房地产税的合理使用，是各国高额房地产税法律制度正当性的基础。借鉴国际上这些先进做法，我国推行房地产税改革时，也应明确收入使用渠道。地方政府不能将其获得的房地产税收入简单地纳入预算，变成行政支出或是转作他用，而是应建立一项与房地产税相匹配的公开、透明、合理的使用制度和监督机制，保证税收所得用于公共品和公共服务的提供。当然，在征收初期，房地产税收入可优先用于地方保障房特别是廉租房和公共租赁住房建设等方面。唯有如此，房地产税的改革才能得到纳税人的配合，也才有利于加强对地方政府税收使用方面的监督。

第五，房地产税与其他税种协调。

在保有环节征收房地产税，有利于发挥税收调节住宅市场需求的作用。然而，在未对既有房地产租、税费体系进行合理规范与适当整合的前提下征收房地产税不仅会增加经济活动主体的负担，也不利于税制结构的完善。目前，我国相关房地产的税费种类繁多，税基重叠和重复征税现象较为严重。有关部门的详细调查表明，目前各城市房地产开发项目在从前期筹备、动迁、建设到验收的整个过程中，税费项目多达 60～180 余项[①]。由于房地产供给缺乏弹性而税收具有转嫁性，开发商的开发税费、交易税费，通过转让转嫁到了购买者身上。而房地产税的出台必然要改变持有环节不征税的情况，因此，在增加了持有环节的房地产税后，应考虑如何将房地产税与其他税种相协调，减少房地产其他流通环节的税收。换言之，我国房地产税改革应当在规范和整合房地产租、税、费体系的基础上稳步推进。可以考虑：将城市维护建设税和印花税并入增值税、消费税、营业税、企业所得税、个人所得税，长远看可以将土地增值税并入企业所得税、个人所得税，并取消房地产方面的不合理的政府收费。通过上述简化措施，不仅可以减少与房地产有关的税收和收费的数量，减轻纳税人的经济负担，而且可以优化税负结构，既减少房地产转让、出租环节的税

---

① 安体富、王海勇：《重构我国的房地产税制：理论分析与政策探讨》，载《公共经济评论》，2004(6)。

收，增加房地产持有、使用环节的税收，也有利于房地产税的推行。值得注意的是，保有环节房地产税的征收过程必然充斥着各方的"博弈"，中央、地方、开发商、老百姓，前三者处于博弈中的优势地位，唯有老百姓在博弈中处于弱势。所以，"博弈"到最后，结果很可能是：房地产相关的税费减不下来，房地产税却硬生生加上去了。一定要预防这样结果的发生，尽快建立健全适合国情的公共选择机制。

此外，为进一步防止因持有住宅等不动产而导致其价格上涨所引起的社会贫富两极分化，从长远看，政府还可以考虑对住宅的代际之间转移征收不动产遗产税，由此进一步减少目前住宅市场中的预留性住宅消费需求；为了抑制投资或投机购房，对于境外购房者及二、三线城市可以考虑设置异地购房门槛税等。

7.4 相关配套措施

在我国住宅市场发展中税收政策虽然具有较大的调控作用，但再好的政策也需要一个良好的外部环境的支持。为此，尚应健全法律、金融、管理等外部环境配套政策。

一是完善住宅相关法律、法规。从我国住宅市场调控历程看，政府虽在不同时期出台了相关政策，但许多政策效果并没有充分显现出来，这除了与一些政策内容设计针对性不强、政策多变等因素有关外，与政策缺少规范性、强制性、稳定性等不无关系。由于一些调控政策主要是相关部门以文件等形式下发的，缺少一定的刚性，缺乏强制力和执行力，中央的政策到了地方，未能得到有效执行。因此，为使我国住宅房地产市场稳定健康发展，应通过相关法律将一些调控目标、手段等用法律条文固定下来，产生法律效力，无论政府、企业和个人都必须遵守。目前，我国有关房地产的主要法律有《中华人民共和国土地管理法》、《城市房地产管理法》和《物权法》等，在土地立法方面，土地资源保护法律和耕地保护法律等缺失，在住房市场方面，尚未制定完整的综合性住宅法律和住房保障法律。现阶段，应着重加快《土地市场交易法》、《住宅法》、《住房保障法》等相关法律建设，唯有如此，才能保证财政和税收政策的权威性与有效性。

二是完善住房金融政策。住房建设需要大量资金，需要金融政策的扶持。

住房金融的作用体现在，通过吸收城乡居民储蓄、归集住宅资金、发行住宅建设债券和住房抵押债券等方式，筹集住房资金。为了对住宅资金提供支持，建议我国应从建立住宅储蓄银行、发展住宅抵押贷款和推行住宅债券这三方面着手，建立起系统的住房金融体系。

三是合理分配税权。住宅市场各环节涉及的房地产税种中，有些是中央地方共享税，如企业所得税、个人所得税等，大部分则属于地方税税种，如房地产税、契税等。以拟开征的房地产税为例，由于我国各地区土地资源、经济发展水平和住宅市场发展水平的差异较大，建议将在全国统一税制的前提下赋予地方政府较大的管理权限，包括征税对象、纳税人、计税依据、税率、减免税等税制基本要素并随着市场经济的变化适时调整，这样，既适应了国家之大，各地经济发展水平不同的实际情况，又有效激励了地方政府加强征管，确保税源可控，避免因信息不对称而造成的税制改革的成本过高，保证整体上房地产税制改革在全国范围内推开并取得成功；同时也有利于形成"多征税—多提供公共服务—财产增值—税源增加"的良性循环机制，使其符合市场经济对地方政府职能基本定位的要求。

四是做好对房地产的税收评估工作。首先，房地产税收评估应遵循税收公平和效率原则。对于房地产评估来说，应按照使用功能划分房地产类型，对使用功能相似的房地产采用相同的评估方法，以体现公平原则；评估应采取有效的评估方法、技术和程序，科学地反映房地产的价值，而且评估价值在不同时期内进行调整，可以采取 5 年评估一次税基的方式，以体现效率原则。其次，增强房地产税收评估的信息基础。税基信息是一个重要的前提，其信息必须遵循准确、真实、可靠。税收机关应该首先通过日常征管过程中的纳税申报和税源调查得到可靠资料；其次通过和其他部门相互协调配合得到准确资料，综合掌握房地产税基信息。

五是严格房地产税收管理。运用房地产税收政策对住宅市场供给和需求进行调控中，加强税收管理工作非常重要。税务部门应做好以下几方面的工作。第一，强化跟踪控管。在土地协议出让和招标拍卖阶段，税务机关不仅应做好在土地出让手续完成后按合同成交价格收取契税、耕地占用税和印花税等工作，而且应安排专门的稽查人员参与监控土地协议出让和招标拍卖的整个过程，严格监督土地出让环节，减少这一环节寻租的可能性。第二，加强联合控管。与国土、建设、财政等部门加强协作配合，对信息传递方式、内容、时间和税源户籍管理等方面进行规范，通过信息交换、分析、比对，掌握与了解房地产项目开发的经营规律，增强税收管理措施的有效性。第三，严格数据录入。对房地产纳税人户籍、税种等各项涉税基础数据进行全面清理，统一数据采集标准，分户、分项目规范税源档案，并确立专人负责征收数据和会计核算数据监控，确保涉税信息规范准确，进一步加强征管档案管理。第四，税务机关还有必要设立专门部门协助政府相关部门开展经济适用房的审批工作，严格调查经济适用房的落实情况，一旦发现开发商未按规定执行，就由税务机关追缴其免税款项，并对房地产开发企业进行严厉惩罚；同时，应认真做好房地产税的税收优惠评估工作，提高登记和评估工作的透明度，避免骗税性寻租行为。

六是加强相关部门之间的联系和沟通。各级住房城乡建设、规划、国土、工商、发展改革、监察、财政等部门要密切配合，齐抓共管，建立长效机制，共同履行对房地产市场监督管理。其一，大力加强对房地产开发过程的监管。要将资质审批与日常监管相结合，建立市场准入与清出的良性互动机制。严格市场准入制度，从源头上保障市场主体的健康与活力，防止企业骗取资质、资格行为的发生。强化对开发企业经营行为的日常监管，要将开发企业主要管理人员到位情况、住宅建设质量、交付使用、销售行为等情况纳入企业信用体系，作为日常检查的内容；对信用不良、管理差、违规行为多的企业要记入不良行为档案，对严重违规的企业要依法采取资质降级等措施予以处理。其二，进一步完善市场交易监管措施。通过建立商品房销售现场日常巡查与现场核查相结合的机制，加大曝光和查处力度，及时发现捂盘惜售、囤积房源、哄抬房价等违法违规行为。加强商品房销售信息监控，明确房地产开发企业应在商品房销售现场进行公示的信息内容。加强商品房预售许可管理，推行商品房预售资金监管制度。加大对扰乱房地产市场秩序行为的查处力度，重点查处囤积房源、捂盘惜售、恶意哄抬房价、发布虚假广告、提供不实价格及销售进度信息、拒绝职工使用住房公积金进行个人住房贷款等行为。其三，加强联系和沟通，掌握居民住房的准确信息。运用税收政策调控住宅市场需求，掌握居民住房的准确信息尤为重要。但当前大多数城市缺乏完善的住房统计信息，如果连居民家庭的住房面积、套数等基本情况都无法弄清，不可能有效征收房产税。因此，各地应尽快组织住房普查，建立本地居民住房状况的动态数据库。同时，还需要有关管理部门建立起有效的协调机制。建议房产、土地、规划、民政、公安等部门尽快"联网"，实现部门之间的数据交换、信息共享制度，整合征管资源，提高征管效率，简化程序，降低成本。

七是增加投资渠道，引导民间资金进入更多实体经济领域。近年来，随着国民经济的快速发展，大中城市消费者的财富增长速度也在进一步加快，我国民间资金大约有 46 万亿元[①]，人们的投资理念和投资意识呈现出逐渐增强的态势。然而，由于市场上能够提供的投资渠道太少，储户将资金存入银行，目前实际利率是负的，股市投资的财富效应和未来股市预期存在不确定性、风险较大，使得房地产投资依然是当前老百姓可以寻找到的可供大众投资的主要渠道，这在一定程度上加大了住宅房地产投资的需求。因此，在过剩的流动性没有更好的投资渠道之前，房地产投资依然是中高收入消费者偏好的渠道。诚然，合理的住宅投资需求可以实现家庭财产的保值增值，使普通百姓获得投资收益，增加财产性收入，分享经济发展的成果，对投资者和住宅市场都是有好处的。而囤积居奇式的投资购房，加剧了供需矛盾，导致房价过快上涨，催生了楼市泡沫。房地产调控政策应区分上述两种不同的投资性购房需求，宜疏不宜堵。应引导合理范围内的投资性需求，严厉打击囤积居奇式的投资购房。为此，一方面应进行金融创新，为社会游资寻找新的理财渠道；另一方面，出台相应的鼓励和支持政策，如国家或可通过加大对高新技术等新兴市场的扶持，加大对实业以及民营企业的扶持力度等，以吸引投资，分流囤积于房地产市场的大量游资，引导这些资金进入实体经济领域。

我国居民住宅问题的根本解决是一个长期的、渐进的、代际的积累过程。解决好住宅市场供求矛盾，稳定房价，既是一个关乎百姓民生的大问题，也关系到整个国民经济稳定健康、可持续发展，中央政府高度重视解决住宅市场的供求结构失衡问题，将改善住宅供求关系、稳定房价作为政府长期调控的主基调。为此，国家对住宅市场采取了一系列的调控政策和措施，表明了中央对于住宅市场进行有效调控的决心。而这个调控过程之所以显得比较艰难，究其根本，是因为房价背后各种利益集团与中央政府的博弈。中央政府在住宅市场的调控中采用了税收杠杆的调控方式，事实证明，这种调控方式在一定程度上是有效的。但是，最根本的解决之道在于，房地产市场的调控需要在制度创新上

---

① 王慧敏：《投资买房如何看，投资性购房是否该"一棒子打死"？》，载《人民日报》，2010-06-04。

有所作为，以国家利益、人民利益为出发点，建立一套新的具有长效机制的制度性保障措施，从根本上抑制房价上涨过猛，促使房地产业步入可持续性发展之路。

附录 1

廉租房建设与财税政策选择①

　　廉租房在我国住房保障体系中居于基础性地位，是针对低收入家庭解决住房困难的制度安排，属于救济性的住房保障方式。目前，廉租房制度已经基本在全国主要大中城市范围内得以建立，各种廉租房政策的实施也初见成效，但廉租房制度存在的诸多问题也不容忽视。"十二五"期间，继续加强廉租房建设，解决低收入者的住房问题依然是摆在各级政府面前的一个重要的经济问题和社会政治问题。财税政策作为一种灵活、有效和重要的政策措施，其政策设计和有效运转，对廉租房建设有着关键性作用。

一、财税政策支持廉租房建设的理论分析

（一）政府介入廉租房建设的必要性和合理性

　　住房是商品，应该通过市场的供求机制来决定住房的配置，但住房又是特殊的商品，仅仅依靠市场难以解决好社会各阶层住房问题，政府的介入非常必要，廉租住房领域更是如此。其理由为以下几方面。①廉租房的准公共产品属性是政府进行调控的重要依据。社会主义市场经济条件下，住房作为一种特殊商品，一方面具有普通商品的私人产品属性，居民拥有或使用住房必须通过市场交易获得，其价格按照市场的供求规律和价值规律决定；另一方面，住房又具备准公共产品的属性，这是因为住房权是作为社会公民的一项基本权利，住

---

　　①　本部分关于廉租房建设的财税政策选择的内容已经发表在《中国房地产》2012年第三期上。

房条件的保障是这一权利得以实现的物质基础，廉租房作为一种典型的准公共产品，是政府利用财税政策对其进行调控的重要依据。②住房领域存在的市场失灵问题，是政府介入的基础。市场在资源配置中起最基础的作用，但由于市场的机能性障碍和缺陷，市场往往会存在"失灵"，市场机制并不能自发地引导资源配置和收入分配达到帕累托最优，此时就需要政府来纠正市场失灵，即通过政府财政机制来配置资源。在住房领域，住房的外部性，住房分配不公，房价不合理波动，住房市场的信息不对称，都是市场失灵的表现，需要政府干预，特别是低收入者的住房问题，单纯依靠市场是难以解决的，需要政府介入，而廉租房制度的建立就尤为重要。③基于公平角度，廉租房需要政府来提供。在信息不完全、竞争不充分的市场经济条件下，由于机会的不平等而导致不同人群之间收入分配的不公平，从而产生社会"弱势"群体，成为社会的贫困者或低收入阶层。遵循最劣者受益最大原则，即在社会上处于劣势地位者获得最优先的考虑和最大利益，在住房领域，低收入者由于经济上的劣势地位，难以承担高的房价，无法享受到居住公平，所以，从公平理论的角度说，需要政府去提供住房保障，保障劣势者的利益。④住房行为对社会稳定的影响，要求政府实施干预。市场经济背景下，居民拥有或使用住房必须要付出一定的经济代价，现实社会中有相当一部分人没有足够的收入在公开市场上购置住房，而住房条件差或者无家可归，会带来一系列的社会问题，导致治安恶劣，犯罪率提高，不安定隐患随处可见。解决好低收入者和无家可归者的住房问题，有利于社会稳定、进步和发展，所以，政府部门有必要通过住房保障措施直接提供住房。

政府介入廉租住房建设不仅必要，也具有一定的合理性。首先，政府作为提供廉租住房的责任主体，有利于降低成本。廉租住房的建设需要大量资金和一定的人力物力，成本巨大，通过政府调动全社会资源才能解决廉租房建设的成本问题。而且政府承担廉租住房建设职能具有规模经济的特点，可以降低分散保障带来的较高的执行成本。其次，廉租住房制度的程序复杂，依靠政府的权威和系统组织能力来实施更有利于提高效率。廉租房不仅涉及投资、建设、使用等问题，也涉及对保障对象审核、收入认定、资金筹集以及进入和退出等管理问题，任一私人部门不愿也不能独立完成。正因如此，世界各国政府几乎都无一例外地在不同程度上为低收入阶层解决住房问题提供帮助，即政府承担了解决社会成员基本住房问题的主要社会责任和经济责任。

(二)财税政策是政府可以选择的重要措施

以上分析表明，政府介入廉租住房建设既有其必要性，也有其合理性。政府在对廉租住房实施干预和调控过程中，可以采取一系列经济、法律以及必要的行政手段来进行，而财政税收政策由于具有自身的不同特征和优越性，如调控范围广泛性、调控手段多重性等，成为众多手段中最灵活、有效和重要的政策措施。财税政策支持廉租住房建设和发展的手段或工具主要有以下几类。①财政投入政策。通过加大财政投资规模来增强廉租房供给能力。同时，通过政府的财政投入，发挥"信号"作用，引导社会资金对廉租住房领域的投入。②财政补贴政策。由政府安排专项资金对廉租房建设进行财政补贴，是直接或间接向微观经济活动主体(开发商或个人)提供的一种无偿的转移。③财政转移支付政策。转移支付是政府间的一种补助，它是以各级政府之间所存在的财政能力差异为基础，以实现各地公共服务水平的均等化为主旨而实行的一种财政资金转移或财政平衡制度。在廉租房领域，财政转移支付既包括中央政府对地方政府的纵向转移支付，也包括经济发达地区对贫困地区的横向转移支付。④税收优惠政策。税收优惠主要通过减免税、降低税率、税收抵免等措施降低廉租房供给者的税收成本或减少低收入消费者的税收负担，影响其经济行为。

二、我国廉租房建设面临的困境

(一)地方政府建设廉租房积极性不高

现阶段虽然中央政府对廉租房建设非常重视，出台了许多政策，然而廉租房建设的关键还是要落实到地方，地方政府的重视程度及行为表现对政策实施结果有决定性作用。目前地方政府虽然一定程度上主导了廉租房供给，但其建设廉租房的积极性和重视程度尚没有得到充分发挥。这是因为，在许多地方，土地出让金和房地产税费收入构成地方政府的主要收入来源，从土地财政的利益机制来看，建设廉租房，地方政府需要牺牲土地出让金并付出大量人力、物力等建设成本，而经济效益几乎为零。同时，提供廉租房还可能带来地方房价不同程度的下跌，有研究表明(胡戴新 2008)，廉租房供给每增加 5%，就会迫使房价下降 3%～4%，如此便会降低地方政府的房地产税费收入，进而影响到 GDP 增长，对于地方官员的考核形成负面影响，加之没有明确的问责机制，以至于部分官员对廉租房的建设积极性不高。不仅如此，现实社会中，少数地方政府为了私利和地方财政，不按规定提取相关廉租房资金，挪用保障性配套资金，干扰了廉租住房建设。2010 年审计署发布的审计报告显示，2007—

2009 年，北京、上海等 22 个城市从土地出让净收益中提取廉租住房保障资金缺口共计 146.23 亿元。同时，审计调查发现，北京、天津等 19 个省市 1.5 亿元廉租住房保障资金被挪用。

（二）廉租房建设资金来源不足且不稳定

根据财政部 2007 年 10 月颁发的《廉租住房保障资金管理办法》的规定，廉租住房保障资金主要来源于五部分：住房公积金增值收益；从土地出让净收益中按照不低于 10％的比例安排的资金；中央、省、市的预算安排；社会捐赠的资金；其他渠道筹集的资金。从实践看，上述资金来源不同程度地存在一些问题，表现在以下方面。第一，住房公积金增值收益很少或不稳定。住房公积金投资运营的首要目的是保值，其次才是增值，对安全性的需求使其增值幅度不会太高，而且受股市的繁荣程度影响很大，在提取风险准备金、支付管理费用后，剩余资金有限，不足以支持廉租住房建设。同时，由于缴存住房公积金的城镇职工大都不具备申请廉租房的资格，使用该项收益有损害普通工薪阶层福利的嫌疑，因此，以住房公积金增值收益为廉租房资金来源在实践中存在着广泛的争议。第二，土地出让净收益不确定，它受限于土地出让净收益规模和土地出让净收益大小。2007 年财政部相关规定明确，土地出让净收益用于廉租房的比例应不低于 10％。据此，全国 100 多个地级以上城市均明确了土地出让净收益用于廉租房建设的比例，如青岛规定为 15％，深圳规定为 10％。不过，作为许多地方政府"第二财政"收入的土地出让金净收益的来源是否稳定可靠，受许多因素制约。现阶段，受世界性金融危机和"限购"政策的影响，一些城市房地产市场日趋萎靡，政府土地出让金收入大幅度下降，加大了保障性住房建设资金筹集的难度。不仅如此，土地出让净收益多少还受城市地域分布、房地产市场繁荣程度的影响。一些西部城市土地出让金收入在财政收入中所占比例很小，难以保证廉租房建设的需要。第三，中央、地方的预算安排难以保障。目前，地方政府对廉租房建设的动力不足直接导致财政预算内资金安排匮乏，投向廉租房建设资金往往要让位于一些基础设施建设、转移支付等项目，许多城市政府投入的财政预算资金甚至比实际利用的住房公积金收益都少，这一现象在中西部落后地区尤为严重。近年来，尽管中央财政在廉租房建设领域投入很大，但受益的也仅仅是少数城市，而且需要地方财政配套资金支持，一些经济不发达的城市享受不到中央的补贴，导致廉租房建设的"马太效应"。第四，社会捐赠额度不大且缺乏稳定性。社会各界自愿向市、县人民政府及有关部门捐赠用于城镇廉租保障资金的捐赠收入，对国家来说是纯收入，但这种资金筹集方式完全是被动融资，加之我国企业所得税相关法规对捐赠设定了限制条款，一定程度上抑制了社会捐赠的积极性，因此，社会捐赠的廉租住房保障资金到位率较低，总额偏少，且缺乏稳定性。第五，廉租房的其他渠道筹资数额有限。目前我国廉租房所需资金除上述筹资渠道外，社会保障资金及收益、直管公房出售或出租收入也是筹集资金的辅助渠道。不过，由于我国需要保障人群的庞大，加之医疗、养老、失业、救济等其他方面的开支，使得能够用于廉租房建设的剩余社保资金不足，资金需求压力过重。而从直管公房出售或出租状况看，政府可以有计划地出售或出租直管公房，将所得用于补充廉租房建设资金，但由于房改后直管公房数量并不是太多，其筹资数额也是有限的。总之，资金来源不足、缺乏稳定性已成为我国廉租住房建设缓慢的一大瓶颈。

（三）廉租房供求矛盾突出

目前，我国廉租房供给远远低于需求。有资料显示，截至 2008 年年底，全国累计保障户数 294.8 万户，其中，租赁补贴 229 万户，实物配租 26.2 万户，租金核减 34.1 万户，其他方式 5.5 万户。但到 2008 年年末，全国仍有 747 万户城市低收入住房困难家庭，急需解决基本住房问题。造成廉租房供求矛盾的原因有以下几点。①廉租房房源不足。适宜的廉租房保障体系应该以政府手中有一定房源为前提，而实际上各地政府手中尚没有充足的廉租房房源，一些地区采用摇号等不得已而为之的办法就是例证。房源的不足与廉租房的供给模式不够丰富有密切关系。廉租房供给主要有三种形式，一是政府或单位建设；二是政府出资从二级市场上收购部分符合廉租住房标准的二手房或空置商品房；三是将直管公房或腾退的公有住房进行改造。兴建和收购廉租房的一次性资金投入量大，政府的财政负担重，短期内要大量扩容廉租住房具有相当大的困难，有的城市新建廉租房的数量甚至不足申请者住房需求数量的 1%，远不能满足目前的需求；直管公房或腾退的公有住房，随着住房制度改革的深入数量在逐渐减少，即使存在少量公房也多是使用年限很长，需要大规模修缮后才可使用的住房。②相应的激励政策缺失，社会力量建设廉租房的动力不足。目前我国廉租房建设中，房源主要是依赖政府提供，一些社会力量如一般的房地产开发企业、社会团体组织或个人出于经济效益和自身承受能力的考虑，认为建房成本和风险大，而政府又缺乏有效的激励措施和相关的政策支持，因此

185

社会力量加入廉租房建设队伍的较少，政府投资的杠杆作用没有很好地得以发挥。③中介服务体系落后。即使市场中存在着一些比较合适的房源，由于缺乏专业高效的中介机构提供足够的信息，其也不能得到有效的利用。

（四）廉租房分配效率低下

廉租房分配效率低下首先表现为保障对象覆盖面狭窄。目前，许多城市出台的廉租房保障对象多限定于低保户、优抚家庭中的住房困难户。那些城市中既买不起房又非低保的"夹心层"和大量的流动人口则不在廉租房保障范围之列。同时农村进城务工人员、城乡接合部土地被征后的农民作为新的住房弱势群体，也未被列入廉租房分配范围。廉租房分配效率低下还体现在廉租房供给方面公平性缺失。虽然廉租房制度有明确的保障对象，但实际获益的却未必真正是低收入家庭。由于许多城市基本上没有建立住房档案，或即使某一时期建立也没有实施动态管理，住房档案信息不透明，加之我国个人收入和信用制度尚不健全，现阶段对个人的一些隐性收入不能有效掌控，致使一些不符合条件的人享受了廉租住房的福利，或者应该退出时未能及时退出。另外，一些地方官员弄虚作假，利用手中的权力，通过非正常手段获取廉租房指标寻租，也侵蚀了一部分廉租房房源。如此种种，均不同程度地降低了廉租住房应有的社会公平。

三、支持廉租房建设的财税对策

近年来，我国在运用财税政策支持廉租房建设方面，取得了一定的效果，但总体说来，其政策支持力度不够，政策设计也缺乏系统性。针对廉租房建设存在的诸多问题，还需进一步完善财税支持政策，以促使我国廉租房制度建设尽快走出困境。

（一）强化政府的主体责任，调动地方政府积极性

政府一方面要通过干预市场，利用规划、土地供应、金融和财政税收等手段对住房市场供求进行引导和调控，确保大部分居民可以从市场上购买或租赁其可以负担的住房；另一方面，政府还应承担起为低收入者提供廉租住房的责任。地方政府应制定廉租住房保障的长远发展规划，分阶段制定不同的保障目标，对廉租房惠及对象、供应标准、资金运作方式、运作机构、保障措施等加以明确。就目前状况而言，有必要采取行政命令强化廉租房建设，如规定廉租房的建设进度等指标，强制地方政府在使用新发地方债资金时优先考虑保障性安居工程投入等。

为破解地方政府建设廉租房动力不足的难题，调动地方政府的积极性，可从以下四个方面着手。一是改革政府间的财政关系。合理划分中央政府与地方政府的事权，根据事权确定财权，理顺中央与地方政府以及各级地方政府之间的财政关系，做到财权与事权相匹配，以消除不同层次政府存在的纵向不平衡，使各级政府具有在实施廉租住房制度上所需的财力。二是中央政府对地方政府实施补贴。为鼓励廉租房投入，可考虑中央政府为地方政府建设廉租房提供有条件的不封顶配套拨款。在地方政府出资兴建廉租房的前提下，中央政府按照地方政府投入的一定比例给予补助，充实地方财力，促使地方政府更多更好地提供廉租房。三是鼓励地区间横向转移支付。为平衡东、中、西部地区建设经费缺口，中央政府还应鼓励东部沿海发达城市通过地区间横向转移支付有计划地对中西部不发达地区保障性住房建设进行扶助，保障困难地区的财政投入。四是强化地方政府廉租住房建设指标化考核。随着社会经济的发展进步，解决当地民生问题，特别是解决低收入群体的住房问题显得日益重要，因此，要改变地方官员 GDP 考核机制，将廉租住房建设纳入对地方政府的考核中，并量化考核指标，健全中央问责机制。唯有如此，才能充分发挥地方政府进行廉租住房建设的能动性。

（二）创新财政支持方式，引导社会力量投资廉租房工程

政府部门直接参与建房虽说可以在短期内解决一些低收入者的住房需要，但政府兴建投资项目通常采用"投资、建设、管理、使用"统包的单一模式，容易产生投资项目资金耗费巨大而建造水平不高，使用效率不足的一些问题。而且由于财力有限，政府所能提供的住房远远不能满足低收入者的需要。因此，政府应创新财政支持方式，引导房地产开发商等社会力量加入到廉租住房建设中，确保廉租房的供给量，更好地满足低收入人群的住房需求。可以采取的措施包括：第一，由政府通过财政补贴或提供低息贷款的方式对建造廉租住房的开发商进行资助，以维持建房的低成本；第二，用政府收取来的土地出让金对建造廉租住房的开发商实施补贴或者对廉租住房土地出让金进行减免；第三，通过放宽一些地段的建筑容积率、建筑高度和密度的规划控制，以换取房地产开发商在其开发范围内为低收入者建造一定比例，如 10%～35% 的住房；第四，对于开发商按照政府标准建设廉租住房的，政府可在限价和限定利润的基础上减免有关城镇土地使用税、土地增值税等税费，将税收减免转换成开发商收益以吸引更多的资金。与此同时对建设高档住房、别墅的开发商在相关税收

187

方面提高税率，减少其利润空间。也就是说，通过税收手段，缩小建设商品房与廉租房的房地产商的利润差距，以刺激开发商参与廉租房的开发与建设。

（三）优化廉租房资金结构，完善资金投入模式

如前所述，将财政拨款、住房公积金增值收益、土地出让金收益的一定比例和社会保障金以及少量的社会捐赠等作为廉租房筹资渠道，存在着一定的局限性，因而有必要对廉租房现有资金结构进行优化。可以采取的措施有：一是各级政府应进一步考虑增加财政预算内资金安排，同时中央财政也应做好财政拨款和对困难地区的廉租住房的转移支付，促进基本服务均等化；二是应逐步减少住房公积金增值收益这项有争议的资金投入直至最终取消，以体现所有权与住房福利的对称性；三是土地出让金净收益对廉租房的投入尚存在巨大提升空间，应区别不同地区实际情况，逐步探索适当提高这一比例，当然，土地出让金存在着规模不稳定、变化较大的特点，应控制对其的依赖性。在此基础上，还需要强化对廉租房资金的制度保障。廉租住房保障资金必须实行项目预决算管理制度，并实行国库集中支付。市县财政部门要按照批准的项目预算，根据廉租住房保障计划和投资计划，以及实施进度拨付廉租住房保障资金，确保廉租住房保障资金切实落实到廉租住房购建项目以及符合廉租住房保障条件的低收入家庭。

为建立稳定的廉租房资金来源渠道，还应进一步完善资金投入方式。①发行国债筹集资金。为了弥补廉租住房资金的投入缺口，可以采取在国家增发的财政债券中安排专项资金支持廉租住房补贴政策的方式。用国债专项资金支持廉租住房的方式可以采取现金补贴和贷款贴息两种方式，前者主要是针对租房消费者，而后者可以对建造廉租房的开发商实行利息优惠。②发行彩票筹集资金。仿效体育彩票和福利彩票的方式，设立专项住房福利彩票。通过设立住房福利彩票可以吸收较多的社会闲散资金，以其中一部分作为彩金，其余用于专项的廉租住房补贴资金，政府的负担较轻，风险也较小。③鼓励国企注资参与建设。在我国市场经济实践中，国有企业名义上为国家所有，具体来讲是全民所有，每个公民应有机会分享国企创收的利益。目前已有省份通过指派任务的方式让国企承担部分保障住房建设任务。在有一定的财政资金作为启动和保障的基础上，可通过国企注资参与建设的方式解决现阶段低收入家庭面临的住房问题。

（四）完善廉租房财政补贴政策，探索科学的住房补贴方式

财政补贴作为财税政策的主要工具之一，具有很强的灵活性与时效性。我国廉租房建设离不开财政补贴的支持，财政补贴可以从对供给者的直接补贴和对消费者的间接补贴两个层面进行。廉租房建设中，对供给者的补贴主要是政府对兴建廉租房的开发商给予土地与房地产税费、建房贷款贴息等方面的转移支付；对消费者补贴表现为租金补贴，即政府为符合廉租房租住对象标准的城镇低收入者提供的货币补贴。两种方式的补贴，对廉租房建设均有一定的支持功效，但采取对供给者的直接补贴通常需要预先投入大量资金，并使政府损失土地出让金、房地产税收等补贴给开发商，而且通过这种补贴方式集中兴建的廉租房，选址一般在城郊偏僻处，生活上缺乏便利性，愿意租住者不多，容易造成房屋空置浪费，在未来城市发展中也易形成"贫民窟"。比较而言，给予消费者租金补贴的方式优越性较为明显：一方面，这种方式避免了对住房市场的直接干预，不会给市场运行带来障碍，不会产生降低市场效率的副作用；另一方面，这种收入再分配的形式，可以使国民平等的住房权利得到较为公正的实现，而且对不同收入者区别对待，更能体现倾斜政策，并能适当减少财政支出。因此，就廉租房补贴来说，主渠道应该是对消费者的补贴，即通过租金补贴方式直接补助到困难户，由他们从市场上自主租赁住房，以最大程度地给予低收入家庭选择权，实现社会公众、政府、市场的"三赢"。作为辅助渠道，在市场房源不足时，政府可以将那些通过直接补贴方式兴建的廉租房采取实物补贴方式，配租给极少数特殊的家庭，如孤寡老人，丧失劳动能力的残疾人员等。以租金补贴为主、实物配租为辅的财政补贴政策，有利于充分发挥不同补贴方式的互补作用。

（五）改革廉租房税收政策，充分发挥税收政策的杠杆作用

首先，降低房屋租赁税负，增加住宅二级市场中的有效供给。廉租房制度，倡导的是以发放租金补贴为主、实物配租和租金减免为辅的方式。对于大多数符合条件的低收入者家庭由政府发放补贴，由其到市场上自行租赁房屋居住。因此，房屋租赁环节的税负，对住宅二级市场住房有效供给有着直接的影响。目前我国城镇房屋租赁环节税种较多，税负较重。以个人出租住房为例，其租金收入既涉及营业税、城市维护建设税和教育费附加，也涉及房产税、印花税和个人所得税等税种，综合税负达租金收入的近 20%。较重的税负不利于降低租房者的租金成本，不能保障租房者的利益，进而减少了可供低收入者

租住的住房数量。根据我国目前房屋租赁的合理赢利情况,建议降低房屋租赁环节的税率,房屋租赁的综合税负应不超过10%。降低住房租赁税负,可以进一步提高住房使用效率、降低房屋空置率,也有利于将大量的隐性出租住房纳入管理渠道,增加住宅二级市场中的有效供给。此外,还可以采取减免出租单位的营业税、企业所得税、房产税等措施,鼓励具有一定条件的企业或社会组织利用自有房屋,按规定向低收入家庭出租,以扩大出租房源。

其次,开征保有环节的房地产税。目前世界上许多国家在房地产保有环节开征了房地产税,以此降低房地产作为资产的投机的有利性,有效阻止房地产投机需求。为使我国住房建设结构逐渐倾向满足多数人的基本住房需求,借鉴国际经验,应考虑开征保有环节的房地产税,以房地产的市场价格为税基,采用差别化比例税率。该项税收收入的一定比例实行专款专用,主要用于廉租房建设、修缮和廉租房租金补贴方面。

(六)建立个人收入和财产动态信息库,加强对廉租房管理

廉租住房制度的实施有赖于透明的收入水平和财产的核实。而如何确定个人收入和财产状况,以此确定受补贴对象则是廉租房分配中的难点。因此,应加强这方面的制度建设和管理工作。一是建立个人收入和财产动态信息库,将其与个人所得税申报体制改革同时进行,纳税人主动申报全部收入所得,纳入个人信息库并实施动态管理,该信息库可以与银行、财政、民政、税务部门等实现联网,申请廉租住房的居民还应对其财产、居住状况、人口结构等进行申报。二是加强公众监督,鼓励群众举报他人瞒报收入的行为,发挥公众的监督作用。三是建立有效的惩罚机制,对弄虚作假、骗取廉租保障的行为,实施严厉惩罚,并与个人信用挂钩,记入个人档案。

附录 2

国外房产税特点①

房产税在国外有多种称谓，有的叫财产税，有的叫不动产税，有的叫家庭税，有的叫房屋税。其实，不管称呼如何，狭义的房产税主要是指以房产为课税对象征收的税收。目前，世界上大多数国家都征收房产税，各国在房产税税收归属、房产税模式，房产税制度要素设计以及税收征管等方面呈现出许多特点。

一、房产税作为地方税主体税种，是地方财政收入的主要来源

从税收的归属来看，国外房产税，基本上都属于地方税种。在美国，地方政府一般包括县、市(镇)，房地产税是地方政府最大和最稳定的财政收入来源，一般占 70％～80％，地方政府所管辖的幼儿园、学校、公共图书馆、医院、公园、公共交通以及警察、消防部门和街区维护等方面的开支，都需要靠房地产税收入来维持。英国的房产税包括住宅税和营业性房产税，住宅税是英国最大的地方税种，在地方财政收入体系中的地位非常重要。在英格兰地区，住宅税在地方本级收入中的比重高达 45％左右。加拿大、澳大利亚、新西兰等国家的财产税(主要是房产税)占地方税收的比重也比较高。据统计，16 个经济合作与发展组织国家(OECD)这一比重的平均水平约为 43％。

---

① 本部分关于国外房产税特点的内容来自于已发表在《中国房地产》2011 年第二期上的《国外房产税特点及其启示》中的部分章节。

二、房产税税制模式选择各异

从国际税收实践看，各国房产税模式的选择不完全相同，大致分为独立模式和合并模式两种。合并模式的国家主要是将房屋和土地等财产综合，对房地产征收财产税，如美国、加拿大和意大利；独立模式的国家则是对房屋、土地分别征收，单独设立税种，如丹麦、澳大利亚、法国等。两种模式相比，综合征收模式，在税收的征收和管理方面相对简单，而分设税种，单独征收的模式征管方面较为复杂，但政策性较强。

三、房产税税制要素设计特色明显

（一）纳税人

对房产税纳税人的界定，各国有不同规定，但主要有以下两类确定方法：第一类是以房屋产权所有人为纳税人，房屋包括住宅用房和营业用房。例如，美国房产税制度规定，房产税的纳税人为拥有房地产财产的自然人和法人；日本的固定资产税对有关房产税纳税人的确定，为法律意义上的房屋产权所有者；英国的住宅税，将年满 18 岁的住房所有者或住房承租者确定为纳税人，包括永久地契居住者、租约居住人、法定居住人、特许居住人、居住人、业主等。第二类是以房屋使用人或承租人为纳税人。例如，荷兰的房屋消费税制度规定，房屋消费税的纳税人为房屋消费者或使用者，包括自用房屋和租用房屋的人；中国台湾地区的房屋税对纳税人的界定，则包括房屋的使用人或承租人。

（二）征税范围和征税对象

从房产税征收范围看，大部分国家在城市和农村都征收房产税，如爱尔兰、美国、加拿大、澳大利亚、新西兰、牙买加、巴巴多斯等；也有部分国家仅在城市征收房产税，如英国、坦桑尼亚和乌干达等国家。从征税对象看，主要以房屋为课税对象。英国住房房产税征税对象为住房，包括楼房、平房、公寓、分层式居住房间、活动房屋等；中国台湾地区规定，房屋税征税对象为房屋及可增加该房屋使用价值的附属物。日本固定资产税中房产税的课税对象是城乡各地域上的纳税义务人所拥有的房屋，包括住房、店铺、工厂、仓库及其他建筑，除去减免规定之外，凡是能增加房屋使用价值的附属物均在课税范围之内。

（三）税率

从税率形式上看：国外的房产税主要有比例税率（以差别比例税率为主）和

累进税率形式，比例税率由于操作性较强，税收征管成本较低，为大多数国家选用。从税率水平看：各国房产税高低不同。例如，美国 50 个州都征收不动产税（归在房地产税项下），但税率则因地方政府每年预算收支情况不同而有所差别，大部分地区的税率水平保持在 0.8％～3％之间，并以 1.5％左右居多。我国台湾地区房屋税，则依据房屋性质不同设有三种税率。居住用房屋税率为 1.38％～2％，营业用房屋为 3％～5％，其他用房为 1.5％～2.5％。从税率制定角度看：有的国家的税率由地方政府确定，如美国、加拿大、新西兰、芬兰等；有的国家由地方制定但接受国家最高税率限制，如马来西亚、菲律宾、西班牙等；有的国家则将税率限定在一定的范围内，如阿根廷、丹麦；还有的国家由中央制订基准税率，地方决定变动乘数，如德国、奥地利。

（四）税基

各国房产税税基确定虽有不同，但主要有两种方式：一种是以年租金，即以不动产租赁价格（租金）作为税基，另一种是以房产的市场价值，即以房产在市场上可售得的数额即资本价值为税基，当然采用这种方式需要定期对房产进行评估。日本的固定资产税，对房产征税主要是以房屋估定价格为税基。估定价格是按照正常条件下房屋应有的交易价格来确定的时价。为保证税负稳定和简化征收手续，房屋税基原则上实行基准年度的评估方式，即每 3 年估价一次。在此后的第二、第三年中，除非有房产改建、损坏或因市町村废置分合及界限变更等，一般不重新估价。估价当年为基准年，税基按基准年度的评估额为准。每 3 年对房屋进行一次估价，使税收能按照房屋的实际价值来征收，并体现出税收的公平与简化。英国住宅税税基为住宅房产的价值，由国内税收部门所属的房产估价部门评估，一般每 5 年重估一次。美国房地产税的税基是房地产评估价值的 20％～100％。通常评估员要依据以下情况估出房屋的市场价值：第一，这个地段同类房屋的售价；第二，如果这所房子推倒重建，需要多少费用；第三，如果再次出售这套房子，能卖出什么价钱；第四，周围的公共绿地、人工景观等，对房屋所起到的增值作用。房产所估的价值往往比房主购买房子的价格低很多，一般来说，大约为市价的 1/2～3/4。

四、房产税税收征管方法比较成熟

建立较为完善的财产登记和信息管理体系，以及设置财产估价机构是征收房产税的必备条件，也是世界各国的普遍做法。例如，波兰中央政府掌握两个专门为征收财产税收集数据的登记部门：一个负责技术记录鉴定，由国家勘探机构监督；另一个负责所有权记录鉴定，由法律体系监督。地方政府对财产税征管时将自身的财政记录与这两个登记部门进行比对。再如，英国、德国等国，依法设有专门的房地产评估机构和专业评估师，负责计税价值的评估，美国则委托社会评估机构进行税基评估，各地设有评估官，且都与征收机构分开。地方税务局要根据核定的房地产计税价值和房地产的市场价格作为房产税的税基。

主要参考文献

1. 马洪，孙尚清．中国经济结构问题研究（上）［M］．北京：人民出版社，1980：6.

2. 国家统计局固定资产投资统计司．中国固定资产投资年鉴1949—1995［M］．北京：中国统计出版社，1997.

3. 李进都．房地产税收理论与实务［M］．北京：中国税务出版社，2000.

4. 周伟林，严冀．城市经济学［M］．上海：复旦大学出版社，2004.

5. 陈多长．房地产税收论［M］．北京：中国市场出版社，2005.

6. 王洪卫，等．房地产租费税改革研究［M］．上海：上海财经大学出版社，2005.

7. 国家税务总局税收科学研究所．外国税制概览［M］．北京：中国税务出版社，2005.

8. 牛凤瑞．中国房地产发展报告［M］．北京：社会科学文献出版社，2006.

9. 谢伏瞻．中国不动产税制设计［M］．北京：中国发展出版社，2006.

10. 邓卫，宋扬．住宅经济学［M］．北京：清华大学出版社，2008.

11. 谢经荣，吕萍，等．房地产经济学［M］．北京：中国人民大学出版社，2008.

12. 余宏．房地产经济学［M］．北京：人民交通出版社，2008.

13. 石坚．中国房地产税制：改革方向与政策分析［M］．北京：中国税务出版社，2008.

195

14. 谢群松 . 公共财政框架下的不动产税制改革[M]. 北京：中国金融出版社，2010.

15. 董志凯 . 从住宅问题看我国基本建设投资特点及其历史变化[J]. 中国经济史研究，1996(3).

16. 赵桂芝 . 论我国房地产税收制度的改革与完善[J]. 辽宁大学学报（哲学社会科学版），2001(2).

17. 陈文梅 . 我国房地产税收改革初探[J]. 税务与经济，2001(3).

18. 路小平，张红 . 我国房地产税收体系改革初探[J]. 中国房地产金融，2002(1).

19. 陈多长 . 土地税收理论初探[J]. 中国房地产研究，2000(2).

20. 张朝圣，李玉桂 . 对改革不动产税制的思考[J]. 四川财政，2003(1).

21. 王明坤 . 中国房地产税制的现状及改革探索[J]. 中国房地产金融，2003(10).

22. 陈多长，踪家峰 . 房地产税收与住宅资产价格：理论分析与政策评析[J]. 财贸研究，2004(1).

23. 虞晓芬，陈多长 . 论政府调控杭州房地产市场的理论依据与现实必要性[J]. 中国房地产，2004(7).

24. 安体富，王海勇，重构我国的房地产税制：理论分析与政策探讨[J]. 公共经济评论，2004(6).

25. 安体富，王海勇 . 我国房地产市场发展和房地产税收制度改革研究[J]. 经济研究参考，2005(43).

26. 梁岩森 . 税收政策是对房地产市场调控不可或缺的杠杆[N]. 第一财经日报，2005-05-10.

27. 陆玉龙 . 改革住房保障：政府与个人共有产权[N]. 国际金融报，2005-01-14.

28. 李薇辉，袁利，孙玲玲 . 各国政府住房保障比较研究[J]. 上海师范大学学报，2005(5).

29. 李炜玮 . 房地产税收政策对住宅市场的影响：理论分析与实证研究[D]. 南京：南京农业大学硕士学位论文，2006.

30. 安仲文 . 改革现行房地产税制的几点看法[J]. 税务研究，2006(5).

31. 赵敏，薛瑞鑫 . 开征房地产税的实际受益者："开发商"与"消费者"的博弈[J]. 特区经济，2006(5).

32. 王佑辉，邓宏乾，艾建国．营业税调控房价的"悖反效应"[J]．税务研究，2006(9)．

33. 吴旭东，李晶．房地产各环节税种设置与税负分配研究[J]．财经问题研究，2006(9)．

34. 叶龙，丁大勇．房地产市场财税调控的路径选择[N]．大连日报，2006-03-02．

35. 包宗华．韩国"整治"地产投机：课以重税[J]．中国房地产报，2006-01-02．

36. 张锦芳，李拯宇．韩国三个"不"抑制房产投机[N]．经济参考报，2006-06-14．

37. 倪红日．我国住宅房地产税收政策的效应分析[N]．中国税务报，2007-03-07．

38. 倪红日，赵阳．房地产税收调控政策的效应分析与建议[J]．涉外税务，2007(3)．

39. 常莉．房地产税收改革对房地产业影响的效应研究[D]．西安：西北大学博士学位论文，2007．

40. 姜阵剑，荆海鸥．浅析个税新政对房地产价格的影响[J]．经济理论与实践，2007(1)．

41. 唐明．房地产市场税收调控效应及其调整思路——基于税负转嫁与税负合理分配的分析[J]．广东商学院学报，2007(2)．

42. 杨绍媛，徐晓波．我国房地产税对房价的影响及改革探索[J]．经济体制改革，2007(2)．

43. 马建国，陈俊侠，于玉兰．住宅空置税国外怎么收[J]．半月选读，2007(5)．

44. 刘昊．国外利用税收手段调控房地产市场的经验与借鉴[J]．财会研究，2007(5)．

45. 朝格图．香港公屋制度保障三成市民住房[N]．新京报，2007-10-03．

46. 王宏志．房地产市场税收调控政策的实践与思考[J/OL]．http://www.jsxzfw.gov.cn/view，2007-08-13．

47. 中国城乡建设经济研究所课题组．关于住房需求与供给平衡关系的若干思考[N]．中国经济时报，2007-09-07．

48. 牛天勇，兰君．房价形成过程中税收影响的经济学分析[J]．商场现代化，2008(3)．

49. 翟晓强．房地产税收政策的传导机制分析[J]．黑龙江对外经贸，2008(11)。

50. 王俊，王喆，昌忠泽．中国住宅市场税收调控效应研究[J]．公共行政评论，2008(6)．

51. 唐明．不动产税收调控的运行机理及对我国的考察[J]．财贸研究，2008(5)．

52. 姚稼强．改革我国房地产税制的政策建议[J]．税务研究，2008(4)．

53. 孙玉栋，杜云涛．我国房地产保有环节现行税制的问题及其改革[J]．财贸经济，2008(2)．

54. 席卫群．国外住房保障体系中财税政策的借鉴及启示[J]．税务研究，2008(4)．

55. 任志强．中国房地产市场状况及发展政策建议．中国房地产综合开发网[EB/OL]．2009-04-27．

56. 张猛．我国税收政策调控房地产市场研究[D]．南京：南京农业大学硕士学位论文，2008．

57. 王彦，秦传熙，曹莹．税收调控房地产市场的作用机理研究[J/OL]．http://www.lwlm.com，2009-07-07．

58. 杜雪君．房地产税对房价的影响机理与实证分析[D]．杭州：浙江大学博士论文，2009．

59. 中华人民共和国统计局．中国统计年鉴2009[M/OL]．国家统计局网站，2010．

60. 中国社科院城市发展与环境研究中心课题组．房地产蓝皮书[M]．北京：社会科学文献出版社，2004—2009．

61. 安体富，杨金亮．关于开征物业税的几个理论问题[J]．公共经济评论，2009．

62. 王凌云．完善廉租房实施办法的几点思考[J]．建筑经济，2009(1)．

63. 潘丽萍．改革开放三十年中国房地产业政策演变与经济绩效分析[J]．平顶山工学院学报，2009(2)．

64. 陈淮．十二五：住房发展基本目标是要人人有房住[N]．经济参考报，2009-11-24．

65. 柴福洪. 用税收手段调控中国房地产市场[N]. 中国经济时报, 2009-11-03.

66. 上海易居房地产研究院. 我国房地产业中长期发展目标研究[J]. 易居研究, 2010(3).

67. 沈晖. 我国住宅市场均衡发展的对策思考[J]. 中国房地产, 2010(3).

68. 赵晓. 用差别税收政策引导住房消费[N]. 经济参考报, 2010-04-23.

69. 住房和城乡建设部政策研究中心课题组. 我国住房保障应救助与扶持并举[N]. 中国建设报, 2010-01-05.

70. 李岷. 城市发展为何"依赖"房地产业[N]. 中国企业报, 2010-03-29.

71. 武力, 肖翔. 1949—2010年中国城市房地产的变革与发展[J]. 河北学刊, 2010(5).

72. 王春雷. 楼市调控: 税收作用不宜过分夸大[N]. 中国税务报, 2010-06-02.

73. 许光建, 魏义方, 戴李元, 赵宁. 中国城市住房价格变动影响因素分析[J]. 经济理论与经济管理, 2010(8).

74. 季雪. 投机购房过热的危害与对策研究[J]. 中央财经大学学报, 2010(8)。

75. 薛洪锋. 从税收杠杆效应看我国房地产的宏观调控政策[J]. 商场现代化, 2010(9).

76. 吴晓燕, 周京奎. 房地产税、土地利用效率与住宅供给机构[J]. 财贸经济, 2010(12).

77. 邓春梅, 肖智. 房产税的税则遵循与公平需求[J]. 改革, 2010(12).

78. 闵丽男. 个税、物业税改革不再延期[N]. 中国税务报, 2010-10-22.

79. 崔志坤. 中国开征物业税(房地产税)的路径选择[J]. 财政研究, 2010(12).

80. 张文霞. 房地产累进税对住宅市场的影响: 理论与实证研究[D]. 广州: 暨南大学硕士论文, 2010.

81. 李荣生. 运用税收政策调控住房价格[J]. 财会研究, 2010(12).

82. 徐策. 对我国推进房产税改革的思考[J]. 宏观经济管理, 2010(12).

83. 郝源. 从经济学角度看我国房产税改革定位[J]. 财会研究, 2011(1).

84. 内蒙古自治区地方税务局税科所课题组. 房价上涨的税收原因及对策[J]. 税收研究资料, 2011(2).

199

85. 厦门市地方税务局课题组. 中国大陆与台湾地区房地产税制比较研究[J]. 税收研究资料，2011(2).

86. 于明娥. 房产税改革：一个长期渐进过程——基于纳税人收入能力的视角[J]. 税务与经济，2011(2).

87. 漆亮亮，陈莹. 房产税改革应有新思路[J]. 中国国情国力，2011(3).

88. 刘蓉. 房产税税制的国际比较与启示[J]. 改革，2011(3).

89. 田国强. 房产税改革的监管及长效机制建立[J]. 改革，2011(2).

90. 谢家瑾. 房地产市场形势与调控政策分析[J]. 城市开发，2011(3).

91. 刘佐. 地方税制度改革"十一五"回顾与"十二五"展望——兼论房地产税改革[J]. 地方财政研究，2011(4).

92. 步德迎. 对我国住房市场供求的定量分析[J]. 发展研究，2011(8).

93. 台州市地方税务局课题. 关于房地产税收的作用机制及政策取向思考[J]. 台州社会科学，2011(100).

94. 王保安. 完善财税政策促进房地产市场健康发展[J]. 行政管理改革，2011(10).

95. 上海易居研究院. 我国保障住房的现状、进展和存在问题[J]. 易居研究，2011(30).

96. 陈伯庚. 进一步完善我国房地产宏观调控的方向和建议[J]. 易居研究，2011(27).

97. 上海易居研究院. 限制性住宅市场研究[J]. 易居论坛，2011(24).

98. Aaron, Henry J. Who pays the Property tax? [M]. Washington D. C.：Brookings Institution，1975.

99. Aaron. H.，and A. Munnell. Reassessing the role for wealth transfer taxes [J]. National Tax Journal，1992，45(7)，pp. 119-144.

100. Andrew Reschovsky. Discussion of Daphne Kenyons of Intergovernmental Competition[J]. NewEngland EconomicReuiew，1998(3)，pp. 31-35.

101. Benjamin，J. D.，Coulson，N. E. & Yang，S. X. Real Estate Transfer Taxes and Property Values：The Philadel Phia Story[J]. The Journal of Real Estate Finance and Economics，1993(7)，pp. 151-155.

102. Carroll，R. and J. Yinger. Is the tax a benefit tax? the case of rental housing [J]. National Tax Journal，1994，47(2)，pp. 295-316.

103. David L. Sjoquist, Mary Beth Wlalker. Economies of scale in property tax assessment [R]. Fiscal Research Center, Georgia State Univ. FRP Report 97. 2, 1997.

104. Frances Plimmer & W. J. McCluskey. Reform of UK local government domestic property[J]. Property management, 1999, 17(4), pp. 336-352.

105. Hamilton, B. W. Zoning and property taxation in a system of local governments [J]. Urban Studies, 1975(12), pp. 205-211.

106. Hamilton B. Capitalization of Intra-jurisdictional Differences in Local Tax Prices [J]. American Economic Review, 1976, Vol. 66 (5), December, pp. 743-753.

107. Kelvin Cooper, Philip Western. The adequacy Journal of Property Investment & Finance[J]. property tax valuation procedures, 1996, 14(3), pp. 71-81.

108. Krelove, R. The persistence and inefficiency of property tax finance of local public expenditures [J]. Journal of Public Economics, 1993, 51, pp. 415-435.

109. Lundorg, P. & Skedinger, P. Transactions Taxes in a Search Model of the Housing Market[J]. Journal of Urban Economics, 1999, 45(2), pp. 385-392.

110. McCluskey, W. L. & Williams, B. Introduction: a comparative evaluation in property tax: an international review[M]. Ashgale Publishing Ltd, 1999.

111. Mieszkowski, Peter. The property tax: an excise tax or a profit tax? [J]. Public Economic Literature, 1972, 1(1)pp. 73-96.

112. Netzer, D. Economics of the Property Tax [M]. Washington, D. C.: The Booking Institution, 1966.

113. Oates W. E. The Effects of Property Taxes and Local Public Spending on Property Values: An Empirical Study of Tax Capitalization and the Tiebout Hypothesis [J]. Journal of Political Economy, 1969, Vol. 77(8) Nov. -Dec., pp. 957-971.

114. Richard F. Dye，Therese J. McGuire. The effect of property tax limitation measures on local government fiscal behavior [J]. Journal of Public Economics，1997，66(1)，pp. 469-487.

115. Tiebout C. A Pure Theory of Local Expenditure [J]. Journal of Political Economy，1956，Vol. 64 Oct. ，pp. 416-424.

116. Wallace E. Oates. Property Nation and local public spending：the renter effect [J]. Journal of Urban Economics，2005，57(7)，pp. 419-431.

117. Wood，G. A. and Flatau，P. Mierosimulation Modeling of Tenure Choice and Grants to Promote Home owner ship[J]. Australian Economic Review，2006(1)，pp. 14-34.

118. Yinger，J. A Search Model of Real Estate Broker Behavior [J]. The American Economic Review，1981，71(4)，pp. 591-605.